王朝的诞生

# 大宋王朝

史泠歌 著

诞生记

中国书籍出版社

图书在版编目（CIP）数据

大宋王朝诞生记 / 史泠歌著. —北京：中国书籍出版社，2022.9

ISBN 978-7-5068-9016-8

Ⅰ.①大… Ⅱ.①史… Ⅲ.①中国历史—唐宋时期—通俗读物 Ⅳ.①K240.9

中国版本图书馆CIP数据核字(2022)第077541号

## 大宋王朝诞生记

史泠歌　著

| 丛书策划 | 王志刚 |
|---|---|
| 责任编辑 | 王志刚　彭宏艳 |
| 责任印制 | 孙马飞　马　芝 |
| 封面设计 | 东方美迪 |
| 出版发行 | 中国书籍出版社 |
| 地　　址 | 北京市丰台区三路居路 97 号（邮编：100073） |
| 电　　话 | （010）52257143（总编室）　（010）52257140（发行部） |
| 电子邮箱 | eo@chinabp.com.cn |
| 经　　销 | 全国新华书店 |
| 印　　刷 | 三河市顺兴印务有限公司 |
| 开　　本 | 710毫米×1000毫米　1/16 |
| 字　　数 | 200千字 |
| 印　　张 | 15.25 |
| 版　　次 | 2022年9月第1版　2022年9月第1次印刷 |
| 书　　号 | ISBN 978-7-5068-9016-8 |
| 定　　价 | 56.00元 |

版权所有　翻印必究

# 目　录

引言　五代纷争止于宋 ........................................... 1

## 第一章　军营中成长 ........................................... 1

### 第一节　夹马营中的少年 ................................... 3
一、香孩儿出生 ........................................... 4
二、籍贯本幽州 ........................................... 7
三、学文又习武 .......................................... 15

### 第二节　投军郭威帐下 .................................... 20
一、游复州王彦超失礼 .................................... 22
二、短时依随州董宗本 .................................... 24
三、北上从军讨李守贞 .................................... 27

## 第二章　仕后周屡立战功 ...................................... 39

### 第一节　郭威被疑建后周 .................................. 41
一、郭威起兵 ............................................ 41
二、后周建立 ............................................ 48
三、柴荣即位 ............................................ 56

### 第二节　随世宗"开拓天下" ................................ 62
一、攻打后蜀 ............................................ 64
二、世宗亲征南唐 ........................................ 66
三、清流关一战，赵匡胤威名日盛 .......................... 70

### 第三节　世宗亲征淮南 ·················································· 75
一、再攻寿州 ······························································ 76
二、赵匡胤六合大败南唐军 ······································ 79
三、征战濠泗州 ·························································· 85

## 第三章　陈桥兵变披黄袍 ·················································· 91
### 第一节　世宗英年早逝功败垂成 ·································· 93
一、世宗北征 ······························································ 93
二、世宗突然病逝 ······················································ 96
### 第二节　充分准备谋兵变 ·············································· 100
一、联络禁军将领 ······················································ 100
二、赵普等幕僚的谋划之功 ······································ 109
三、用谶纬助兵变 ······················································ 113

## 第四章　改元建隆立赵宋 ·················································· 123
### 第一节　柴宗训禅位 ······················································ 127
一、韩通被杀 ······························································ 127
二、范质被迫认可兵变 ·············································· 130
### 第二节　巩固新政权 ······················································ 134
一、论功行赏 ······························································ 134
二、稳定军心 ······························································ 136
三、留用后周官员 ······················································ 139

## 第五章　加强集权固一统 ·················································· 141
### 第一节　平定李筠、李重进叛乱 ·································· 143
一、破上党，平李筠之叛 ·········································· 143

二、郭崇等臣服 ……………………………………… 151
　　三、征维扬诛灭李重进 ……………………………… 153
第二节 释兵权维护稳定 ………………………………… 160
　　一、藩镇之祸源起 …………………………………… 160
　　二、罢宿将典兵权 …………………………………… 162
　　三、削弱节度使权力 ………………………………… 167

# 第六章　卧榻之侧岂容他人酣睡 ……………………… 171
第一节 挥师南下袭占荆湖 ……………………………… 174
　　一、高氏割据荆南 …………………………………… 174
　　二、湖南张文表叛乱 ………………………………… 177
　　三、袭取荆南 ………………………………………… 179
　　四、继平湖南 ………………………………………… 182
第二节 两路分兵灭后蜀 ………………………………… 184
　　一、孟氏据蜀 ………………………………………… 184
　　二、西征后蜀 ………………………………………… 187
　　三、孟昶出降 ………………………………………… 193
第三节 扫平南汉刘鋹降 ………………………………… 196
　　一、南汉主拒不臣服 ………………………………… 196
　　二、征伐南汉 ………………………………………… 198
第四节 水陆并进灭南唐 ………………………………… 204
　　一、宋太祖蓄谋已久灭南唐 ………………………… 204
　　二、兵分两路攻伐南唐 ……………………………… 210
　　三、李煜出降 ………………………………………… 217

后　记 …………………………………………………… 224

**宋太祖半身像轴**

故宫南薰殿旧藏，绢本、设色，纵一尺六寸，横一尺一寸五分，画半身像。幞头，绯袍，执杖。有小签：宋太祖检点像。

**宋太祖赵匡胤画像**

故宫南薰殿旧藏,绢本,设色,纵七尺,横五尺三寸,画坐像高五尺三寸,八撇胡,微胖,幞头,朱带。

**宋太祖立像轴**

故宫南薰殿旧藏，绢本、设色，纵八尺一寸，横四尺，长须、幞头，紫袍、皂纹靴。

# 引 言

# 五代纷争止于宋

公元618年,李渊做了皇帝,定都长安,建立了辉煌的大唐王朝。这个由关陇贵族建立的帝国,国力强盛,经济繁荣,文化灿烂,享誉世界,在中华民族发展史上占有重要地位。

唐前期沿袭隋制,继续实行均田制和府兵制。均田制使得少地或无地的农民多少能分占到一些土地,促进了唐初社会经济的恢复和发展。在均田制的基础上,唐朝继续发展和充实始于西魏的府兵制度,府兵成为防备外患、镇压人民的主要军事力量。随着社会经济的发展,作为支撑强盛的大唐帝国两大支柱的均田制和府兵制,终于在武则天、唐玄宗时期崩溃了,两税法、募兵制应运而生。

唐朝中后期,募兵制逐步发展扩大,包括节度使、节度观察留后、防御使、团练使和刺史的军阀制度形成,并进一步发展。唐玄宗开元后,中央权力渐渐削弱,节度使等地方军阀权力不断扩大,节度使不仅管军事,其管辖区域内的民政、财赋、司法、监察等事务,亦渐归节度使掌管了,原本属于中央政府管理的军职升迁之权,亦归为节度使之手。

藩镇割据成为唐王朝灭亡的重要原因。天祐四年(907年),唐哀帝被迫退位,藩镇之一的朱温即皇帝位,国号大梁,史称后梁(907—923年)。李克用之子李存勖建立的后唐(923—936年)、石敬瑭建立的后晋(936—947年)、沙陀人刘知远建立的后汉(947—

950年）、郭威建立的后周（951-960年）相继在历史舞台上亮相，可谓你方唱罢我登场，一幅乱糟糟、闹哄哄的军阀混战争权丑剧全面展开，成为唐代藩镇的延续。直到公元960年，后周大将赵匡胤陈桥兵变，夺取后周孤儿寡母的政权，建立了大宋，之后进行由南至北的统一战争，才结束藩镇割据的局面。

大宋王朝
诞生记

第一章
军营中成长

唐朝末年，政治腐败，民不聊生，终于在唐僖宗时爆发了唐末最大的一场农民起义——黄巢起义。历时十年的黄巢起义（乾符元年至中和四年，即874年—884年），终以失败而告终。在与唐军的作战中，很多农民军将士战斗到最后一刻，直至牺牲；可是起义军中的投机分子、动摇分子看到起义军大势已去，开始为自己寻找后路了，其中就有大将、同州防御使朱温。朱温杀害起义军将领，向唐僖宗投降，唐僖宗封朱温为右金吾卫大将军、河中行营招讨副使，赐名朱全忠。朱全忠的名字虽好，可是他既不忠于原来的农民军领袖黄巢，也不忠于唐王朝，只热衷于将自己的权力最大化。成为宣武（镇汴州浚仪县，今河南开封）、宣义（镇滑州白马，今河南滑县东）、天平（镇郓州须昌）、护国（即河中，镇河中府河东县，今山西永济蒲州镇）四镇节度使的朱全忠，是唐王朝灭亡的原因之一。[1]

唐末五代的军阀混战中，河中节度使、仕历后唐与后晋的武将安重荣曾说过："天子，兵强马壮者当为之，宁有种耶！"[2]安重荣之语，既说明五代时期想做皇帝的军阀很多，也说明这些军阀取得皇帝之位靠的是人数众多，且战斗力强大的军队。这些携妻带子居住在军营中的职业军人里，就有宋太祖赵匡胤的父亲赵弘殷。

## 第一节　夹马营中的少年

洛阳，因地处洛水之阳而得名。洛阳北靠巍峨的太行山脉，坐拥黄河天险，境内山川丘陵交错，黄河、洛河、伊河、涧河、汝河等从境内流过，唐代诗人萧德言的"三河分设险，两崤资巨防"之

---

[1] 王仲荦先生说："唐王朝的灭亡，亡于藩镇与宦官，亡于扬、益的战乱与脱离中央，亡于以宣武授朱温，以晋阳授李克用。"（王仲荦.《隋唐五代史》下第7章《唐末农民大起义与唐王朝的衰亡》，上海人民出版社，2003版。

[2] 《旧五代史》卷98《安重荣传》。

诗句，便是洛阳地形险峻的生动写照。洛阳是华夏文明的发祥地之一，五六十万年前的旧石器时代，便有先民在此居住、生活，洛阳还是夏王朝立国和活动的中心地域，自商代后，多个王朝定都于此。

隋唐时开凿的北至涿郡（今北京）、南至余杭（今浙江省杭州市）的大运河，就是以洛阳为中心，"万国趋河洛"的唐诗，形象地刻画了洛阳的繁华与交通的便利。洛阳地理位置的战略重要性与交通优势，使得它成为与唐朝首都长安并列的全国政治、经济与文化中心。

唐僖宗乾符二年（875年），黄巢在曹州（治济阴，今山东定陶西北）、濮州（治甄城，今山东甄城北）发动起义，宋州砀山（今安徽砀山）朱存与弟朱温都参加了起义军。朱温作战勇敢，屡立战功，黄巢军攻下长安后，以朱温为同州防御使（治冯翊，今陕西大荔县）。朱温根据当时的形势判断黄巢必败，遂杀监军严实与大将胡真、谢瞳等人，向唐僖宗投降。随着朱温军事实力的不断扩大，他不甘心只做节度使，终于在907年四月逼迫唐昭宗退位，建都大梁（即汴州，今河南开封市），改元开平元年，史称后梁，朱温即后梁太祖。

后梁改称汴州为开封府，作为东都，以唐东都洛阳（今河南洛阳市）为西都。开平三年（909年），朱温迁都洛阳。晋王李克用是朱温大敌，二人攻战不止，李克用病死后，儿子李存勖继为晋王、河东节度使，李存勖承袭父志，依然是朱温的大敌。后梁龙德三年（923年）四月，晋王李存勖在魏州（治元城，今河北省大名北）即皇帝位，国号大唐，改元同光，史称后唐，李存勖即后唐庄宗。当年十月，后唐庄宗亲率大军攻下大梁，后梁末帝朱友贞自杀，立国仅十七年的后梁就此灭亡。随后，后唐庄宗将都城迁至洛阳。

一、香孩儿出生

五代时，禁军作为朝廷直接掌握的武装力量，除保卫皇宫与京城安全，行护卫之职外，还要承担大量的出征作战任务，是军队中当之无愧的精锐，驻地自然在京城。赵弘殷所属的禁军屯驻于洛阳城外东北方向的夹马营（今河南省洛阳市瀍河区东关），离城大约二十里，按现在的说法相当于洛阳城郊。夹马营，又称甲马营，夹马营最高长官为指挥使，禁军将领赵弘殷与妻杜氏便居住这里的一条巷子中。①

据说天成元年（926年）后唐明宗即位后，每晚在宫中焚香祈愿，祈祷时还念念有词："某胡人，因乱为众所推，愿天早生圣人，为生民主。"后唐明宗祈祷"早生贵人"，真的出现了"异相"，据说杜氏梦见神仙手捧红日，送入自己怀中而受孕。

第二年（后唐明宗天成二年，927年）二月十六日（3月21日），赵弘殷与杜氏的第二个儿子在夹马营家中出生，取名赵匡胤，这一年为丁亥年，生肖为猪，赵匡胤当皇帝后，将他生日这天立为长春节。据说这天晚上，刚刚诞生的赵匡胤全身金色，赤光绕室，军营中充满异香，三日不散。居住在军营中的军人和家属们都觉得此事十分奇异，称赵匡胤为"香孩儿"，夹马营也因此被称为"香孩儿营"。八十二年后（大中祥符二年，1009年），宋真宗（宋太宗子，大宋的第三位皇帝）在此建寺，赐名应天寺。②

"香孩儿"赵匡胤出生时的"祥瑞"现象在中国古代并非个案，不过是帝王出生时众多"祥瑞"中的一种。翻检古籍，关于"帝王诞生瑞征"的记载很多，仅以隋唐五代与大宋为例列举三四：隋文帝杨坚出生时"紫气充庭"；唐高祖李渊出生时"紫气充庭，神光照室"；后唐庄宗出生时"紫气出于窗户"。天水一朝自宋太祖出生时开启

第一章　/军营中成长/

5

---

① ［宋］李焘.《续资治通鉴长编》卷7乾德四年五月甲戌；李攸.《宋朝事实》卷1《祖宗世次》。参考书目作者为宋人者，以后不再标注朝代。

② 《宋会要辑稿》帝系1帝号；司马光.《资治通鉴》卷278；《宋史》卷1《太祖纪》；孔平仲.《谈苑》卷1；高承.《事物纪原》卷7《应天寺》；王明清.《挥麈录》前录卷1；蔡正孙编.《诗林广记》后集卷9陈希夷（陈抟）《附潘紫岩题陈图南鼾睡图》："甲马营中紫气高，属猪人已着黄袍。此回天下都无事，可是山中睡得牢。"

赵匡胤出生地——洛阳夹马营（今河南省洛阳市城东部瀍河回族区内瀍河桥东边不远处）

了赤光绕室的模式，宋太宗出生时"赤光上腾，如火间巷，闻有异香"，宋真宗、宋英宗等出生时或赤光照室，或火光烛天，皆如是也。帝制时代，皇帝们为表明自己是上天的代表，故编造种种所谓的"瑞征"载于史书中，增加其神秘感和威严性。更为重要的是，皇帝们出生时的祥瑞之兆预示有德者的兴起，标志君权神授的正当性，因此大宋人范仲淹有"我太祖皇帝应期而生"之语。[①]其实，史书中记载的帝王母亲受孕及帝王出生的种种异相，不过是中国古代造神的一种常见手段。

五代时，军营中出生的孩子并不少见，但是这个赵姓婴儿的特别之处是三十四年后，由他创建了一个新的统一王朝——宋朝，从而结束了自唐末以来百年的军阀混战。

二、籍贯本幽州

在中国众多的姓氏中，赵姓是一个古老的姓氏，据说出自嬴姓，形成于西周时期，赵姓的祖先为伯益，始祖为造父。[②]赵姓者人众，那么赵匡胤的先祖又是何人呢？宋代的官修史书《宋会要辑稿》中，明确记载为西汉时的赵广汉。

赵广汉，字子都，涿郡蠡吾县人（今河北省博野县人），生活在西汉昭帝、宣帝时期，通过"举茂才"[③]的方式进入仕途。赵广汉精明强干，擅长处理政务，先后担任过颍川郡太守、京兆尹，时人赞誉"治民则赵广汉"，与韩延寿、尹翁归、严延年、张敞之齐名，都是当时公认政绩显著的名臣。西汉京兆尹，负责管理国都西京长安，至汉元帝时先后有赵广汉、张敞、王尊、王章、王骏等担任过京兆尹，皆有能名，长安人交口称赞"前有赵（广汉）、张（敞），后有三王（王尊、王章、王骏）"。赵广汉为政廉洁清明，任京兆尹时不畏权贵，大宋史学家司马光对他的评价非常高，称其"京兆政清，吏民称之不容口"。

西汉宣帝元康二年（前64年），赵广汉得罪皇亲国戚霍光子、

---

① 《隋书》卷1《高祖纪上》；《旧五代史》卷27《庄宗纪》；李昉等．《太平御览》卷731《相下》；《宋史》卷6《真宗纪》，卷13《英宗纪》。

② 苏辙．《栾城集》卷23《筠州圣祖殿记》；林駉．《古今源流至论》卷7；彭百川：《太平治迹统类》卷1《圣宋仙源积庆符瑞》。

③ 举茂才，汉武帝在元封六年（公元前105年）下诏，令州、郡推举茂才。"茂才"，即"秀才"，东汉时，避光武帝刘秀讳，称为"茂才"。

博陵侯霍禹等权贵，被处以腰斩之刑。①

赵广汉被处死后，史籍中未见关于其子孙后裔的记载，宋代官修史书《宋会要辑稿》等书中，自然也不会有赵广汉为赵匡胤先祖的证据。因此，无法证明赵广汉就是赵匡胤的先祖。拉西汉名人赵广汉做先祖，目的很明确——赵宋皇室祖先即非平凡之人，以此表明赵匡胤祖先的高贵，抬高身价。

赵匡胤的祖上有确切记载的，始于高祖赵朓。但是，史书中关于赵朓的记载并不多，只是说他生于幽州，大致生活在唐顺宗至僖宗时期（808—888年）。②

幽州之名始于先秦，隋为涿郡，唐复称幽州。唐幽州大都督府下辖幽、易、平、檀、燕、北燕、营、辽、瀛等十七州，其中幽州下辖蓟、良乡、潞、涿、固安、雍奴、安次、昌平等县，州治所在蓟县。幽州大致为今天的北京、天津、河北北部与辽宁一带，是游牧文明与农耕文明的交界处，为汉族与少数民族杂居之处，受游牧民族文化影响，历来民风彪悍好斗，所以唐玄宗时成为安史之乱的策源地，就不足为奇了。生活在好斗尚武环境中的赵朓却没有习武，而是刻苦读书，以儒学出人头地，历任永清、文安、幽都三县县令，这三县都在涿州附近。在中国古代行政体系中，县令位于低级官员行列，可以说是芝麻官，赵朓没有从这种芝麻官中脱颖而出，仕途也只能止步于此。

赵朓娶妻崔氏，史书中只说二人生子赵珽，没有更多关于赵朓与崔氏生育情况的记载。某年的十二月七日，赵朓去世，葬于幽州。

---

① 《宋会要辑稿》帝系1帝号；《汉书》卷8《汉宣帝纪》，卷58，卷64下《贾捐之传》，卷72《王吉传》，卷76《赵广汉传》；《资治通鉴》卷24，本始三年。

② 关于赵匡胤高祖、曾祖、祖父的生活年代与年龄，参考杨倩描先生《宋太祖赵匡胤家世、祖陵及籍贯》，《宋史研究论丛》第6辑，2005年。《宋会要辑稿》帝系1帝号载赵朓生于"幽蓟"。

建隆元年（960年），赵匡胤做皇帝后，追尊赵朓"文献皇帝"，庙号"僖祖"，陵称"钦陵"，追谥崔氏"文懿皇后"。宋真宗大中祥符五年（1012年）闰十月，加谥赵朓"文献睿和皇帝"，宋徽宗大观元年（1107年）九月，加谥"立道肇基积德起功懿文宪武睿和至孝皇帝"[①]。

赵匡胤曾祖父赵珽，大致生活在唐文宗至后梁太祖时期（827—912年）。自幼年时就跟随赵朓学习的赵珽，在父亲的指导和影响下，少年时就以博学多闻，名声远扬。长大后，赵珽因儒学方面的造诣深厚，也成为和父亲一样的人——以儒学为业，用自己的所学谋生。

至于赵珽何时在何地出仕，其任职情况如何，史书中没有记载，只说他藩镇从事，累官至兼御史中丞。赵珽娶妻桑氏，二人成婚时间与生育情况，史书无载，唯有儿子赵敬有不多的记载。某年的正月二十五日，赵珽去世，亦葬在幽州。建隆元年（960年）三月，大宋王朝建立的第三个月，宋太祖赵匡胤追尊曾祖父赵珽"惠元皇帝"，庙号"顺祖"，陵称"康陵"，追谥桑氏"惠明皇后"。

祖父赵敬，大致生活在唐懿宗末至后梁太祖时期（873—912年）。根据宋史研究专家杨倩描先生的推测，可能因家中顶梁柱、父亲赵珽的过早去世，导致家道中落，影响了赵敬的婚姻问题；赵敬与保州保塞县人、平州刺史、幽蓟垦田使刘昌之女成婚时，年纪偏大且落魄。慷慨有四方之志的赵敬，后依附卢龙节度使刘仁恭父子，历任营州、蓟州、涿州刺史。可能是因为赵敬去世早，也可能是因为赵家所依附的刘仁恭父子落败，刘氏与儿子赵弘殷等由世代居住的涿郡，搬到了刘昌家乡，即保州保塞县丰归乡东安村（今河北保定

---

[①] 《汉书》卷28下《地理志》；《旧唐书》卷38，卷39《地理志》，卷180；李攸.《宋朝事实》卷1《祖宗世次》；王明清.《挥麈前录》卷1，亦记载僖祖忌日为十二月七日。

市清苑区东安镇）。赵弘殷等在此地长期生活成长，因此这里被称为宣祖故里。①

河北省保定市清苑区东安村宋祖故里

赵敬于某年四月十二日去世，仍然与父祖一样葬在幽州。后周显德年间（954—959年），因儿子赵弘殷显贵，被世宗追赠左骁卫上将军。建隆元年（960年）三月，赵匡胤追尊祖父赵敬"简恭皇帝"，庙号"翼祖"，陵称"定陵"（宋真宗乾兴元年，1022年改称"靖陵"），妻刘氏追尊"简穆皇后"。

父亲赵弘殷，大致出生于唐昭宗光化二年（899年），后周显德三年（956年）七月二十六日去世，时年五十八岁，追赠武清军节度使、太尉。赵朓、赵敬均以儒学见长，但是到了赵弘殷这代，虽然雅好儒素，却未以儒学见长，或许是因为长期生活在外祖父刘昌家，受保州人勇敢尚义、强悍好斗的影响，赵弘殷少年时就骁勇异常，善于骑射，为以后的戎马生涯奠定了基础。军阀混战的年代，勇武的赵弘殷应比他的父祖有更多机会吧。

---

① 《续资治通鉴长编》卷194嘉祐六年八月乙丑；赵德麟.《侯鲭录》卷3；魏隽如、王少堂.《赵匡胤祖籍和祖陵确在保州（清苑）》，《保定师范专科学校学报》2004年第1期；王育济、陈晓莹.《宋太祖与他的家人》，《济南大学学报》（社会科学版）2018年第3期。

大概在后梁末帝贞明三年至贞明七年间（917—921年）的一个冬日，二十岁左右的赵弘殷告别母亲刘氏，离开保州南下镇州，准备投军成德军节度使（镇镇州真定，今河北正定）、赵王王镕麾下。

赵弘殷行至定州时，天降大雪，鹅毛大的雪花飘飘洒洒，天地间一片白茫茫，影响了视线，盖住了眼前的道路。中国近代地理学和气象学奠基人竺可桢先生结合史学、物候、方志和仪器观测，将中国五千年的季候变化大致划分为四个温暖期和四个寒冷期，唐中叶以后至五代十国为第三个寒冷期，气候和唐前期相较变干变冷。《唐书》《五代史》中，有很多关于此时期大雪的记载。[1]因此可以说，赵弘殷碰上的大雪，在当时很常见。无法赶路的赵弘殷，只能躲在定州安喜人杜爽的杜家庄院大门下避雪。

大雪数日不停，天气十分寒冷，躲在杜家大门下的赵弘殷一日三餐怎么办？俗语云，有福之人不居无福之地。杜家看护庄院的仆人看到大门下站立避雪的年轻人，心生怜悯，偷偷送饭给他，数日不间断。这种严寒天气下，赵弘殷居然身体无恙，可见其平时练武，身体强健。对于仆人赠饭的义举，赵弘殷非常感激，落魄如此却不失礼节，也表明家教良好。赵弘殷的状貌奇伟，为人的恭谨态度使得杜家的仆人暗暗称奇，将此事作为奇闻禀告了主人杜爽。杜爽立即让仆人将这位年轻人请到家中，见到赵弘殷后，杜爽也是暗暗称奇，非常喜欢这位青年，热情地邀请他住在杜氏庄院。

杜爽与妻子范氏育有五子三女，两人都看好赵弘殷，商议后决定将长女杜氏嫁给他。杜爽夫妇初次见到赵弘殷后就有嫁女的决定，

第一章 / 军营中成长 /

---

[1] 竺可桢．《中国近五千年来气候变迁的初步研究》，《考古学报》1972年第1期；《中国5000年来气候变迁与王朝兴衰规律》，《小康》2016年第10期。《旧唐书》卷12《德宗纪上》，卷13《德宗纪下》，卷17下《文宗纪下》，卷19上《懿宗纪》，卷19下《僖宗纪》，卷20《昭宗纪上》，《旧五代史》卷4，卷6，卷7《后梁太祖纪》，卷19《朱珍传》，卷20《王敬荛传》，卷25《后唐太祖纪》，卷29《后唐庄宗纪》等纪、传中都有关于大雪天寒的记载。

赵弘殷的个人形象与言行举止是他最大的加分项，还有就是外祖父刘昌家族在保州也应具有一定影响力。杜氏生于唐昭宗天复二年（902年），大约在后梁龙德二年（922年）二十岁时嫁给赵弘殷，估计赵弘殷至少大杜氏三岁。

赵弘殷没能活到大宋建立那天，在儿子称帝前四年（后周显德三年，956年）的七月二十六日去世，赵匡胤即位后，追尊曾祖父、祖父的同时（建隆元年三月，960年），追尊父亲赵弘殷为"昭武皇帝"，庙号"宣祖"，葬于安陵（开封府开封县）。第二年（961年）六月二日，杜氏在东京滋德殿去世，遗令："园陵制度，务从俭省，勉从予制，勿用烦劳。"谥昭宪皇后，十月葬于安陵。

杜氏的一个妹妹，嫁给了刘迁。刘迁很早去世，杜氏的妹妹一直守寡。赵匡胤与这位姨母感情很好，即位以后，封她为京兆郡夫人。开宝三年（970年）十月初一日，京兆郡夫人杜氏卒，赵匡胤很悲痛，不视朝，穿着素服在讲武殿举行哀悼仪式，文武百官上表劝慰。赵匡胤追封姨母杜氏"齐国太夫人"，赠刘迁太保。

后梁太祖朱温与太原节度使、外号"独眼龙"的晋王李克用争夺天下，战争频频，成德军（治镇州，今河北正定县）节度使王镕和义武军节度使（镇定州安喜，今河北定州）王处直反复投靠于朱温与李克用。李克用向王镕求援，王镕令部将赵弘殷率领五百名骑兵救援，两军对垒中，赵弘殷多次立功。后梁开平二年（908年），李克用病逝后，子李存勖袭为晋王、河东节度使。后唐同光元年（923年）李存勖攻下大梁（今河南开封）后，即皇帝位，国号大唐，史称后唐，李存勖即后唐庄宗。

后唐庄宗欣赏赵弘殷的勇敢，与朱温的战事结束后，便将赵弘殷留在都城洛阳，并任命为飞捷指挥使，赵弘殷由节度使的部将华丽转身为禁军的中下级军官。自后唐庄宗同光元年（923年）至后晋出帝开运三年（946年）二十余年间，赵弘殷的同僚们多拜为节度使，

宋宣祖坐像轴 故宫南薰殿旧藏绢本、设色，纵六尺八寸，横四尺七寸七分，画坐像高四尺九寸。微须，被衮执圭。

## 第一章 / 军营中成长 /

但是军职依然不变的赵弘殷却心态很好，处之恬然。在此期间，赵弘殷和杜氏的长子赵匡济（后避赵匡胤讳，改为赵光济）出生，不幸早夭，大宋建立后，被追封为邕王。杜氏二十五岁时，次子香孩儿赵匡胤在洛阳夹马营出生（后唐天成二年，927年）。

公元936年，后唐明宗李嗣源女婿、河东节度使石敬瑭乘后唐内乱，以燕云十六州为代价向契丹（后改称辽国）称臣，契丹太宗耶律德光在太原册立石敬瑭为帝，石敬瑭即后晋高祖，当年改元为天福元年。第二年（天福二年，937年），石敬瑭将都城迁到汴州，天福三年（938年），升汴州为东京开封府。五代的人们对朝代更迭习以为常，文臣武将仕历数朝是普遍现象，后唐灭亡后，赵弘殷也随即成为后晋禁军军官，十二岁的赵匡胤也随父母迁居开封生活。后晋天福四年（939年），赵弘殷与杜氏的第三子赵匡义（后避赵匡胤讳改名赵光义，即位后改名赵炅），在开封浚仪（今河南省开封）出生。

后晋也是一个短命的王朝，天福十二年（947年）二月，河东节度使、北京留守刘知远在太原即皇帝位，国号汉，史称后汉。这一年，赵弘殷第四子赵匡美（后避赵匡胤讳，改名光美，宋太宗即位后，改名廷美）出生。赵匡美的生母，一说是赵弘殷妾耿氏，一说是杜氏。《宋会要辑稿》后妃一的《皇后、皇太后》中记载，杜氏所生四子二女，四子中没有赵匡美；南宋人李焘所撰的《续资治通鉴长编》卷24太平兴国八年正月壬戌条、卷25雍熙元年正月丁卯条与《宋史》卷244《魏王廷美传》等，皆言耿氏是赵匡义的乳母，还是赵匡美的生母，赵匡胤称帝后，耿氏被封为陈国夫人，于宋太宗太平兴国八年（983年）正月去世。李焘在《续资治通鉴长编》卷22太平兴国六年九月丙午条注释中，详细考证了赵匡美为杜氏所生，元人所修的《宋史·杜太后传》，亦载杜太后生五子二女，即赵匡美生母为杜氏。按照金匮之盟[①]的说法，赵匡美应是赵匡胤的同母弟。[②]

---

① 所谓金匮之盟，是指建隆二年（961年）杜太后去世前，召赵普入宫记录遗命，杜太后问宋太祖赵匡胤："你知道为什么能得天下吗？"赵匡胤回答："都是祖宗、太后的庇护。"杜太后说："不对。正是因为柴荣使幼儿为天下主，若周有成年的君主，你安能得到皇位！你百年后应当传位给光义，光义传位给光美，光美再传位给德昭（宋太祖子），四海至广，能立长君，是社稷之福。"赵匡胤哭泣着回答："哪敢不听从母亲的教导！"杜太后看着赵普说："你如实记录我的遗言，不要违背。"赵普在榻前立誓，将誓言书于纸尾，署名："臣普记。"藏在金匮中，命亲信宫人掌管钥匙。杜太后遂崩。

② 《宋会要辑稿》后妃1皇后皇太后载，杜氏生"曹王光济、太祖皇帝、太宗皇帝、岐王光赞，恭宪、恭懿二大长公主"；《续资治通鉴长编》卷24太平兴国八年正月壬戌条，卷25雍熙元年正月丁卯条，亦载宗"乳母陈国夫人耿氏卒，涪陵县公廷美之亲母也"；《宋史》卷244《魏王廷美传》亦有相同记载。

赵弘殷与杜氏的第五子赵匡赞（后避讳改称赵光赞）出生的时间不详，幼年夭折，大宋建立后，被追封为夔王。

宋朝沿用汉唐习惯，皇帝的祖姑、姑母称为大长公主，皇帝的姐妹称长公主，皇帝之女称为公主，以国名、郡名乃至县名，或者是美名作为封号。赵匡胤之下还有两个同母妹，史书中没有记载她们的名字。大妹未满十五岁去世，建隆三年（962年）四月，追封为陈国长公主。小妹初婚嫁米福德，米福德后去世，赵光胤即皇帝位后，封小妹为燕国长公主，再嫁忠武军节度使高怀德。皇帝嫁妹，嫁妆当然丰厚，其中包括名为兴宁坊的一座宅院。开宝六年十月（973年），燕国长公主去世，谥恭懿。

杜氏治家严而有法，对子女的成长非常重视，从赵弘殷与杜氏的生育情况来看，夫妻关系和谐，感情很好。赵匡胤与母亲杜氏感情非常深厚，即位后依然朝夕看望已是太后的母亲，杜氏生病后，赵匡胤更是亲自服侍，衣不解带，侍奉很多天。[①]

### 三、学文又习武

赵匡胤小时候，家中所用的帐帘用青布沿边，可见其家生活并不太富裕，或者说简朴更合适。童年的生活方式，给他留下深刻的印象，数十年后，他当上皇帝后，与晋王赵光义（即后来的宋太宗）在宫中饮酒时，赵光义说："陛下服用太草草。"赵匡胤立即严肃地提醒道："尔不记居甲马营中时耶？"以夹马营中的简朴生活提醒晋王赵光义，不要生活奢靡。[②]赵匡胤在宫中的生活也是相当简朴，不求奢华，曾经将自己穿过的麻鞋与粗布衣服赐给近臣。因为寝殿中所用的是青缣帐、紫绫褥，还对翰林学士卢多逊说："朕用此犹常惭愧。"

---

[①]《东都事略》卷89《吕大防传》，《宋大诏令集》卷14《昭宪太后遗令》。
[②]《续资治通鉴长编》卷7乾德四年五月甲戌；邵伯温：《邵闻见录》卷3，卷7。

赵匡胤对年少时的学习生涯也记忆深刻。按古代入学年龄推测，赵匡胤大概在五到七岁时，随通经史的儒生辛文悦学习五经，即《周易》《尚书》《诗经》《礼记》《春秋》。①

唐代允许并鼓励私立学校存在，在乡村有乡校、村学、里塾等，在城市有坊学、巷学、闾塾等，乡村学校及坊巷学合称村坊，可以说村坊遍布全国。村坊办学模式有村与里，或坊与巷等共同出资兴办，聘请先生教授；亦有儒生自设学舍，聚徒授业者。②五代在村坊方面与唐代没有什么不同，有区别的是五代战祸频繁，读书人几乎没有科举考试的机会，他们的出路或是到藩镇从事幕僚工作，或是在村坊教授生徒谋生。辛文悦具体是在自己开办的私塾中教书，还是在村学中从事教学活动，史书中找不到记载。《宋史》虽有辛文悦传记，却过于简略，没有关于辛文悦籍贯与家世的记载，说明他的祖上并不显赫。

唐玄宗天宝十三载（754年）时，唐廷规定进士科加试诗赋，诗歌成为士人的必修科目，也成为当时学校教学内容中的重要组成部分。如中唐诗人元稹在给白居易《白氏长庆集序》作序时说，自己曾经在镜湖旁的平水草市中（今浙江省绍兴县东南平水镇）见村校（即私塾）诸童竞相咏诗，招来询问，村童都答道："先生教我，乐天、微之（元稹字微之）诗。"五代至宋时，村校中"教小儿诵诗"，仍然是教学内容之一。由此推断赵匡胤在学校的学习内容，除了上面说的五经，应该也兼顾学习诗歌。

据说赵匡胤听课很认真，从不嬉戏打闹。每天放学回家时，赵匡胤必定让一起就学的小伙伴们模仿皇帝的仪仗，在前引导，自己神色

---

① 《续资治通鉴长编》卷10开宝二年十二月乙酉；《东都事略》卷1《本纪》；彭百川：《太平治迹统类》卷1《圣宋仙源积庆符瑞》；释文莹：《玉壶野史》卷3；《宋史》卷431《辛文悦传》。

② 宋社洪.《唐代的村坊学校及其教育资源》，《衡阳师范学院学报》2010年第1期。

庄重、不紧不慢地走在路中间,行人看见这种奇怪的情景,往往避让。①

赵匡胤对这位辛文悦老师很信任,非常念旧情。多年后夺得后周孤儿寡母政权的赵匡胤,将降为周郑王的后周恭帝安置在京西路房州,命当时为太子中允、判太府事的辛文悦知房州,目的是监视周郑王,可知对这位长者的信任。辛文悦后升迁为员外郎。②

赵匡胤非常喜爱蹴鞠运动。蹴鞠,实际上就是中国古代的足球,相传蹴鞠始于黄帝,汉代时蹴鞠就已流行,并成为军队中增强兵士体力的一种运动。唐宋时,蹴鞠运动更为普及。晚唐时,蹴鞠以八片尖皮缝制,到宋代时发展为十二片熟硝黄革剪裁缝制得非常圆的球了。进行蹴鞠运动时的解数、球门人数、礼仪等都有详细的规定。蹴鞠玩法多种,既有一人踢的"一人场户",属于个人表演;二人对踢的"二人场户",既可以表演,也可以训练与休闲;还有三人至十人的多人踢法,如六个人踢的称为"六人场",就属于"一般场户"。大宋徽宗时名画家苏汉臣的《宋太祖蹴鞠图》,展现的就是大宋初宋太祖、晋王赵光义,与开国功臣赵普、楚昭辅、党进、石守信六人在一起蹴鞠的情景,这就是"六人场"。可见蹴鞠一直是宋太祖喜爱的运动,而且他擅长"白打"(类似于今天的花式足球)。

在皇帝的带头示范之下,蹴鞠不仅成为宋代民间与宫廷都很喜爱的运动,还成为盛大宴会中的规定表演内容。③

---

① 《旧唐书》卷9《玄宗纪》,卷119《杨绾传》,卷166《元稹传》;元稹.《元氏长庆集》卷51《白氏长庆集序言》;叶梦得.《避暑录话》卷下;宋陈模:《东宫备览》卷1《始生》。

② 《续资治通鉴长编》卷10开宝二年十二月乙酉;《宋史》卷1《太祖纪》,卷431《辛文悦传》。

③ 朱胜非.《绀珠集》卷9《蹴鞠诗》;江少虞.《宋朝事实类苑》卷54《蹴鞠》;《宋史》卷4《太宗纪》,卷280《王荣传》;[元]陶宗仪.《说郛》卷101下;汪云程.《蹴鞠图谱》。[明]徐应秋.《玉芝堂谈荟》卷30《宋太祖蹴鞠图》;[明]唐文凤.《梧冈集》卷2《题蹴鞠图宋祖宋宗赵普楚昭辅党进石守信》;[清]《历代题画诗类》卷1;元人王恽《宋太祖蹴鞠图》;明人倪敬《赵太祖蹴鞠图》。

第一章 / 军营中成长 /

《宋太祖蹴鞠图》纸本设色，宽28.6厘米，长56.3厘米。原作者为大宋苏汉臣，现藏于上海博物馆的为元代钱选临摹品。

赵匡胤可能还会击马球，有一事可以验证。乾德二年（964年）六月，护国军节度使郭从义自徐州入朝，赵匡胤召见后，命他在殿庭击马球。郭从义换衣后骑骡，驰骋骡击，技艺高超，宋太祖观看后，对郭从义说："此技诚精绝，然非将相所为也。"说明赵匡胤对打马球，也是十分精通。

史载：少时的赵匡胤闲暇之时和小伙伴们也会做游戏。他有一石马儿，一起玩的孩子们都喜欢，多次偷窃，为了防备石马儿被偷走，赵匡胤将它埋在夹马营巷子的地下。开宝九年（976年），赵匡胤巡幸洛阳旧宅时，还清清楚楚记得埋藏之地，将石马儿挖了出来。①

辛文悦之后，赵匡胤还曾跟随两位老师学习。一位是在夹马营前聚生徒讲学的陈学究，赵匡胤奉父命随其学。赵匡胤小时候嫉恶如仇，容不下他人之过，陈学究经常开导他，要有容人之量。赵匡胤脾气急躁易怒，即位后也经常发怒，甚至因臣僚上奏平常事影响

---

① 释文莹.《玉壶野史》卷7；[元]陶宗仪.《说郛》卷28上；张淏.《云谷杂记·太祖达生知命》，卷45下；释文莹.《玉壶清话》。

了他弹雀，而用柱斧柄撞落了这个人两颗牙。①

　　赵匡胤当皇帝后，居于陈州的陈学究并没有向昔日的学生求取一官半职，依旧在村舍教授学生谋生。宋太祖即位的第二年（建隆二年，961年），任命泰宁节度使、殿前都虞候赵光义兼开封尹、同平章事。赵光义使人将陈学究招至东京，为自己管理东京出谋划策。没过多久，有人说："开封之政，皆出于陈。"宋太祖紫黑脸一沉，暴怒地质问赵光义。端坐在御座上的不仅是自己的兄长，更是大宋的皇帝，赵光义听着兄长的斥责，不由得心中惧怕。为避免不必要的麻烦，只得马上将陈学究遣送回乡。陈学究回乡途中，遇见了强盗打劫，将临行前赵光义所赠银子悉数掠去。回到家乡陈村后，陈学究重操旧业，开学馆，招学生，教书为业。奈何村学中学生很少，温饱都难以解决，陈学究只得居住在驿舍中，一天晚上，醉饱而死。②

　　赵匡胤后来在汴梁的学馆中，随赵学究学习。按照宋人的记载，赵学究就是后来半部论语治天下的赵普。③

　　赵匡胤除了学习儒经与诗词，还跟随老师学过武艺，且在武学方面天赋很高。倘若他没有武学基础，日后不可能创立独特的武术套路。赵匡胤的腿功很是了得，后来创立了有三十六招式的"长拳，多用腿"，明人称"赵太祖长拳"或"赵家拳"，将其列为十一家拳法之首。赵匡胤的棍法也非常出色，明人评价三十一家棍法时，认为河南的棍法中，他的"腾蛇棒为第一"。④

　　善于骑射的赵弘殷，在征战之余悉心教授儿子赵匡胤等学习骑

---

① 弹雀，以弹丸击雀。参见李焘.《续资治通鉴长编》卷1建隆元年。
② 刘延世.《孙公谈圃》卷上。
③ 刘延世编.《孙公谈圃》卷上；王铚.《默记》。
④ ［明］唐顺之.《武编》前集卷5《拳》；［明］何良臣.《阵纪》卷2《技用》；［明］戚继光.《纪效新书》卷14《拳经捷要篇第十四》载："宋太祖有三十二势长拳。"［明］胡宗宪.《筹海图编》卷13《棍式》；［明］郑若曾.《江南经略》卷8上《兵器总论》。

射。赵匡胤遗传了父亲骁勇异常的性格，加之自幼在军营中观看军队操练，稍微一学习，骑射水平就远超常人。一天，艺高人胆大的赵匡胤试骑一匹没有戴马嚼子、难以驯服的烈马，烈马不甘受制于人，一路狂奔，驰上向城楼方向去的斜路。到了城门口，赵匡胤来不及躲避，额头撞到了城门的门框上，剧烈的撞击使赵匡胤头晕眼花，失去了平衡，骤然从疾奔的烈马上坠地。附近的人看到这种场景，觉得坠地者肯定头颅摔碎而亡，令人想不到的是赵匡胤竟然毫发无伤，他慢慢起身后，居然又去追逐烈马，还腾空而起，跃上马背。

随着年龄的增长，赵匡胤容貌雄伟，性格沉厚，气度豁如，武艺高强，认识的人都判定他将来一定非同凡响。宋朝人尊称他"艺祖"，倒也名实相符。[①]

## 第二节　投军郭威帐下

后晋天福八年（943年）至后晋开运三年（946年），发生在中原大地上最大的战争，就是辽国攻灭后晋之战。在长达四年的战争中，双方互有胜负，到战争的最后一年，由于后晋在战略和战术上的失误，加之大将杜威叛变降敌，开运三年（946年），出帝奉表出降，后晋至此亡。翌年二月，后晋河东节度使刘知远在太原称帝，沿用后晋高祖天福年号，是为后汉。六月，刘知远攻克汴州，定都于此。

跟随杜威降辽的部下中，赵弘殷算是其中一个，随父亲住在军营中的赵匡胤没有经历离乱之苦，但是亲历了后晋的灭亡，眼见了战争的残酷，凶残的契丹骑兵对中原百姓的伤害，多年以后，赵匡胤都印象深刻。与成千上万在战争中被杀、被掳掠的平民百姓相较，

---

① 《宋史》卷1《太祖纪》；黄仁宇.《赫逊河畔谈中国历史》认为赵匡胤武艺高强，骑马射箭均是第一流能手，未做皇帝前曾以大将的身份亲自参加战斗，所以宋朝人也称之为"艺祖"。

赵匡胤是幸运的。十七岁（开运元年，944年）的这年，赵匡胤成婚了，妻子是父亲的同僚、后晋右千牛卫府率贺景思的长女。贺氏温柔恭顺，与赵匡胤的夫妻感情很好，两人婚后育有一子二女，一子是赵德昭二女是后来的昭庆公主与永庆公主。

赵匡胤没有发迹之前，多次游览关中，有时很窘迫，也不愿意投靠亲友。即使有人周济，他也不会随意接纳。如果随身带有百余钱，一定送给更困窘者，看到的人觉得很奇怪。赵匡胤到了与吐蕃搭界的渭州潘原县（治今甘肃平凉市东南）游览，在途经泾州境内的长武镇时，有一寺僧释守严看到赵匡胤青巾褐裘，容貌雄伟，真乃天人之相也！心中不禁暗暗惊奇，偷偷地使画工画在寺院的墙壁上。①

婚后的生活美好又平静，赵匡胤并不满足于这种生活，希望自己能建功立业。后汉元年（947年），二十岁的赵匡胤离开汴州，开始四处游历。

赵匡胤离开开封，一路向南。一日行至宋州（今河南商丘）。入城后，寻一酒馆吃饭饮酒，酒足饭饱后，赵匡胤闲逛至雄伟的高辛庙。进入庙中后，困意来袭，他半靠着柱子睡着了。赵匡胤睡梦中觉得有异，醒来后，焚香祈祷，见香案有竹杯筊②，随手拿过来为自己占卜前程。先占卜为小校（低级军官），掷出的竹杯筊没有反应，继占卜为节度使，竹杯筊仍然没有反应。赵匡胤一愣，随口道："难道是要做天子吗？"结果掷出的竹杯筊盘旋空中后，落地后一俯一仰，出现了当时称为大吉的"圣筊"。"圣筊"自然令赵匡胤心情愉快，觉得自己此番游历应该大有收获。八十年后（宋仁宗天圣年间），应天府知府晏殊在高辛庙题诗：

**炎宋肇英主，初九方潜鳞。**

---

① 邵伯温.《闻见录》卷1。
② 一种占卜用具。

尝因蓍蔡占，来决天地屯。

庚庚大横兆，謦咳如有闻。①

纪念的就是此事。

## 一、游复州王彦超失礼

王彦超（914—986年），字德升，大名临清县（今河北临西县）人，出身于官僚家庭，性格温和恭谨，能礼贤下士。后唐同光三年（925年），十二岁的王彦超从军，追随后唐魏王李继岌征讨前蜀，两个月后，前蜀灭亡。第二年，李继岌班师至渭南时，大将李嗣源谋反成功。李嗣源即位，是为后唐明宗。此时的李继岌成为无国可归的流亡者，王彦超一直追随左右，直至李继岌遇害。王彦超的正直忠贞，也为世人所知。

若干年后，石敬瑭出任河东节度使，将王彦超招至帐下，委以心腹之任。此事说明，无论什么时代，正直忠勇之人都是令人钦佩的，忙于征战夺权的军阀更需要王彦超这样的部下。

后晋建立后，王彦超多次升迁，直至殿前散指挥都虞候，领蒙州刺史。公元947年，刘知远建立后汉政权后，王彦超领岳州防御使、兼护圣左厢都指挥使，赴任汉江流域的复州（今湖北仙桃、天门、洪湖和监利），出任防御使。

赵匡胤为何至复州游历？王彦超的礼贤下士与忠贞之名，仕历过后唐、同为后汉同僚的赵弘殷很清楚，长在军营中的赵匡胤自然也了解这些情况，故直接投奔复州（州治沔阳，今湖北仙桃西北）王彦超。

---

① 晏殊知应天府（河南商丘）的时间，为宋仁宗天圣五年（1027年）正月至天圣六年八月。"庚庚大横兆"句，也有作"庚契大横兆"。

赵匡胤满怀希望地去拜访王彦超，希望寻求建功立业的机会。①或许是復州远离朝廷，或许是温和恭谨的王彦超只想平静度日，或许是其他原因，以礼贤下士闻名的王彦超没有留下赵匡胤，只是赠送了十贯钱的路费。赵匡胤乘兴而来，却败兴而去。

十四年后（建隆二年，961年）的二月，已经成为大宋太祖的赵匡胤在宫苑中设宴，召见所有的节度使同乐。时为凤翔节度使、检校太师、兼中书令的王彦超也在座。君臣推杯换盏，酒兴渐浓，赵匡胤说："众爱卿都是后周的旧臣，能以悉心政务，治理藩镇，以施惠于民为心愿吗？"武行德、向拱、郭义、袁彦等人争论开国时立下的功勋，诸将你一言我一语，争论不止。在嘈杂声中，只有王彦超说："我担任节度使没有功劳，缺乏治理才能，年老体衰，希望辞去节度使，留在京城养老。"赵匡胤心想正合我意啊，然而此时王朝初建，稳定局面最重要，还不能同意王彦超请辞节度使的要求。他高兴地说："陈年旧事不用提啦，彦超说得有道理。"随后，不紧不慢地将心中多年的疑问抛向王彦超，他问道："爱卿当年担任復州防御使，朕千里迢迢南下復州投奔你，为何不接纳我呢？"王彦超混迹官场多年，估计赵匡胤称帝后就思考过这个问题了，立即降阶顿首（以头叩地）道："我当时就是一小小的復州防御使，就如同牛蹄踩出的浅坑中积下的小小一勺水，岂能盛的下陛下这条神龙？陛下不能留滞在復州小郡之地，是天命使然呀！"俗话说，千穿万穿，马屁不会穿。赵匡胤明知是吹捧之词，却也非常受用，听后龙颜大悦，哈哈大笑，说："独令你再做一任永兴节度使。"②当然，日后的杯酒释兵权，并不是针对王彦超，而是节度使群体。

---

① 王育济、范学辉.《宋太祖传》第1章《家世、时代与成长》，人民出版社2021年版，第36页。

② 《续资治通鉴长编》卷2建隆二年三月癸亥；《宋史》卷255《王彦超传》；邵伯温.《闻见录》卷1；罗从彦.《豫章文集》卷2；章定.《名贤氏族言行类稿》卷24《王》；《说郛》卷16下黄鉴《杨文公谈苑》。

## 二、短时依随州董宗本

唐末五代的藩镇割据，军阀们凭借各自手下的军队争夺地盘，扩大势力范围，甚至发动兵变夺取皇位。战争、兵变都离不开能征善战的部将，如何让这些悍将死心塌地为自己效力呢？军阀们使出了成本很低、效果很好的一招——将手下的将领或亲信等收为义子、养子，从而建立亲密关系，以期满足自己的利益。《新五代史》卷一四《李克宁传》记载，李克宁之兄李克用在云州、朔州之间发迹时，"所得骁勇之士，多养以为子，而与英豪战争，卒就霸业，诸养子之功为多，故尤宠爱之"。后唐甚至将"雄杰魁武之士"养为义子后，组成"义儿军"。因此，义子、养子成为此时期非常显眼的社会现象，大宋欧阳修在编撰《新五代史》时，专门给义子、养子们立了《义儿传》。[1]

处在军阀混战中的"义儿"们，不乏投机取巧、见风使舵之辈，如赵延寿。赵延寿本性刘，父刘邟，蓨县令（今河北省景县），后梁太祖开平(907-911年)初年，沧州节度使刘守文攻陷蓨县，裨将赵得钧俘获赵延寿，收为养子，改姓赵。赵延寿容貌出众，喜欢读书，后唐明宗将女儿嫁给他，夫凭妻贵，赵延寿因驸马身份官至枢密使，后为宣武军节度使，加封鲁国公，可谓集荣华富贵于一身。石敬瑭欲当皇帝，勾结辽国军队进攻后唐。后唐大将张敬达战败，赵延寿等人被派前去救援，按理应尽忠于后唐的赵延寿却投降辽国，被辽太宗耶律德光任命为幽州节度使，加封燕王，成为讨伐后晋的急先锋。

---

[1] 《五代史》卷8《梁末帝纪上》，卷15《冯行袭传》，卷52《李嗣传》，卷53《李存进传》《李存璋传》《李存贤传》，卷56《符从审传》；《新五代史》卷36《义儿传》。傅衣凌.《晚唐五代义儿考》载（傅衣凌治史五十年文编》，中华书局2007年版，第64—75页）；谷霁光.《范论唐末五代的私兵和亲军、义儿》（《历史研究》1984年第1期）；赵荣炽.《五代义儿与社会政治》（《新疆师范大学学报》2004年第2期）等对五代义儿的产生、表现形式与社会作用进行了论述。

赵延寿也想如石敬瑭一般做个儿皇帝，但他的皇帝梦没实现，被辽世宗耶律阮抓到辽国东北地区，了却了余生。[①]

涿州人董宗本是赵延寿的部下，擅长骑射，曾给赵延寿提建议不被采纳。赵延寿被辽世宗抓后，树倒猢狲散，董宗本率领部下南行，投奔后汉高祖刘知远，被任命为随州（治随，今湖北随州）刺史，远离政治中心开封。董宗本为政素有声誉，赵匡胤大概也是因为这个原因去投奔。

董宗本之子董遵诲凭借父亲权势，常常欺负赵匡胤。一天，董遵诲对赵匡胤说："每天见到随州城上空有紫云如盖。"又说："梦见登上高台，遇长百余尺的黑蛇化龙，向东北方向腾空飞去，同时伴随着电闪雷鸣，此为何种祥兆？"按照中国古代的迷信说法，紫云、黑龙皆是帝王的象征，董遵诲可能暗示自己有当皇帝的预兆，但是占卜过"圣筊"的赵匡胤，并不接他的话茬。又有一天，赵匡胤与董遵诲讨论用兵之道，论来辩去，董遵诲理屈词穷，竟然不顾礼貌，拂袖而去。受到此种对待，赵匡胤心中抑郁寡欢，觉得在随州不能实现自己的理想抱负，决定离开此地。

据说赵匡胤离开后，随州城上空的紫云渐散。二十一年后（大宋开宝元年，968年）的一天，当皇帝已有九个年头的赵匡胤，在便殿召见时为殿前散员都虞候的董遵诲。面对赵宋的开国皇帝，董遵诲唯恐宋太祖算昔日之账，报往昔之仇，早已没有了昔日的嚣张气焰，伏地请罪。赵匡胤令左右扶起董遵诲，问起昔日的"祥兆"："卿

---

① 《旧五代史》卷41《后唐明宗纪》，卷46《后唐末帝纪上》，卷75《后晋高祖纪》，卷82—84《后晋少帝纪》，卷137《辽国传》；《资治通鉴》卷284天福七年十二月；《辽史》卷76《赵延寿传》。

尚记昔日紫云黑龙之梦乎？"董遵诲唯有惶恐再拜，高呼万岁。①

离开随州后，赵匡胤西游到襄阳后，暂住一寺中。寺中有一老僧善术数，数次拜访赵匡胤并承诺说："我大力资助路费，你向北行就有机会了。"所谓术数，即中国古代用种种方术来推测人的气数和命运。赵匡胤听从老僧的劝告，向北而行。

且说北上的赵匡胤，一日行至洛阳的长寿寺。长寿寺为武则天时建造，气势恢宏。进寺后，东西两壁上有唐代画圣吴道子所画的鬼神画，佛殿两轩的行僧画也是吴道子所画，寺中的三门两神等与佛教有关的画，都是吴道子"浪迹东洛"时所画。②寺中有菜园精舍，内有尤精鬼神画的唐人王韶应所绘壁画。

洛阳的风俗喜欢赏花，春暖花开时节，洛阳人无论贵贱与男女老少，都全家出动赏花。"洛阳牡丹甲天下"，有名的就有姚黄、魏花、细叶寿安、朱砂红等数十种，而长寿寺就是观赏牡丹的好去处之一。寺中弥陀院就有一株名贵的左紫，花色为紫，花头较大，大者可达一尺。③赵匡胤走进长寿寺后，一边向里走一边浏览壁画，方觉一直赶路身体疲乏，迈步进入大佛殿，将头枕在大殿西南角柱子石基上休息，不一会儿就进入了梦乡。

赵匡胤酣然大睡时，据说主管藏经院的僧人恰巧经过，看见一条赤色小蛇爬进赵匡胤的鼻孔内，而他居然没有被惊醒。赵匡胤一觉醒来，神清气爽，僧人问他准备到哪里去，他说自己想去投军，

---

① ［唐］许嵩.《建康实录》卷12《［南朝］宋 太祖文皇帝》，卷17《［南朝］梁 高祖武皇帝》，卷19《［南朝］陈 高祖武皇帝》；《东都事略》卷1《本纪》；《续资治通鉴长编》卷9开宝元年七月乙未；彭百川.《太平治迹统类》卷1《圣宋仙源积庆符瑞》；《宋史》卷1《太祖纪》，卷273《董遵诲传》。

② ［唐］朱景玄.《唐朝名画录·神品上一人吴道玄》；袁有根.《吴道子研究》，人民美术出版社2002年版，第75页。

③ 《至元嘉禾志》卷10《寺院》；［唐］张彦远.《历代名画记》卷3《东都寺观画壁》；［宋］欧阳修.《洛阳牡丹记》卷1《风土记第三》；《说郛》卷104上周氏《洛阳牡丹记》。

苦于没有路费。僧人对落魄的赵匡胤说："某有一驴可乘。"又赠送钱币，作为赵匡胤沿途资费。

### 三、北上从军讨李守贞

隋朝与唐初都实行府兵制，唐中期由于长期对外用兵、均田制的破坏等原因，使得募兵制取代了府兵制。五代"兵骄则逐帅，帅强则叛上"，①骄兵悍将们在中原大地上演的一幕幕叛乱、割据和混战的历史大剧，都离不开募兵制。如唐僖宗光启三年（887年），淄州刺史朱珍在淄州、棣州募兵，"旬日之内，应募者万余人"。②郭威便是在十八岁时，应募到潞州留后李继韬帐下；再如河东人袁彦少以趫勇应募从军，隶属于奉国营，郭威奉命征讨李守贞时，袁彦即在麾下。③所以时年二十一岁的赵匡胤投军郭威，在当时是很平常的一件事。柴荣见到来投军的赵匡胤相貌堂堂，英气逼人，不禁暗暗惊奇。暗叹道，这是军中所需的人才啊，便将他留在军中。赵匡胤开始了真正的军人生活，人生新的一页由此翻开。④

沙陀部落源于西突厥，内迁后居住在代北，在唐末镇压藩镇叛乱与农民起义中迅速崛起。唐德宗时，沙陀部落酋长朱邪尽忠被赐姓名为李国昌，沙陀势力范围包括今天山西的大部分地区。唐僖宗时，李国昌与子李克用参与镇压农民起义，多有战功，李克用、后晋建立者石敬瑭、后汉高祖刘知远，都是沙陀部落人，因此都具有突厥人种高鼻、深目、多须的特征。⑤后唐、后晋、后汉之间的战争，从最高统治者的民族成分来说，都是沙陀部落人之间的权力之争。

---

① 《新唐书》卷50《兵志》。
② 《旧五代史》卷1《后梁太祖纪》。
③ 《宋史》卷261《袁彦传》。
④ 《东都事略》卷1《本纪》；《宋史》卷1《太祖纪》。
⑤ 《旧五代史》卷25《后唐武皇帝纪上》，卷99《后汉高祖纪上》；《资治通鉴》卷271贞明五年冬十月，卷280天福元年春正月；《旧五代史》卷19《氏叔琮传》载：氏叔琮"乃于军中选壮士二人，深目虬须，貌如沙陀者"。《沙陀起源、影响及后裔》。

后梁贞明五年（919年），晋王李克用与后梁军在黄河岸边作战，互有胜负。战斗中，左射军使①石敬瑭的马甲被晋军击断，部下横冲兵马使刘知远将战马与他换乘，且在后面徐行掩护，后梁军疑有埋伏不敢追击。刘知远救下石敬瑭，由此得到石敬瑭的信任与重用。②后晋建立后，刘知远因功为河东节度使、北京留守。牙将出身的李守贞，也因为石敬瑭的器重迅速升迁，至宣徽北院使、遥领忠正军节度使、侍卫马军指挥使。天福七年（942年），后晋高祖石敬瑭去世，出帝石重贵即位③，李守贞迁为滑州节度使、兼侍卫马军都指挥使。不久，又迁为侍卫都虞候，成为掌管皇帝亲军的实权人物。

侍卫马步军，始置于后梁太祖朱温，是皇帝侍卫亲军中的一支，后晋时，演变为皇帝亲军的总称。④侍卫马军指挥使的全称是侍卫亲军马军指挥使，属于侍卫亲军马军都指挥使司，与其并列的还有侍卫亲军步军都指挥使司。李守贞担任的侍卫马军指挥使，是侍卫亲军中马军重要的统兵官；后担任的侍卫马军都指挥使，官居侍卫亲军马军司统兵官之首。侍卫都虞候之职，亦后晋高祖时创置，李守贞相继担任侍卫亲军要职，可以看出石敬瑭与石重贵对他的宠信程度。

后晋开运三年（946年）冬天，石重贵命郓州节度使、侍卫亲军都指挥使李守贞为北面行营都监、知幽州行府事，与石敬瑭的妹夫、天雄军节度使（镇魏州元城，今河北大名北）、邺都留守、北面行营招讨使杜重威，率师经略瀛、鄚（在今天河北任丘东北），防御辽国军队南下侵扰。当年十二月十日，被后晋出帝寄予厚望的杜重威、

---

① 掌管军中左射军士。
② 《资治通鉴》卷271贞明五年冬十月。
③ 石重贵，《旧五代史》中称为"少帝"，《新五代史》中称为"出帝"，习惯上称"出帝"。
④ 王曾瑜.《宋朝军制初探》（增订本）第一章《枢密院——三衙统兵体制》，中华书局2011年版，第6—8页。

李守贞与张彦泽等"重镇主帅",却率后晋大军降于辽国,完全辜负了后晋朝廷对他们的信任。

杜重威、李守贞等人率几万大军不战而降,是造成后晋覆亡、中原地区遭受兵祸的重要原因,故百姓对杜重威的行为十分痛恨。李守贞、杜重威等随辽国军队驻守于大梁陈桥,二人外出时趾高气扬,面对人们的指指点点,以及不绝的骂声,脸上竟然没有一丝愧疚之色,他们的毫无廉耻,可见一斑。不知此时跟随父亲住在大梁的赵匡胤得知此事后有什么想法,是觉得杜重威等人没有廉耻,还是见惯不怪,或是轻视却无力改变,都无从得知。

翌年(947年)二月,河东节度使刘知远趁后晋内乱,拥兵在太原称帝,建立后汉,仍然沿用后晋高祖石敬瑭的天福年号,称天福十二年,刘知远即后汉高祖。四月,北归途中的辽太宗病死。自太原南下的刘知远相继取得山西、河北、河南州、镇,唯据邺都(治元城,今河北大名北)的杜重威被围攻三月后,才归附。刘知远授杜重威检校太师、守太傅、兼中书令,授李守贞河中节度使、兼中书令。

第二年,刘知远改年号为乾祐元年(948年)。没多久,刘知远病死,第二子刘承祐即位,史称后汉隐帝。刘知远既瞧不起反复无常的杜重威,更担心他再次叛降于辽国,因此在病危之时就遗命刘承祐及亲信近臣,防范杜重威。其实,当时曾叛降于辽国者,还有侯益、赵匡赞等人。刘承祐牢记父亲的临终嘱咐,即位后最重要的事,就是将杜重威父子处死,以绝后患。

与杜重威一丘之貉的李守贞,看到杜重威被处死,担心自己也是这样的下场。李守贞是左思右想,寝食难安。李守贞忧虑的同时,也在分析当时的形势,他觉得后汉建立才一年时间,隐帝刘承祐刚即帝位,根基不稳,若自己举兵反叛会有很大胜算。主意已定,李守贞开始修缮城池,补充武器装备,加紧地练兵,反叛苗头已经露出。

恰在此时，有一善占卜的僧人来求见，他说李守贞有"人君之位"，①更坚定了李守贞反叛的信心。

早在刘知远未病时，回鹘使者入贡，称因为有党项部族在中间阻隔，不能顺利朝贡，请求后汉派兵接应。刘知远遂遣左卫大将军王景崇率数千兵力，迎接回鹘首领朝贡，同时命令王景崇到凤翔后，根据侯益、晋昌军节度使（镇长安）赵匡赞等人的表现相机行事，若后者有叛乱苗头，即行诛杀。王景崇却觉得自己接受的是密令，刚即位的隐帝并不知此事，犹豫不决，侯益因此幸免，归朝。

侯益家财丰厚，便以重金贿赂执政大臣以及史宏肇等人，这些人争相向隐帝称赞侯益的能力。根基站稳后，侯益他便经常在朝廷中诋毁王景崇，说他恣意妄为，横行不法。当王景崇得知隐帝任命侯益为开封府尹后，心中怨恨隐帝没有遵从后汉高祖遗旨，相信侯益的谗言，心中不安。

乾祐元年（948年）三月，李守贞加官太傅，进封鲁国公。后汉隐帝的加官晋爵，并没有稳住李守贞。不久，李守贞发动叛乱，攻陷潼关，令其骁将王继勋据守。

晋昌军节度使赵匡赞擅自赴都城朝觐，留下亲信部下赵思绾等三百余兵士在京兆府。后汉高祖遣王景崇等西赴凤翔府，行至京兆府时与赵思绾相遇。恰在此时，隐帝令遣供奉官王益到凤翔押送赵思绾等赴阙。赵思绾等心中非常恐惧，王景崇趁机以言语相激。三月二十四日，王益一行到达永兴军后，永兴军副使安友规、巡检使乔守温出城到郊外迎接，赵思绾等突然发动叛乱，占据长安城。翌日，赵思绾集中城中青壮年，得四千余人，疏通护城濠沟，修缮城墙楼橹，半月之内，战守皆备。赵思绾遣人与李守贞联络，表示愿意归附，李守贞授赵思绾晋昌军节度使（镇长安）、检校太尉。凤翔巡检使

---

① 《旧五代史》卷109《李守贞传》。

王景崇得知后，立即向后汉朝廷报告，同时起兵攻讨赵思绾。

同州（治冯翊，今陕西大荔）距离河中府仅六十里，是距河中府最近的城池。匡威军节度使张彦威经常侦察李守贞，觉得李守贞行为可疑，奏请朝廷防备，隐帝命滑州马军都指挥使罗金山率兵戍守同州。因为后汉的戒备，李守贞叛乱后，没有攻占同州。

四月，陕州兵马监押王玉奏报，振宁军节度使郭从义打败李守贞部下、据守潼关的王继勋，克复潼关，李守贞退守河中城（今山西省永济县蒲州镇）。隐帝以郭从义充永兴行营都部署，率领侍卫司禁军征讨赵思绾，以保义军节度使白文珂为河中行营都部署，内客省使王峻为都监。随后，隐帝下令削夺李守贞官爵，命令白文珂等合兵讨伐李守贞，以宁江军节度使、侍卫步军都指挥使尚洪迁为西面行营都虞候。此时，王景崇却磨磨蹭蹭，不想去邠州，诈言讨伐赵思绾，征集凤翔府的丁壮在邠州会合，准备反叛。王景崇给后蜀凤州刺史徐彦写信，请求互市，后蜀主孟昶令徐彦回书招揽王景崇。

六月，隐帝以奉国左厢都虞候刘词充河中行营马步都虞候，内客省使王峻为宣徽北院使，依旧担任永兴行营兵马都监。西面行营都虞候尚洪迁攻打据守长安的赵思绾，伤重而亡。

兵马未动，粮草先行。七月，隐帝以工部侍郎李谷充西面行营都转运使，负责后汉军队后勤供应重任。赵思绾凭借长安城坚固的城防工事，打退郭从义的攻城，重创后汉军。隐帝令保义节度使白文珂为河中行营都部署，与永兴行营都部署郭从义、昭义军节度使常思等合兵，共同征讨。

王景崇遣使向后蜀孟昶请降，同时偷偷接受李守贞伪封的官爵。凤翔节度使赵晖到长安后，上表称王景崇反状益明，请求进兵攻打。不久，王景崇据凤翔叛，李守贞则自称秦王，成为"三叛"之核心。[①]

---

[①]《旧五代史》卷85《后晋少帝纪五》，卷101《后汉隐帝纪》，卷109《李守贞传》，《赵思绾传》；《资治通鉴》卷288 乾祐元年四月辛巳。

当时常思屯兵潼关，兼知河中行府事的白文珂屯兵同州，赵晖屯兵咸阳。常思、白文珂不是李守贞的对手，两军不敢逼近河中，赵晖军不敢逼近凤翔，只有永兴军节度使郭从义与王峻驻所部靠近长安，但是二人有矛盾，势同水火不相容。后汉各军互相观望，不肯率先出战。郭从义、白文珂两军采用挖壕沟围城的方式，围困长安城的赵思绾，自春至夏，后汉军以守卫为主的围城战术没有效果。

得知前线诸将消极作战，隐帝非常忧虑，他思虑再三，认为只有派遣重臣到前线督战，才能促使诸将主动出击，枢密使、检校太尉郭威就是最合适的人选。加平章事衔后，隐帝任命郭威为西面军前招慰安抚使。八月六日，郭威受命出征讨伐"三叛"，河中府、永兴、凤翔行营诸军都受他节制。郭威西征，可以说是众望所归。临出发前，郭威向太师冯道询问胜敌之策。了解李守贞为人的冯道建议赏赐时不要吝啬，可将过去受过李守贞恩惠的禁军兵士争取过来，郭威按照冯道所言行事，果然如此。更为重要的是，这些军队成为后来郭威建立后周的关键力量。

八月六日，郭威率领大军离开都城。二十日，到达河中府城下。郭威命白文珂扎营于河西，自己扎营于河东，二十六日，两军开挖围城的壕沟，修筑围城的土城工程完成。郭威召集前线诸将商议，华州节度使扈彦珂说："三叛连衡，推守贞为主，宜先击河中，河中平，则永兴、凤翔失势矣。"郭威与众将都赞同扈彦珂擒贼先擒王的建议，决定先攻打李守贞。[①] 前线军事会议结束后，后汉大军兵分三路：郭威自陕州（治陕，今河南陕县西南）出发，白文珂、刘词自同州，常思自潼关出发，准备围攻河中城李守贞。白文珂攻克河中西关城后，驻军河西，常思驻军城南，郭威驻军城西，在郭威眼中，常思缺乏领兵打仗之才，遂遣他先行归藩镇。

---

① 《新五代史》卷52《杜重威传》；《宋史》卷254《扈彦珂传》。

瀛州河间人卢怀忠，少有膂力，善骑射，当时寓居河中城。卢怀忠看到围城的后汉军后，趁着夜色踰城而出，至郭威军营中，面陈攻取河中之策。李守贞等"三叛"被平后，卢怀忠奏补低级武官供奉官。①

数日之内，郭威等军挖成一条绕河中城的壕沟，又修筑长连城围困李守贞。郭威身先士卒，与士兵同甘共苦，将士有小过不责备，有小功即赏；士卒战场受伤，即亲自探视，无论何人建议，都脸色温和地接受，忤逆不怒。郭威爱护体恤将士，将士们作战时人尽其力。九月，郭威军在河中城下打败李守贞的叛军，十四日，王景崇叛军离开凤翔城，郭从义遣监军李彦从率军奔袭至法门寺西，杀死叛军二千余人。②

王景崇向临近的后蜀求助，后蜀军至宝鸡，与新授凤翔节度使赵晖军相遇。当时赵晖军兵力不满万人，后蜀军却有数万人之众，依山列栅，与后汉军对峙。都监李彦从率数千人攻击后蜀军，由于兵寡不敌，众将有些胆怯，向后退却。赵晖部将、威州刺史药元福自幼有胆气，善骑射，独自带领数百骑兵在后退的后汉军后驱赶兵士前进，他下令说："今日敢回头者，斩！"在药元福的督战之下，后汉军将士皆拼命作战，后蜀军则向大散关逃窜。此战，后汉军杀敌三千余人，其余后蜀军弃甲而遁。③

在凤翔府陈仓县与王景崇叛军的激战中，赵弘殷亦身先士卒。叛军乱箭发射，突然一支箭射中赵弘殷左目，钻心痛楚袭来，换作常人早就不能忍受，但是赵弘殷却是立即用力拔出箭头，不顾鲜血直流，奋勇杀敌。此战后汉军大胜，杀获王景崇叛军万人，药元福

---

① 《宋史》卷274《卢怀忠传》。
② 《旧五代史》卷110《后周太祖纪》。
③ 《隆平集》卷16《武臣·药元福》；《新五代史》卷53《王景崇传》；《宋史》卷254《药元福传》。

因战功迁淄州刺史，赵弘殷升为侍卫马军护圣军都指挥使，成为护圣军的一把手。①

九月，王景崇将居住在凤翔府的侯益家人七十余口全部杀害，侯益子侯仁矩因在外幸免，尚在褟褓中的侯仁矩子侯延广，被乳母刘氏易子相救，后送归侯益。十月，新授凤翔节度使赵晖奏破王景崇叛军于凤翔城下。李守贞帐下的马全义有勇有谋，经常率敢死士夜袭郭威军营寨，在夜色的掩护下，杀伤不少后汉士兵。李守贞既贪婪又刻薄，且缺乏谋略，猜忌心重，马全义多次出谋划策，全不被采用。

面对城下的郭威大军，叛军当然不肯坐以待毙，李守贞遣从事舒元、杨讷化名为朱元、李平向南唐主李璟奉表，请求出师救援。李璟命大将北面行营招讨使

李金全、清淮节度使刘彦贞出师相救。李、刘二人认为李守贞反叛不会成功，不愿意出兵，李璟固令二人前往。南唐军行至沭阳时，得知李守贞败亡后返回。后汉侦知南唐出兵后，亦在沿淮河边界屯兵，直至李守贞等"三叛"被平，后汉才收回屯驻边界的重兵。②

郭威得知后蜀军前来援王景崇，决定亲自带兵赴大散关拦截攻打。临出发前，他特意告诫白文珂、刘词等将，说："李守贞叛军的精锐在城西，一定要严加防备。"果不其然，李守贞侦察到郭威率军西行，决定偷袭后汉军。乾祐二年（949年）正月四日夜，李守贞遣悍将王继勋与爱将聂知遇领千余人，夜袭河西白文珂营寨。王继勋非常武勇，在作战时，常用铁鞭、铁槊、铁挝三种兵器，当时军中称他为"王三铁"。当时后汉军营帐栅栏未修，叛军过河后，突入后汉军营寨，纵火大噪。后汉军突然遇袭，狼狈不堪。刘词则神色自若，下令说："小盗不足惊也。"率众与入袭的叛军交战。

---

① 《东都事略》卷1《太祖本纪》。
② 《宋史》卷478《南唐李氏传》。

客省使阎晋卿说:"叛军甲皆为黄纸所制,火光照耀下,容易辨识!奈何众人没有斗志!"①

河朔人李韬有勇力、胆气,善用矟,时为禁军队长,大喊道:"安能无事时食君禄,有急不拼力死战呢!"率先援矟与叛军厮杀。在李韬带领下,军中十余人随之与叛军交战。混战中,一叛军持戈,跃马向李韬刺来,刹那间,李韬反应更迅速,抢矟抢先向叛军胸口刺去,叛军立坠马下。李韬接连杀数十名敌人,叛军遂溃,后汉军乘势攻击,大破敌军。此战,后汉军斩杀叛军七百余人。李守贞自此后,紧闭城门,再不敢与后汉军交战。李韬亦一战成名。

在郭威等军的长时间围城下,河中城粮食已经食尽,城内居民饿死者达到十之五六。五月,李守贞出兵五千人携带长梯为桥,越过后汉军开挖的长壕,分五路向长连城西北面攻击后汉军。郭威派宣徽北院使、河府行营兵马都监吴虔裕率皇帝亲军中的护圣军五千兵力横向出击,李守贞叛军败走,被杀伤大半,跨越壕沟的长梯也被后汉军夺得。李守贞又出兵攻击,结果和上一次一样,以失败告终。李守贞叛军中,不断有将士投降后汉军。②九日,守卫李守贞河西寨的河中府节度副使周光逊,率领部下一千一百三十人投奔郭威。十七日,郭威率军四面攻打河中城,当时西北方向突起大风,黄沙飞舞,天昏地暗。郭威下令祭祀河伯,祭祀完毕而风居然停了。自此后,后汉军攻打河中城的行动,昼夜不止。③

赵思绾竟然杀城中百姓为食,不仅如此,还在兵士面前公开取人胆,切碎后以酒吞下,惨无人道地对兵士们说:"吞吃人胆达到一千后,打仗时就胆气十足了。"他自己还吞食人肝数量达到

---

① 《资治通鉴》卷288乾祐二年正月戊申;《宋史》卷274《王继勋传》。
② 《资治通鉴》卷288乾祐二年五月壬午,癸卯;《宋史》卷271《吴虔裕传》。
③ 《旧五代史》卷102《后汉隐帝纪中》,卷110《后周太祖纪》;《宋史》卷274《王继勋传》。

六十六，可谓残暴之极。① 看到败局将定，赵思绾遣牙将刘成到后汉都城大梁，向隐帝刘承祐乞降。隐帝非常清楚大军征伐李守贞之后，百姓劳役负担沉重，军队疲惫，百姓疲惫，用兵导致财政苦难的窘况，很希望"边锋少弭，国患渐除"，对于赵思绾的归附是欣然同意。七月三日，刘承祐降制授赵思绾为华州节度留后、检校太保，以永兴城内都指挥使常彦卿为虢州刺史。

按规定，赵思绾应该马上动身，赴任华州节度留后。实际上，他并不想去华州，就接连找借口拖延行期。赵思绾先说亲兵铠甲不足，永兴军都部署郭从义立即给其配备；又说亲兵人少需要增加，郭从义也马上满足要求。但是，赵思绾仍然不准备动身。七月九日晚，赵思绾部下曹彦进向郭从义告密说，赵思绾计划在十一日夜率五百人，从南山投奔后蜀孟昶。郭从义佯装不知，次日晨再次催促赵思绾赴任，后者回答说晚上出发，验证了曹彦进密报的准确性，赵思绾确实要投奔后蜀。事不迟疑，郭从义立即与永兴城下兵马都监王峻率军进入长安城，分兵把守四城门，将赵思绾的部下都控制住后，随后令赵思绾至衙署，将他擒拿。郭从义请示郭威后，将赵思绾与其部下一同处死。

李守贞多次想突破后汉军的围困，都以失败告终。他曾向定难军节度使李彝殷求救，后者发兵屯延州、丹州境上，得知官军围河中府，乃退。李守贞贼心不死，遣使携带蜡丸向南唐、后蜀、辽国求援，皆被后汉军巡逻队截获，只能困守孤城。七月十三日，郭威率将士攻取河中城罗城，李守贞退保子城。二十一日，郭威军攻下河中城子城，李守贞举家自焚而死。

郭威进入河中城后，将李守贞子李崇玉，以及伪命的丞相等押送都城大梁，公开处以磔刑。后汉军发现李守贞的家中存有很多文

---

① 《旧五代史》卷109《赵思绾传》；《太平广记》卷269《赵思绾》记载：赵思绾自叛乱到被处死，"凡食人肝六十六"。

书、书信，内容多是朝中显贵、地方节度使向李守贞示好、结交之意，词意悖逆。郭威看到这些大臣、藩镇的信件后，心想前线将士风餐露宿，浴血平叛，你们却向李守贞示好！越看越气，遂将他们的姓名一一记下后，准备向朝廷劾奏。这时，河府行营从事、秘书郎王溥建议说："魑魅之形，伺夜而出；日月既昭，氛祲自消。愿一切焚之，以安反侧。"郭威接受了王溥的建议，将这些信件一焚了之。[①]

八月五日，郭威自河中班师。二十七日，郭威入朝，隐帝大加抚慰，以御酒赐之，赏赐优厚。翌日，拟给郭威封官晋爵，郭威却说："平定李守贞等'三叛'皆是朝中大臣镇抚谋划之功，臣安敢独揽平叛的功劳与美名呢！"将出征时七十三将领的名单献上。九月五日，郭威加检校太师、兼侍中；永兴军节度使、兼兵马都部署郭从义加同平章事，徙华州节度使；陕州节度使、充河中一行兵马都部署白文珂为西京留守，加兼侍中；潞州节度使、充河中一行副都署常思加检校太师，宣徽南院使、永兴行营兵马都监王峻与宣徽北院使、河府行营兵马都监吴虔裕并加检校太傅，行营先锋都指挥使白重赞，以功领端州刺史。郭威深谙官场利益均沾的潜规则，因此朝中大臣与有功将领都得以加恩，皆大欢喜。[②]

十二月二十四日，王景崇也在后汉军的围攻中举家自焚。三叛至此皆平。河中、长安、凤翔都被后汉军攻下，郭威在军队中的威信大增，为建立后周奠定了军事基础。

对于赵匡胤来说，虽然是普通军士，但是在战阵中却真真切切地感受到百姓的悲惨处境，内心触动很大。同时，赵匡胤也从郭威的用兵之道与御将之道中，得到了很多启示，对他将来的领兵作战

---

① 《资治通鉴》卷288乾祐二年七月甲寅；《宋史》卷249《王溥传》。
② 《五代史》卷101《后汉隐帝纪上》，卷102《后汉隐帝纪中》，卷110《后周太祖纪》。

产生了深远的影响。或许，救民于水火的想法，此时在赵匡胤的心中产生了吧。

大宋王朝
诞生记

第二章
仕后周屡立战功

第二编

古代汉语词汇

赵匡胤在郭威军中的表现不会太出色，估计在平叛战争中没有立下什么战功，所以史书中也没有关于此时更多的记载。赵匡胤真正的发迹，是在后周世宗军中。

## 第一节　郭威被疑建后周

西汉史学家司马迁在《史记》卷41《越王勾（gōu）践世家》中写道：吴越争霸中越国胜出，越王勾践号称"霸王"。范蠡离开越国赴齐后，给大夫文种的信中说："飞鸟尽，良弓藏；狡兔死，走狗烹。越王（勾践）为人长颈鸟喙，可与共患难，不可与共乐。子何不去？"范蠡说越王勾践只能共患难，不能共乐同甘，这句话可以适用于中国古代很多皇帝，例如汉高祖刘邦、明太祖朱元璋、等等，后汉隐帝刘承祐也在其中。

一、郭威起兵

邢州尧山（今河北隆尧县）人郭简，为晋王李克用顺州刺史。唐天祐元年（904年）七月二十八日，郭简妻王氏生下一子，取名郭威。在郭威出生的这天晚上，红光照室。郭威三岁时，郭简战死，母亲王氏也在他幼年时去世，姨母韩氏抚养他成人。郭威长大后，身材魁梧，勇力过人，成为后唐庄宗李存勖的亲军。后晋开运三年（946年），郭威与杨邠、苏逢吉、史宏肇等协助刘知远称帝，建立后汉。郭威以佐命之功，被后汉高祖刘知远授权枢密副使、检校司徒，随即为枢密副使、检校太保，可谓是朝中重臣。

乾祐元年（948年）春，后汉高祖刘知远病重时，郭威与苏逢吉、史宏肇等受命，辅佐将要即位的太子刘承祐，可见刘知远对他的信任。刘知远去世后，刘承祐即位，史称后汉隐帝。在军阀混战中成长的隐帝，对手握重兵的郭威也心存疑虑，所以李守贞叛乱被平定后，就准备将郭威调离京城。乾祐三年（950年）三月二十七日，隐帝命

清人绘后周太祖郭威像

郭威为邺都留守（治元城，今河北魏县东）、天雄军节度使、仍然担任枢密使，目的使他离开京城这个权力中心。宰相苏逢吉等认为藩镇没有兼任枢密使的先例，史宏肇则认为镇守邺都的郭威，担负着防御辽国骑兵南侵的重任，若不兼任枢密使，则很难相机行事。隐帝听从史宏肇的建议，下令河北各州的兵甲、钱谷，都须听从郭威的命令调遣。此时，隐帝还找不出理由罢免郭威的枢密使之职。

当时枢密使、右仆射、同平章事杨邠掌管朝廷机要，在大臣中排首位；枢密使、兼侍中郭威主管行军作战；归德军节度使、侍卫亲军都指挥使、兼中书令史宏肇负京师守卫之责；三司使、同平章事王章掌管财赋。这些后汉重臣经常聚会饮酒。乾祐三年（950年）三月二十八日，司徒、兼门下侍郎、同平章事、弘文馆大学士窦贞固做东，召集大家在府中饮酒。归德军节度使、侍卫亲军都指挥使、兼中书令史宏肇举起大杯酒，厉声对郭威说："昨日廷议，意见何其不同！今日为弟饮之。"司空、左仆射苏逢吉，与枢密使、右仆射、同平章事杨邠却不以为然，他们也举杯说："廷议是国家大事，何必介意！"史宏肇又厉声说："安邦定国，年息祸乱。只须使用长枪大剑的武将，安用毛锥！"毛锥，就是毛笔，以束毛为笔，形状如锥，所以史宏肇以毛锥代指苏逢吉等文人，意思是安邦定国是武将的事，文人没什么用。三司使、同平章事王章也是文人出身，他反唇相讥："没有毛锥，则供应军队的财赋从哪里来？"自此，将相间出现了裂痕。

数日后，郭威向隐帝辞行后，赴邺都就任。郭威到达邺都后，尽去繁弊扰民之政，数月后，当地秩序井然。邺都一片宁静气象，京师大梁却不平静。

五月的一天，王章在府中置酒，与史宏肇等饮酒。饮至酒酣，王章行起唐末流行的"手势令"酒令。① 史宏肇对手势令不熟，坐在他下首的客省使阎晋卿屡屡教他。苏逢吉开玩笑说："旁有姓阎人，何忧罚酒！"苏逢吉的玩笑话，正触及史宏肇的禁忌。为何？当时的酒家娼妓善为酒令，史宏肇妻阎氏原是酒家娼妓，故认为苏逢吉刚才的话是故意讥讽自己，愤怒地大骂。苏逢吉不接茬，史宏肇更是怒火中烧，欲扑过去殴打苏逢吉，后者起身离去。史宏肇提了宝剑欲去追杀，杨邠急哭了，劝阻说："苏公（指苏逢吉）是宰相，您若杀了他，置天子于何种地位，请深思熟虑！"听到杨邠的话，史宏肇也冷静下来，上马离去。杨邠与他并排骑马而行，直接将史宏肇至送到家中，方返回王章家。此后，苏逢吉、史宏肇之间的关系，

---

① 饮酒行酒令，以助酒兴，是唐末之俗。宋人曾慥《类说》记载了当时的酒令手势："'亚其虎膺'，谓手掌。'曲其松根'，谓指节。'以蹲鸱间虎膺之下'，蹲鸱，大指也。'以钩戟差玉柱之旁'，钩戟，头指；玉柱，中指也。'潜虬阔玉柱三分'潜虬，无名指也。'奇兵阔潜虬一寸'，奇兵，小指也。'死其三洛'，谓鞾其腕也。'生其五峰'，五峰，通呼五指也。谓之招手令。盖亦手势令之类也乎哉。"

可谓水火不容了。

　　隐帝知道将相之间的矛盾后，派宣徽使王峻置酒劝解，没有结果。宰相苏逢吉想外任节度使以避开史宏肇，三司使王章同样闷闷不乐，也想外任节度使，而杨邠、史宏肇却不同意。他们之间的这些矛盾，为隐帝日后诛杀史宏肇等人埋下了伏笔。

　　隐帝宠信左右近臣，太后李氏家族也开始干预朝政，杨邠等作为宰臣，屡次制止，都引发隐帝与李太后的不满。内客省使阎晋卿按当时的规定应当迁为宣徽使，却久不升迁；枢密承旨聂文进、飞龙使后匡赞、翰林茶酒使郭允明，都是隐帝的宠臣，也是久不升迁；隐帝的舅父李业，也是因史宏肇等的反对，久不升迁，这些人都对杨邠、史宏肇怨恨不已。隐帝为高祖刘知远服丧期满后，听完伶人演奏的音乐后心情很好，赐给伶人锦袍、玉带。伶人前往史宏肇处致谢，史宏肇看到锦袍、玉带后，勃然大怒道："士卒守边苦战，还没有锦袍、玉带赏赐他们，你们有什么资格拥有这些！"将锦袍、玉带从伶人手中夺回来，送归府库。隐帝知道后，对史宏肇很不满。

　　经过两年政治生活的锻炼，已经二十岁的隐帝愈发厌恶事事受到宰臣限制，可是史宏肇等人却没有意识到这个问题，甚至直接干预隐帝的私生活。例如反对隐帝立宠幸的耿夫人为皇后，没等到皇后之位的耿夫人去世后，隐帝想以皇后之礼埋葬，杨邠认为不合礼制，坚决反对。诸如此类的事情，都令年轻气盛的隐帝不能容忍。自恃为后汉王朝立有大功的史宏肇怙权专杀，不把皇帝放在眼中，令隐帝心生杀机。

　　隐帝曾经听到作坊有锻造兵器的声音，怀疑有人谋反，夜不能寐。聂文进、郭允明等趁机进谗言，说史宏肇、杨邠等恣意专权，迟早会叛乱。司空、同平章事苏逢吉因与史宏肇有嫌隙，也怂恿李业以舅父身份向隐帝进谮言。急于亲政的隐帝不甘受制，准备找机会杀掉史宏肇、杨邠、王章等人。

王章作为三司使，为解决后汉朝廷的财政困难，想方设法开源节流，这些都没有问题。但是他却是不断加大对人民的剥削，来增加国库收入。以税收为例，来看王章所定税率之重。唐德宗时实行夏秋两季征收户税和地税，以两税法取代了租庸调制，看起来简便了税制，实际上两税之外，仍是税外加税，如"青苗钱""地头钱"等。五代战乱不断，敛财手段更是严苛，在唐代税赋的基础上，又增加了更多的附加税。如随田赋征收的"陪钱""地钱""食盐钱""牛皮钱""篙钱""鞋钱""农器钱"等，还有按人征收的"丁口钱"等，甚至沿袭至大宋仁宗时。例如后唐明宗时，每亩输"农器钱"一钱五分；再如"雀鼠耗"（也称"鼠雀耗"），即田税加耗以备鼠雀侵蠹，税率为田税每斛附加收二升，至天成元年（926年）时，后唐名宗下敕免除。但是至后汉隐帝时，王章竟将"雀鼠耗"由每斛二升骤然提到二斗，称之为"省耗"。设置"省耗"，是政府为补偿粮食在征纳过程中的损耗而增添的附加税额，但是王章竟然将税率提高了十倍！大大增加了百姓的负担。①

再以"省陌"为例。唐末五代时一贯钱为一千文，但是由于钱荒，以八百文为一贯，约定成俗地承认具有一贯钱的购买力。王章为了敛财，规定税赋收入时八百文为一贯，支出时却以七百七十文为一贯钱，谓之"省陌"，后汉政府每支出一贯钱，就聚敛三十文钱。②王章作为三司使，想方设法增加国库收入，尽心职事值得肯定，但是他为敛财增加百姓负担，使用酷刑处死私自贩卖盐、造酒的百姓，

---

① 参见《旧唐书》卷12《德宗纪》，卷48《食货志》；《旧五代史》卷35《后唐明宗纪》，卷42《后唐明宗纪》；《资治通鉴》卷289；[宋]张方平.《乐全集》卷25《论免役钱札子》；《宋史》卷9《仁宗纪》载：天圣五年十月"罢陕西青苗钱"。

② 《资治通鉴》卷289乾祐三年十一月甲子朔载后唐明宗天成元年四月赦文："'应纳夏秋税子，先有省耗，每斗一升；今后祗纳正税数，不量省耗。'如此，则天成已前已有省耗，每斛更输一斗，天成罢输之。后至（后）汉兴，王章复令输省耗，而又倍旧数取之也。"

使得民力大困的同时，也招致百姓的怨恨。这也成为日后隐帝诛杀王章的又一个伏笔。

经过数月的准备后，当年十一月，隐帝觉得诛杀史宏肇等人的时机已经成熟，与亲信武德使李业、枢密承旨聂文进、飞龙使后匡赞、翰林茶酒使郭允明等密谋诛杀杨邠、史宏肇与王章，罪名是"欲谋逆乱""欲危社稷"。十二日，在隐帝的示意下，武德使李业遣心腹分别携密令奔赴澶州、邺都，令澶州节度使李洪义诛杀奉命屯兵澶州的宁江节度使、侍卫步军都指挥使王殷，令邺都屯驻的马军护圣左厢都指挥使郭崇威、奉国左厢都指挥使曹英杀害枢密使郭威与宣徽使王峻，企图一举铲除前朝势力。隐帝将王殷也列入被除掉的名单中，是因为掌管军务的史宏肇厚待王殷之故。十三日晨，隐帝派数十名甲士，突然乱刀砍死等待上朝的史宏肇、杨邠、王章，三人在京城的家属、亲戚及部曲、僚从等，也都被杀害。[①]

隐帝诛杀史宏肇、杨邠、王章等人，除了亲政的政治需求外，除了史宏肇等人的专权跋扈外，杨邠、史宏肇等人没有春秋时范蠡的见识，不懂得功成身退的道理，也是被杀的原因之一。当然，在权利场中追逐的人，其最终结果就是被权力吞噬。

杨邠等突然被杀，朝廷内外无不惊骇。宰相苏逢吉虽然厌恶史宏肇，不知隐帝与李业等人的密谋，得知变故亦十分惊愕，私下对人说："事太匆匆，主上傥以一言见闻，不至于此！"武德使李业命令权知开封府事刘铢杀郭威、王峻在京师的家人。刘铢极其狠毒和残忍，连两家的小孩也不放过。

隐帝诛杀史宏肇等人的当天，急诏天平军节度使（镇郓州）高行周、平卢军节度使（镇青州）符彦卿、永兴军节度使（镇长安）郭从义、奉宁军节度使（镇兖州）慕容彦超、匡国军节度使（镇同州）

---

[①] 《旧五代史》卷107《史宏肇传》《杨邠传》《王章传》。

薛怀让、郑州防御使吴虔裕、陈州刺史李穀等赴京师，以宰臣苏逢吉权知枢密院事，前平卢节度使刘铢权知开封府事，侍卫马军都指挥使李洪建权判侍卫司事，内客省使阎晋卿权侍卫马军都指挥使至大梁，以备不虞。

供奉官孟业将隐帝密诏送到澶州节度使李洪义手中。李洪义是李太后亲弟，素怯懦，看到密诏后，以为王殷已经得知京师变故，不敢杀害王殷。思考一番后，李洪义最终决定带着孟业去见王殷，出示密诏。王殷一看密诏，立即将孟业关押起来，与李洪义紧急商议后，遣澶州副使陈光穗携密诏快马加鞭，将密诏送给邺都郭威。①

十四日，邺都留守郭威正与宣徽使王峻商议边防事宜，忽然收到李洪义与王殷送来的密诏，他马上回到自己的房间，召枢密院兵房主事魏仁浦来见。向后者出示诏书，且说"朝廷将要杀我，我不怕死，但是麾下将士怎么办？"魏仁浦为人谨厚，善书计，回答道："侍中握有强兵，驻守重镇，有功于朝廷，君上信谗言，图害忠良，即便割心自证，也是枉然。现在诏书才下，外人并不知晓，不如更换诏书为尽诛将士为名，激怒众人，不仅自己可以免死，还可以为杨邠、史宏肇伸冤。"魏仁浦劝郭威谋反，此言正合郭威心意。

郭威换掉诏书后，立刻召宣徽使王峻、护圣左厢都指挥使郭崇威、奉国左厢都指挥使曹英及诸军将校，到衙署观伪造的密诏，告诉大家杨邠、史宏肇等人被冤杀的情况。众将看后，又惊又怒。郭威看到众人的表现后，继续加温，煽情说："吾与诸公，跟随先帝夺取天下，受托孤之任，竭尽全力保卫国家，今天史宏肇等诸公已死，我怎么忍心独生！你们应遵奉诏书，取我的首级回报天子，这样才能不连累大家。"应该说，郭威配合伪造诏书的表演很成功。郭崇威等人

---

① 《旧五代史》卷103《后汉隐帝纪》，卷110《后周太祖纪》；《后汉隐帝纪》载：诛杀杨邠等人的当日遣心腹赴澶州、邺都；《后周太祖纪》则载为诛杀杨邠等的前一日。

为郭威的情义所感动，都涕泪满面地回应："天子年轻，肯定是他身边的小人所为，倘若使这些人得志，国家还能安宁吗！崇威愿意跟随您入朝自诉，荡涤这些鼠辈以清朝廷，不能被这些小人诬陷，承受千载恶名。"精通天文星象的赵修己对郭威说："您徒死何益，不若顺从众人心愿，率兵而南，这也是天意。"郭威等的就是众将支持造反的回答，他表示遵从大家的意愿，留养子柴荣镇守邺都，命令郭崇威率骑兵为先锋，自己领大军随后，向都城大梁进发。①

## 二、后周建立

赵修己，自少年时即精通推算天文历法之术，后为李守贞幕僚。李守贞反叛前，他反复劝谏："时命不可，勿妄动。"李守贞不听劝告，赵修己称疾，辞归归乡里。乾祐二年（949年）李守贞自焚后，幕僚多被后汉军诛杀，赵修己却因归乡得免，隐帝召为主管天文的官员。赵修己为什么数次反对李守贞反叛，却劝郭威造反，司马光评论说，是因为赵修己相信自己推算结果正确。其实，根据赵修己长期在军队中的阅历，和对当时局势的了解，不难做出郭威造反胜算更大的结论，因此鼓动郭威造反。②

郭威存代后汉之心，并非始自杨邠等人被杀，家人被杀，只是在等待合适的机会。《五代史》卷一百一十《后周太祖纪》记载：一天傍晚，郭威在邺都居住的庭院中祭祀时，忽然有黄气出现，上达于天，他见到黄气中有星文、紫微、文昌三星，烂然在目。在古人的认知中，文昌星主宰功名禄位，紫微星为帝王星，郭威声称见到，预示着他会当皇帝。随后，郭威将此奇异现象告诉观星者。这个观星者，应该就是赵修己。赵修己亦称，这是"至贵之祥也"。有奇异星象还不够。又一天，郭威衙署中，有紫气自旗杆龙首处升起，

---

① 《资治通鉴》卷289乾祐三年；《宋史》卷249《魏仁浦传》。
② 《资治通鉴》卷288乾祐元年三月丁丑，乾祐二年七月甲寅，卷289乾祐三年十一月丁丑；《宋史》卷461《赵修己传》。

凡三日乃止。所谓的奇异星象，不过是郭威表示起兵符合天意。因此，杨邠等被杀，正是隐帝送上门的起兵绝好机会，郭威趁机起事。

乾祐三年（950年）十一月十五日，郭威留养子柴荣镇守邺都，令部下郭崇威率骑兵为先锋，自己领大军随后。郭威军两日行军一百五十里，至澶州，欲突袭后汉军。澶州节度使李洪义开城门，侍卫都指挥使王殷出迎郭威，郭威遂与王殷合兵，渡过黄河。

驻守兖州的奉宁军节度使慕容彦超正在进食时接到隐帝诏书，马上扔下匕（古代食具，形似汤勺）箸（筷子），入朝。兖州距离大梁六百里，慕容彦超十六日到大梁。郑州距离大梁仅一百四十里，郑州防御使吴虔裕却在慕容彦超之后才到。隐帝委托慕容彦超全权负责与郭威军作战。

十六日，得知郭威军渡河向南，隐帝遂遣侯益与阎晋卿、吴裕虔、前保大军节度使张彦超率领禁军奔澶州，阻击郭威军。同时，派出宫中小臣𬭚脱侦察郭威军军情。𬭚脱军情没侦察到，人被郭威巡逻骑兵抓获。见到郭威后，𬭚脱将隐帝召见侯益，令侯益等守澶州等机密全部说出。郭威将给隐帝的密奏置于𬭚脱衣领中，并让他转告隐帝："臣昨日收到诏书，引颈待死。郭崇威等人不忍心杀臣，说这些都是因为陛下身边贪权无厌的小人诬陷我，逼迫我南行，到朝廷请罪。我求死不能，不能制止手下将士的行动，数日到朝廷后，陛下若以为我有罪，我不会逃避处罚！倘若是因为有小人诬陷，请求将他带到军前处死让将士们安心，这样，大军即退归邺都！"

隐帝最初计划亲征至澶州，得知郭威军已经至澶州，遂作罢。𬭚脱回到大梁后，将郭威威胁之语禀报隐帝，密奏呈交隐帝。隐帝脸色发白，又召李业来看，当时枢密院承旨聂文进、翰林茶酒使郭允明都在旁边，都恐惧得脸色发白。形势发展到这种地步，隐帝非常后悔轻率地杀掉史宏肇等人，私下对宰臣窦贞固等感叹："杀害史宏肇等人，太草率了！"可惜，世上没有后悔药可卖。

第二章 /仕后周屡立战功/

十六日，郭威军从澶州西南出发，经过一百余里行军后，于十七日至滑州（治白马，今河南滑县东，时在黄河之南）。十八日，滑州的义成军节度使宋延渥迎降，郭威拿出滑州官库物资慰劳军队，并试探将士们："听闻侯令公（即侯益，侯益兼中书令，故称令公）已督诸军自南来，今天会碰到，交战则非入朝之义，不战则被他所杀。吾希望成全你们的功名，不如你们奉行皇帝的诏书杀死我，我不会怪你们！"众人都答："国家有愧于公，公没有负国，所以万余将士都听从追随您前进，侯益能怎么样呢？"郭威看到众将士都站在自己这一边，不由得暗自高兴。王峻亦向众人宣布："我得到郭公（指郭威）的命令，攻克京城后，允许剽掠十日。"众将士兴奋地跳跃起来。居然允许士兵抢掠，难怪将士们兴奋不已。

需要说明的是，当时不仅仅是郭威允许军队抢劫。自唐中后期募兵制代替府兵制，军士由所谓"天下失职犷悍之徒"组成，[①] 军政腐败，军纪弛废，主将默许甚至纵容军队剽掠，是常见之事。如安史之乱发生后，不仅叛军劫掠百姓，而且唐官军剽掠百姓，甚至唐廷允许向回纥借来平叛的回纥兵抢掠百姓。再如唐懿宗咸通八年（867年），徐州戍将庞勋"自桂管擅还，道途剽掠"。《旧唐书》中，关于官军剽掠的记载很多。[②] 五代战乱不断，官军剽掠之习更盛。《资治通鉴》中后梁、后唐、后晋、后汉部分，都有官军剽掠之记载，[③] 所以王峻许诺进入大梁后剽掠的承诺，不过纵容军队恶习以换取对自己的支持，也说明"剽掠"是五代军队军纪败坏的典型表现。

二十日，郭威军与后汉军在刘子坡（今河南封丘之南，汴郊之北）

---

① 《文献通考》卷152《两朝国史志》，即《两朝国史·兵志》。
② 《旧唐书》卷195《回纥传》，卷163《崔铉传》，卷179《郑綮传》，卷182《时溥传》中，都有官军剽掠的记载。
③ 《旧五代史》卷98《张彦泽传》；《资治通鉴》卷267干化元年正月丙戌，卷268干化二年八月，卷272同光元年七月戊子，卷286天福十二年正月戊子，卷287天福十二年七月辛巳，等等，皆有官军剽掠的记载。

相遇。①隐帝欲再次出城犒劳后汉军，李太后拦不住隐帝，就叮嘱扈从的聂文进等人仔细保护隐帝，聂文进口出狂言："有臣在，就是有一百个郭威，我也能生擒！"两军对阵到日暮没有开战，隐帝回宫。慕容彦超也大言不惭地道："陛下来日宫中无事，恳请再次出城观看臣破敌，臣不必与他们交战，只要斥责即可攻破郭威贼军。"

二十一日，隐帝再次出城观战。慕容彦超的后汉军被郭威大军击败，后汉军中多数兵士都投向郭威营中，慕容彦超仅率领十余骑兵向兖州狼狈逃窜。当晚，护卫隐帝的禁军在混乱中四处溃逃，隐帝只得与窦固贞、苏禹珪等三相及从官数十人宿于大梁城外的七里寨。第二日晨，隐帝被乱兵所杀。郭威得知隐帝被杀，号啕恸哭，说："老夫之罪也！"郭威来至玄化门下，守城的权知开封府事刘铢命士兵放箭，一时箭如雨下。郭威只得转向城东的迎春门，由此进入大梁城后，②命前曹州防御使何福领兵把守明德门。

郭威大军在城中四处抢劫，通宵城中烟火不断。士兵见门就进，进门就抢，不管主人是官还是民。前义成节度使白再荣，也被郭威军兵士抓住，尽掠其财后，还羞辱他："某等昔尝趋走麾下，一旦无礼至此，何面目复见公！"遂砍断其首后才离去。吏部侍郎张允，家赀以万计，但是生性吝啬，即使对自己的妻子也不放心，经常将众多钥匙系在衣下，走路时发出如环珮碰撞之声。这天晚上，藏在佛殿藻井之上，由于登上来掠夺的军士多，木板损坏，张允随之坠落，军士们将他的衣服扒掉，被活活冻死。

郭威纵容大军劫掠大梁城，整整三天。王殷、郭崇威看到城中被剽掠后的狼藉，向郭威建议："不止剽掠，今夕止有空城耳。"郭威当然不想占有一座空城，命令诸将严禁部下劫掠，有违令者斩，

---

① 刘子坡，《资治通鉴》《东都事略》卷《宋延渥传》作"留子坡"。
② 迎春门，为当时大梁城东面最北面的门，本名"曹门"，后梁开平元年改名为"建阳门"，后晋天福三年改称"迎春门"。

至晡时（即申时，指下午三点到五点）剽掠终于停止。

太师冯道率百官谒见郭威，郭威与平时一样向冯道行礼，冯道受拜亦如平时。郭威非常希望冯道带头拥戴自己为帝，但是"虎狼丛中也立身"的十朝元老冯道，却徐徐说出"侍中此行不易"之语，阻止郭威称帝[①]。郭威暂缓称帝，并不是官场常青树、政坛不倒翁冯道的委婉阻拦有多大作用，而是后汉宗室、河东节度使刘崇在太原，刘知远子、忠武军节度使（镇许州）刘信在许州，刘崇长子、武宁军节度使（镇徐州）刘赟（后汉高祖刘知远非常喜爱，养育如同亲子）在徐州，若遽然称帝，三镇会举兵反对，朝廷内外必有响应者，这才是郭威暂缓称帝的真正原因。当时开府城中，还有刘知远爱子、开封尹刘勋，因长年卧病在床，所以对郭威称帝没有威胁。后汉这四位宗室中，刘勋因患病已被排除继承帝位，刘信平庸愚笨，不足畏惧，最佳选择就是立刘赟为帝。因此郭威与王峻密谋后，建议立刘赟为帝，计划等刘赟离开徐州离大梁近时，将刘赟与刘信一并除掉，这样郭威称帝的威胁就只有刘崇一人了。二十六日，郭威率百官上表，请求立刘赟为帝。郭威主张立刘赟为帝只是幌子，目的是自立为帝。

三十日，郭威以临朝听政的李太后名义，任命王峻为枢密使，

---

① 冯道历后唐庄宗李存勖、后唐明宗李嗣源、后唐闵帝李从原、后唐末帝李从珂、后晋高祖石敬瑭、后晋出帝石重贵、辽太宗耶律德光、后汉高祖刘知远、后汉隐帝刘承祐、后周太祖郭威、后周世宗四朝十一帝。对冯道的评价历来不一：与其同时代的"皆共称叹""以德量退之"，后来褒者说其乱世中"长乐至老"，"厚德稽古，宏才伟量"，"为百姓谋甚多福利"（参见薛居正：《旧五代史》卷126《冯道传》；《资治通鉴》卷291显德元年四月引大宋范质语；葛剑雄.《乱世的两难选择》，《读书》1995年第2期；张明华.《论冯道"不知廉耻"历史形象的塑造与传播》，《史学月刊》2015年第5期；魏周琳.《"但教方寸无诸恶，狼虎从中也立身"——浅论冯道道家立身处世的思想》《老子学刊》2014年12月31日）；贬者说其"奸臣之尤""大节已亏""无耻""视君犹佣"（欧阳修.《新五代史》卷54《冯道传》；《资治通鉴》卷291；陈凯.《五代时期冯道的视君犹佣观》，《湖南工程学院学报》2021年第3期）。冯道有诗云："莫为危时便怆神，前程往往有期因。须知海岳归明主，未必乾坤陷吉人。道德几时曾去世，舟车何处不通津。但教方寸无诸恶，狼虎从中也立身。"

袁羲为宣徽南院使，王殷为侍卫马步军都指挥使，郭崇威为侍卫马军都指挥使，曹威为侍卫步军都指挥使，陈州刺史李谷权判三司。郭威将这些亲信安排在关键职位上，现在只等兵变借口。恰恰此时镇州、邢州急奏，称辽国主率数万骑攻打内丘县、邢州，辽军五日攻城不下，后汉军伤亡不少。后汉李太后敕郭威率大军北征，反击辽军。国事暂时委托宰相窦固贞、苏禹珪与枢密使王峻处理，军事则委托侍卫马步军都指挥使王殷处理。

十二月初一日，郭威率大军从大梁出发，一路上磨磨蹭蹭，十九日才到澶州。二十日早晨，大军即将出发时，有将士数千人忽然大声鼓噪，军旗摇动，郭威马上让人将住所大门关闭，躁动的将士翻墙登屋来到郭威面前，大声呐喊："天子须侍中自为之，将士已与刘氏为仇，不可立也！"郭威暗自惊喜，终于等到这一刻！有兵士赶紧扯下黄旗代替黄袍披在郭威身上，众人围在郭威四周，齐呼万岁，呼声震天，拥簇郭威向大梁方向前进。郭威向李太后发公文，告知此事，并承诺侍奉她如母。郭威大军不再北上，而是返回开封。辽军侵扰镇州、邢州的军情急报，很可能就是郭威准备兵变的假情报。十年后的赵匡胤发动陈桥兵变，也是以辽军侵扰边境为借口，仿照郭威兵变剧情进行，不过比郭威准备得更加充分，可见太阳底下无新鲜事。

二十五日，郭威至七里店，宰相窦贞固率百官出城迎拜，劝进。"劝进"这一套程序，始自汉高祖刘邦。自公元前202年刘邦与群臣表演后，以后的朝代更替中，凡是建立新王朝的第一位皇帝，多数都采用这种"劝进"的方式，半推半就地登上皇帝宝座，是中国古代专制制度的独特现象。[①]郭威也概莫能外，需要这种"劝进"表演。

同时，郭威命遣侍卫马军都指挥使郭崇威率七百骑兵前往宋州，

---

[①] 林剑鸣.《秦汉史》第6章《西汉王朝的诞生和汉初的统治》，上海人民出版社，2004年版，第247页。

拦截并杀死刘赟；又遣前申州刺史马铎带兵到许州，防范镇许州的忠武军节度使刘信出兵。二十六日，李太后下诰，废刘赟为湘阴公。前申州刺史马铎率兵进入许州后，刘信惶恐自杀。李太后诰以侍中（郭威）监国，"中外庶事，并取监国处分"。郭威已经是实际上的最高统治者了，距离皇帝宝座只有一步之遥。京城宗的朝官与地方上的节度使们，纷纷上表劝进。

公元951年正月初五，李太后诰，"奉符宝授监国（郭威），可即皇帝位"。当天，四十八岁的郭威即位于崇元殿，改后汉乾祐四年为广顺元年，大赦天下。郭威认为自己是"周室之裔，虢叔之后"，故国号为"周"。郭威建立的后周，是五代最后一个王朝，郭威即后周太祖，史称"后周"，别称"郭周"。

郭威接手的政权是个亟须整顿的烂摊子，对内，要稳定统治秩序；对外，要防御南唐、南楚等军队的侵扰。在即位当天的制中，他首先强调自己是"军情忽变""以众庶所逼，逃避无由，扶拥至京，尊戴为主"，加之"中外劝进"，才身不由己地登上皇帝宝座。其次，大赦天下，为杨邠、史宏肇、王章等平反，加等追赠，寻访录用他们的子孙为官。不久后，后周太祖郭威追封杨邠为恒农郡王、史宏肇追封郑王、王章追封琅琊郡王，官为敛葬。再次，赏赐有功将士。第四，蠲免百姓所欠赋税。第五，明确提出自己的衣食住行"务求简朴"，禁止各地进奉美食及地方珍奇特产，如镇州的高公米、水梨，河东的米粉，等等，减轻百姓负担。后来甚至拿出后汉宫廷中珍藏的珠宝玉器几十件，当庭砸碎，可见其决心。第六，减轻刑法，等等。郭威最难能可贵之处，就是提出皇帝带头生活节俭，并以身作则。

广顺元年（951年）正月初六日，也就是郭威即位的第二天，下令前曹州防御使何福进权许州节度使、前复州防御使王彦超权徐州节度使、前澶州节度使李洪义权宋州节度使。郭威此番布置，目的是防许州的忠武军节度使刘信，驻守在宋州的刘赟，以及刘赟留在徐州的心腹巩延美、杨温反叛。初七日，郭威尊后汉李太后为"昭圣皇太后"，并令礼部等为后汉隐帝择日发丧。十一日，郭威对有拥戴之功者封官赐爵：枢密使、检校太傅王峻加同平章事；以前澶州节度使李洪义为宋州节度使，加同平章事；以滑州节度副使陈观为左散骑常侍，邺都留守判官王溥为左谏议大夫，并充枢密院直学士；以元从都押衙郑仁诲为客省使，知客押牙向训为宫苑使。之后，郭威又对有功将士、前朝旧臣与节度使大加封赏，稳定新建立的后周政权。

郭威就是在这种情况下，尽量减少周边的敌对力量，同时进行了一些营田和税赋征敛方面的改革，他多次强调："岂敢厚自奉养，以病下民乎！"因此对人民的剥削程度较后汉等有所减轻，有助于社会生产的发展。郭威在位的三年多，先后征讨慕容彦超，杀王峻、王殷，进一步巩固了后周政权，扫清了柴荣即位的障碍。

镇守太原的河东节度使、兼中书令刘崇，据有并州、汾州、忻州代州、岚州、宪州、隆州、蔚州、沁州、辽州、麟州、石州十二州之地，听闻儿子刘赟被杀后，在太原（今山西太原西南）即皇帝位，仍用乾祐年号，史称北汉。刘崇任命了宰相、侍卫亲军都指挥使等文武官员，但是官员们俸禄都很少，故北汉境内"少有廉吏"。①

刘崇所据的山西，位于黄土高原东部，地理位置险要：北面长城外是阴山、大漠，南面跨过黄河与中条山便是河南，西面有黄河，东面有巍峨连绵的太行山脉，可以俯瞰河北、河南与陕西，具有重要的军事意义。太原位于山西腹地，为河东之根本。从山西向东可

---

① 唐代自武宗会昌（841—846年）后，百官俸钱即固定下来，三师2000贯，三公160贯，侍中150贯，中书令、两省侍郎、两仆射、东宫三师140贯，尚书、御史大夫、东宫三少100贯，节度使30贯；后梁开平五年（911年），宰相臣俸禄为200贯；后唐同光四年（926年）规定节度副使每月料钱40贯，则节度使当多于40贯。北汉刘崇规定宰相月俸止100贯，节度使止30贯，其他官员薄有资给，是北汉"廉吏"少的重要原因。

攻打河北，向南越过黄河后，即可兵指洛阳、开封。① 境内"少有廉吏"的北汉，不仅凭借地形之险与后周抗衡，刘崇还厚贿辽国皇帝外，不惜自降身份，"自称侄皇帝致书于叔天授皇帝"，并请行册封礼，终于被辽国皇帝册命为"大汉神武皇帝"，更名为刘旻，活脱脱又一个石敬瑭！可惜，再无燕云十六州可以割让给辽。自此，刘崇倚仗辽骑兵与后周太祖、世宗抗衡，与大宋太祖抗衡，直至大宋太宗时才灭亡。

在此期间，赵匡胤也在军营中逐步发展。广顺元年（公元951年），任后周禁军近卫班直的东西班行首（属于低级军官），后为滑州副指挥，官位也不高，但是也说明了他一直在努力。

### 三、柴荣即位②

柴荣的祖父柴翁，居住在邢州龙冈（今河北省邢台市西北），以在当地教授儒经为业，有一女为后唐庄宗宫女。后唐明宗即位后，将她遣返。柴氏归家途中遇大雨踰旬，只能暂居驿站。在驿站居住的十天中，她觉得守卫驿站、外号"郭雀儿"的队长郭威肯定大有前途，愿意嫁给他，后来父母只能同意。婚后，柴氏拿出自己在后唐宫中积攒的钱财，资助郭威发展。据说柴翁常常独居一室，静坐冥想，一日大笑不止，妻问何故，回答："上天有命，郭郎为天子。"这些当然不可信，只是中国古代神话皇帝的一种方式而已。③

柴氏兄柴守礼，后梁末帝龙德元年（921年）九月二十四日得一子，即柴荣。柴荣自童年时就在姑母柴氏、姑父郭威身边生活、成长。

---

① 宁可，阎守诚.《唐末五代的山西》,《晋阳学刊》1984年第5期。

② 柴荣,《旧五代史》卷114《后周世宗纪》载：柴荣"本姓柴氏"；《新五代史》卷12《后周本纪》亦有同样记载；《资治通鉴》卷292亦载："讳荣本姓柴氏"，这些记载表明柴荣应已改姓为郭，即郭荣，本书仍按照习惯称其为柴荣。

③ ［宋］曾巩.《隆平集》卷18《张永德》；［宋］王称.《东都事略》卷21《张永德传》；《宋史》卷255《张永德传》。

郭威与柴氏生有一女，后嫁张永德，家中的大小事情，柴荣都处理得井井有条，以谨慎厚重得到郭威的怜爱，养为己子。后汉建立后，刘知远授有翊戴之功的郭威为枢密副使、柴荣左监门卫将军；后汉乾祐三年（950年）四月，隐帝以左监门卫将军柴荣为天雄衙内都指挥使，领贵州刺史、检校右尚书仆射。

据说柴荣在邺都时，曾经与当地的大商人去江陵贩卖茶叶等货物。江陵有一占卜的王处士，自言其术如神。柴荣两人到江陵后，请王处士占卜。王处士正在布卦时，忽然一签自签筒中跃出，矗立地上，王处士非常惊讶："吾家筮法十余世矣，常记曾祖以来遗言，凡卜筮而蓍自跃而出者，其人贵不可言，况又卓立不倒，得非为天下之主乎！"王处士匆忙起身再拜，柴荣佯装指责，实则内心暗喜。毫无疑问，此事意思是柴荣做皇帝是天命，亦是中国古代神化皇权的一种方式。①

郭威即位前柴氏已经去世，广顺元年（951年）正月，郭威即位后，追封柴氏为圣穆皇后，授养子柴荣为澶州节度使、检校太保，封太原郡侯，直至显德元年（954年）正月即位，柴荣一直在澶州。他在澶州的三年多，政治清明，受到百姓爱戴。

广顺三年（953年）三月，郭威任命柴荣为开封府尹兼功德使，封晋王，侍卫亲军马军护圣都指挥使赵弘殷改铁骑第一军都指挥使，转右厢都指挥使，领岳州防御使，成为侍卫亲军司马军的高级将领。赵匡胤也转为开封府马直军使。赵匡胤真正的发达始于此时，以后的岁月中跟随柴荣南征北战，立功建节，甚至后来建立天水一朝。②

---

① ［宋］陶岳.《五代史补》卷5《五代史补》。
② 陈振先生在《宋史》第1章《宋王朝的建立与加强中央集权的措施》中，认为讨伐李守贞时，"赵匡胤应募从军，从此成为郭威的部属"，然宋人邵伯温《闻见录》卷1、沈作喆《寓简》卷3皆记载赵匡胤"欲见柴太尉于澶州"，这里的太尉，是对高级军官的尊称。但是找不到更多赵匡胤去澶州投军的记载，可能就是投军后，成为柴荣部下。

郭威在位的三年多，征讨后汉高祖刘知远的异父同母弟慕容彦超，以目无君主、威胁柴荣即位的理由，杀有拥戴之功的王峻与王殷，进一步巩固了后周政权，也是为柴荣即位铺路。显德元年（954年）正月，郭威病重，加封柴荣开府仪同三司、检校太尉、兼侍中，依旧担任开封府尹、兼功德使，判内外兵马事，将后周军政大权交给他。

郭威在次年正月驾崩，柴荣秘不发丧。四天后，传出郭威遗制："晋王荣可于柩前即位。"柴荣登上皇帝之位，即史书所称的后周世宗。柴荣志在四方，不满足目前割据政权并存的分裂局面，即位后便开始整顿、改革，实行自己的统一计划。

后周世宗柴荣画像

柴荣善骑射，略通书史与黄老之学，性格沉稳，平时寡言少语，非常注意观察民间疾苦，对当时社会存在的弊端也有深刻认识。柴荣在即位前韬光养晦，即位后立即开始大刀阔斧地改革，如发展农业生产，整顿吏治，严肃军纪，等等，为他的统一全国计划进行准备。

世宗长期在军队中生活，深知要整肃军纪，主将的表率作用非常重要。显德元年（954年）三月，北汉刘崇南攻后周，世宗御驾亲征。在泽州高平（今山西高平市）县南的高地上，刘崇东西排列，严阵以待，世宗令侍卫马步军都虞侯李重进、滑州节度使白重赞将左，居阵之西厢；侍卫马军都指挥使樊爱能、步军都指挥使何徽将右，居阵之东厢；宣徽南院使向训、郑州防御使史彦超率领精锐骑兵居中，殿前都指挥使张永德率禁兵护卫世宗。

北汉将策马挑战，侍卫马军都指挥使、藁州节度使樊爱能望风而退，侍卫军都指挥使、寿州节度使何徽率领步军列阵于樊爱能骑兵之后，此时也被后撤骑兵带乱了阵脚，樊爱能、何徽二将向南溃退，东厢骑兵阵乱，步军解甲向北汉军投降。督战的世宗命人传旨，严禁后退，结果无人听命，都大喊："官军大败，余众已解甲矣。"世宗看此情况立即跃马入阵，率领五十人冲向刘崇营帐，有膂力、以壮勇闻名的卫士范廷召奋力厮杀，战后迁殿前指挥使。刘崇为示镇定正与张乐饮酒，眼见世宗冲进来，大惊失色，仓促应战，败逃城中。[①] 赵匡胤率领部下也冲入北汉军先锋阵中厮杀。后周军队士气大振，将士皆勇往直前，奋勇杀敌，北汉军大败。日暮时分，因为后周军队胜，溃军才渐渐返回。随后的战斗，也是以后周军队的大胜而结束。

世宗至潞州后，共录下包括樊爱能等溃逃军官姓名后，询问殿前都指挥使张永德："樊爱能及偏裨七十余人，吾欲尽按军法，如何？"张永德回答："必欲开拓疆宇，威加四海，安可也。"张永

---

① ［宋］陶岳.《五代史补》卷5《世宗诛高平败将》。

德建议世宗按军法处斩这些人，才能严肃军纪，完成统一大业。樊爱能、何徽及将校七十余人一并被处斩，对于骄兵悍将们产生了很好的警示与教育作用。前泽州刺史李彦崇擅自撤离驻守的江猪岭，致使败退的北汉军由此逃跑，五个月后（当年八月），责授右司御副率。

后周高平之战的胜利，除了世宗较强的军事能力以及赵匡胤等人的英勇奋战外，与世宗在战前政治上的调整和部署也有很大关系。[①] 世宗奖励了侍卫马步都虞候李重进、宣徽南院使向训等一批有功将士，其中赵弘殷由铁骑第一军都指挥使升为侍卫亲军马军龙捷右厢都指挥使，遥领团练使。

世宗即位后，赵匡胤也得到重用。显德元年（954年）四月，世宗亲征北汉，在五月攻打太原城的战斗中，侍卫亲军马军龙捷左厢都指挥使赵弘殷负责挖掘至太原城下的地道，赵匡胤则率军焚烧太原城城门，突然被一支流矢射中左臂，世宗见状，立即阻止赵匡胤继续战斗。后周军队班师回朝后，赵匡胤因功拜殿前都虞候，遥领严州刺史，成为殿前司禁军的高级将领。虽然后周时殿前司的地位低于侍卫亲军司，但是所统领的禁军既是世宗最亲近的军队，也是后周最精锐的军队[②]。

世宗与大臣们分析高平之战中后周军为何军纪涣散、临阵退却，归纳的首要原因是"侍卫兵士，老少相半，强懦不分，盖徇人情，不能选练"，所以在当年十月份，世宗检阅侍卫亲军后，命赵匡胤留下精锐，淘汰老弱羸小者，选出武艺超绝者命名为殿前诸班，有散员、散指挥使、内殿直、散都头、铁骑、控鹤等名号，以提高亲军战斗力。世宗精简军队，即减轻了人民负担，也造就了后周"兵

---

① 陈巧锐.《后周高平之战新论》，《河北北方学院学报》2021年第5期。
② 陈振.《宋史》第1章《宋王朝的建立与加强中央集权的措施》，上海人民出版社2004年版，第2页。

甲之盛，近代无比"，为日后统一战争的胜利奠定了军事基础。

因为世宗急于招募军士，下令应募者赦免其所犯罪行，以至出现了"朝行杀夺，暮升军籍，雠人遇之，不敢仰视"的过激情况。后来，他认识到这种弊端，上述情况才有所改变。

后周世宗喜欢读书，不喜欢丝竹珍玩之物，勤于政事，值得肯定，故大宋史学家薛居正赞誉世宗"留心政事，朝夕不倦"，司马光也认为五代帝王中后周世宗最为英武。世宗的缺点也十分明显，性急，容易暴怒，故薛居正批评他"然禀性伤于太察，用刑失于太峻"；司马光也批评世宗"用法太严，群臣职事小有不举，往往置之极刑，虽素有才干声名，无所开宥，寻亦悔之"。

世宗在位时，有减轻人民负担与关心人民生活的政策与措施。如显德六年（959年）六月，淮南地区出现饥荒，世宗下令借贷米与民赈灾，有的官员担心百姓贫穷不能偿还，世宗说："民吾子也，安有子倒悬而父不为之解哉！安在责其必偿也！"世宗之语，可谓慷慨激昂。司马光称世宗爱民如子，从这点看称得上，但是作为中国古代专制主义中央集权最高统治者，也有被批判之处。

世宗口称爱民，为了征收赋税，却任用酷吏。显德二年（955年）冬，世宗再次命酷吏陶文举至宋州，征收当地百姓所欠租税。为了逼民交足租税，陶文举对数千人用刑，致使冤屈呼号之声，闻于道路。有一老妇所欠残租仅十文钱，听闻陶文举用刑严酷，即日交纳十文钱后，将纳税的公文呈交陶文举。陶文举竟然发怒地斥责："尔何不早纳之！而劳我此来也！"老妇仍未免鞭刑。老弱不堪其刑罚，受刑而死者有数人。[①] 显德三年（956年）十一月，被世宗带至大梁的南唐使者、宰相孙晟，因不透露南唐兵力虚实被世宗杀死，随行的百余人也全部被杀。显德五年（958年）正月，攻打南唐楚州（今

---

① 《册府元龟》卷941《酷暴》。

江苏省淮安市)时，后周军死伤甚众，楚州被攻克后，发怒的世宗纵容后周军队大肆劫掠，屠杀城中军民近万人。这些绝非司马光所说的"不爱其身而爱民""爱之如子"。①

世宗整顿吏治时，亦有徇私情之行为：被流放沙门岛的韩令坤父亲韩伦，得赦后居住洛阳，与以光禄卿致仕的柴守礼（世宗父），以及将相王溥、王宴、王彦超等人的父亲结友嬉戏，每人一日设乐召妓，轮流无虚日，洛阳人称之为"鼎社"，而且依仗权势恣意横行，洛阳人畏惧，称他们为"十阿父"。柴荣即位后，并不对"十阿父"问罪，对自己的亲兄弟虚领俸禄、以及因小事杀人事，亦知而不问。

## 第二节 随世宗"开拓天下"

后周世宗是五代时最有抱负的皇帝，他希望统一天下，计划"以十年开拓天下，十年养百姓，十年致太平"。即位后，后周世宗便开始实施自己的统一设想。

当时的后周统治区周边政权林立，北有北汉刘崇，西有后蜀，南有楚、南汉，东南有吴越、南唐等，在这种情况下如何恢复之前的盛唐疆域，始终是世宗在整军练武时思考的问题。显德二年（955年）三月，秦州民赴大梁献策，请求恢复旧疆。这里所说的旧疆，指的是唐朝全盛时的版图，包括后蜀所占的阶州、成州、秦州与凤州之地。世宗认为这个献策符合自己"削平天下之志"。他对宰相说："每思致治之方，未得其要，寝食不忘。"希望近臣们献计献策。命翰林学士承旨徐台符以下二十余人，各自撰写《为君难为臣不易论》《平边策》各一首，其中户部侍郎陶毂，翰林学士、给事中窦仪，翰林学士、中书舍人杨昭俭与比部郎中王朴等四人建议，"以封疆密迩江、淮，

---

① 《旧五代史》卷118《后周世宗纪》；《资治通鉴》卷292显德二年八月丁未，卷295显德六年六月丙子，癸巳。

当用师取之"。王朴的《平边策》对世宗影响非常大，故摘录如下：

> 凡攻取之道，从易者始。当今惟吴易图，东至海，南至江，可挠之地二千里。从少备处先挠之，备东则挠西，备西则挠东，彼必奔走以救其弊。奔走之间，可以知彼之虚实，众之强弱，攻虚击弱，则所向无前矣。攻虚击弱之法，不必大举，但以轻兵挠之。南人懦怯，知我师入其地，必大发以来应；数大发则民困而国竭，一不大发，则我可乘虚而取利。彼竭我利，则江北诸州，乃国家之所有也。既得江北，则用彼之民，扬我之兵，江之南亦不难平之也。如此则用力少而收功多。得吴则桂、广皆为内臣，岷、蜀可飞书而召之。若其不至，则四面并进，席卷而蜀平矣。吴、蜀平，幽州亦望风而至。惟并州为必死之寇，不可以恩信诱，必须以强兵攻之。然彼自高平之败，力已竭，气已丧，不足以为边患，可为后图。

王朴所说的攻取之道，是先攻易取者，对南唐采取袭扰之策，避实击虚，避强击弱，攻下南唐后，后蜀、南汉等皆可平，世宗采取的先南后北、先易后难的统一之策，并不是王朴建议的避实击虚，而是急于进取，与南唐军展开硬战。在世宗身边的赵匡胤，从王朴的统一之策中也获益匪浅，后来大宋的统一之策，兼有世宗与王朴计策部分。

世宗首先将目光瞄准了后蜀的秦、成、阶、凤四州，有历史的原因。秦、成、阶、凤四州原是中原王朝故土，后晋时，秦州节度使何建以秦、成、阶三州归附后蜀，后蜀又乘机占领了凤州。显德二年（955年）三月，秦、凤州的百姓对后蜀的苛政抱怨不已，不断地奔赴大梁，请求世宗出兵收复旧土。因此，世宗将后蜀作为第一个进攻目标，决定西征。

## 一、攻打后蜀

显德二年（955年）三月，中书侍郎（宰相）王溥推荐宣徽南院使、镇安军节度使向训适合担当攻取秦、凤二州之任。世宗命凤翔军节度使王景、客省使昝居润与向训同行，征讨后蜀。

显德二年（955年）五月初一日，王景自大散关出兵向秦州进发，七日，攻下秦州黄牛三寨，随即攻下黄花等五寨。得知后周欲攻秦州的谍报后，后蜀主孟昶遣客省使赵季札巡察边境。赵季札认为雄武节度使韩继勋、凤州刺史王万迪都非将帅才，不足以御大敌，只有自己才可胜任。可笑的是，自负的赵季札到德阳后，听闻后周军队到秦州的消息后，竟然不敢前进，上书乞求解除都监职务，先遣辎重及妓妾返回成都，随后自己单骑逃回成都。看来东汉末"高第良将怯如鸡"的说法①，也适用于赵季札。孟昶斩杀赵季札后，以捧圣、控鹤都指挥使、保宁节度使李廷珪为北路行营都统②，左卫圣步军都指挥使高彦俦为招讨使，武宁节度使吕彦珂副之，客省使赵崇韬为都监，迎击后周军。

六月，王景等与后蜀军战于凤州城东北的威武城东，后周排阵使、濮州刺史胡立等被后蜀所擒，后蜀扳回一局。孟昶认为仅凭后蜀之力难挡后周军，遣使联络北汉与南唐，约请共同出兵抗衡后周，两国皆同意。

七月初一日，世宗以王景兼西南面行营都招讨使，向训兼西南面行营都监。宰相认为王景等长期征战粮饷不济，坚请罢兵。世宗派赵匡胤去前线察看，赵匡胤回来报告说可以攻取。

八月，王景等打败后蜀军，俘获对方姜晖等将士三百人，世宗赏赐送到京师的后蜀军俘虏、北汉军俘虏钱帛，随后释放。后蜀李廷珪遣先锋都指挥使李进据守马岭寨，又遣奇兵出斜谷，屯凤州梁

---

① ［东晋］葛洪.《抱朴子外篇》卷2《审举第十五》。
② 后蜀以秦州、凤州为北路。

泉县白涧镇；又分兵出凤州至北面唐仓镇及梁泉县黄花谷，意图截断后周后勤供应。闰八月，王景遣部将张建雄率领两千兵力抵达黄花谷，又遣一千兵力奔唐仓镇，扼后蜀军归路。后蜀染院使王峦率军从唐仓镇出，与后周张建雄部战于黄花谷，后蜀军战败，向唐仓镇方向败退，遇阻截的后周军，再次战败，王峦与将士三千人被俘。马岭寨、白涧镇的后蜀军皆败，李廷珪、高彦俦等只能退保青泥岭。

后蜀雄武节度使兼侍中韩继勋弃守秦州，逃奔成都，观察判官赵玭对部属说："（后）周兵无敌"，之后举城投降后周军，李廷珪布置的斜谷奇兵亦败退。成、阶二州皆降于后周，后蜀举国震恐。后周世宗当众称赞宰相王溥："边功能成，卿择帅之力也。"

孟昶向世宗致书请和，却自称大蜀皇帝，惹怒了世宗，不予答复。孟昶愈发恐惧，屯聚兵粮于剑门、白帝，以防备后周军自岐、雍或者溯江而上的进攻。后蜀大量招募兵士，财政开支增加，出现了钱荒，遂铸铁钱，征集境内铁器，严重影响了人民生活，百姓叫苦连连。

十一月，王景等率后周兵围凤州，韩通分兵守固镇，以绝后蜀援兵。后周军攻克凤州，擒后蜀威武节度使王环及都监赵崇溥等将士五千人，赵崇溥绝食而死。世宗下诏赦免秦、凤、阶、成州境内俘获的后蜀将士，愿留者俸钱赏赐优厚，愿去者赐给资费衣装；同时免去四州内除夏秋二税之外的诸色科徭，安抚民心。

夺回秦、凤四州之地后，世宗决定用兵南唐。南唐的淮南地区，的确是后周世宗的心腹之患，如广顺二年（952年）正月，后汉高祖刘知远的异父同母弟、后汉泰宁军节度使（镇兖州）慕容彦超叛乱时，南唐发兵五千屯于下邳（五代时属徐州，今江苏睢宁县），声援慕容彦超。这也是世宗急于攻取南唐淮南的原因之一。这时，后周北有死敌后汉、兵力强壮的辽，鉴于后唐明宗以六万精兵用于攻打后蜀，致使中原空虚，魏博兵变，庄宗身死国亡的历史教训，世宗不敢将全部精兵派出攻打淮南，而是留下重兵保卫大梁。

## 二、世宗亲征南唐

南唐李璟性和柔，好读书，多才艺，喜欢听谄媚之词，冯延巳、冯延鲁兄弟，魏岑、陈觉、查文徽等谄媚之人得到进用：冯延巳、常梦锡为翰林学士，冯延鲁为中书舍人，陈觉为枢密使，魏岑、查文徽为枢密副使，常梦锡直宣政殿，专掌密令，这些人以奸佞专权，南唐人称之为"五鬼"。李璟在保大三年（后晋开运二年，945年）、保大十年（后周广顺二年，952年）克建州，灭南楚后，亦有统一天下之志。李守贞、慕容彦超叛乱时，皆出师，遥为声援，还遣使绕道海上，赴辽国及北汉，约定共同攻打后周。

李璟在谋划攻打后周时，也时刻提防后周南攻。如每年冬季淮河枯水期时，南唐常发兵戍守霍邱以上至光州三百余里边境，南唐人称之"把浅"。每年"把浅"需要耗费大量的兵力、财力，而南唐寿州监军吴廷绍认为后周不会南攻，没必要浪费资粮，请求罢免。清淮节度使刘仁赡上表固争，李璟还是罢免"把浅"，为后周进攻南唐留下了机会。

显德二年（南唐保大十三年，955年）十一月初一日，世宗以李穀为淮南道前军行营都部署，兼知庐、寿等行府事；以忠武节度使王彦超副之；督侍卫马军都指挥使韩令坤等十二将攻打南唐。南唐军民听闻后周军将至都恐惧异常，唯清淮节度使刘仁赡神气自若，发挥其善于守城的优势，如平日般分遣将士守御，人情稍安。

李璟也在遣兵派将：以神武统军刘彦贞为北面行营都部署，领兵两万奔寿州（治寿春，今安徽寿县），奉化节度使（镇江州，南唐置）、同平章事皇甫晖为应援使，常州团练使姚凤为应援都监，领兵三万屯濠州（治钟离，今安徽凤阳东北）南八十里的定远县。李璟召镇南节度使宋齐丘返回金陵，商议抵御后周的策略，以翰林承旨、户部尚书殷崇义为吏部尚书、知枢密院。

李穀等在正阳的淮河上架设浮桥，渡过淮河，直趋寿州。十二月，后周忠武节度使王彦超在寿州城下击败南唐军两千人，先锋都指挥使白延遇在山口镇击败后唐军千余人①。在激烈的战斗中，后周前军退却，南唐军进逼，赵弘殷率部拦截，击败南唐军。世宗诏令吴越钱弘由常州出兵，与后周大军形成南北夹攻南唐之势。

显德三年（南唐保大十四年，956年）正月，李穀奏报在上窑击败南唐兵千余人。世宗决定亲征南唐，以宣徽南院使、镇安节度使向训权东京留守，端明殿学士王朴副之，彰信节度使韩通权点检侍卫司及在京内外都巡检，同时命侍卫都指挥使、归德军节度使李重进领兵先赴正阳，河阳节度使白重赞率侍卫亲兵三千人屯颍州的关防重镇颍上县。

李穀等久攻寿州不下，南唐神武统军、北面行营都部署刘彦贞引兵救援，至距寿州二百里的来远镇，又以战船数百艘逆淮水而上驶向正阳，做出攻打后周浮桥之势。看到南唐军这种阵势，李穀有些害怕，他召集部下说："我军不能水战，若贼断浮梁，则腹背受敌，皆不归矣！不如退守浮梁以待车驾。"刚到开封府雍丘县圉城镇的世宗看穿了刘彦贞的把戏，立即传令阻止李穀北撤。世宗的命令还是晚了一步，使者到时，李穀已焚烧粮草，退守正阳。此时，世宗至陈州，亟令李重进领兵赴正阳。

此时，淮河春水方生，南唐战船在淮河中间航行，超出了后周弓弩与砲的射程。这种情况下，李穀奈何不了南唐水军，担心浮桥为南唐攻破后军心动摇，后勤供给受阻，故向世宗请求退兵，建议冬季时再战不迟。李穀的退兵与建议，应该说符合当时的客观情况，却惹得急于进取的世宗不快。

南唐救援寿州的北面行营都部署刘彦贞，南唐功臣刘信第四子，擅长骑射，箭不虚发，军中号称"刘一箭"。刘彦贞素无材略，领

---

① 司马光在《资治通鉴》卷292显德二年十二月己卯条载：山口镇，一说在六安山口，一说在寿州东山口。

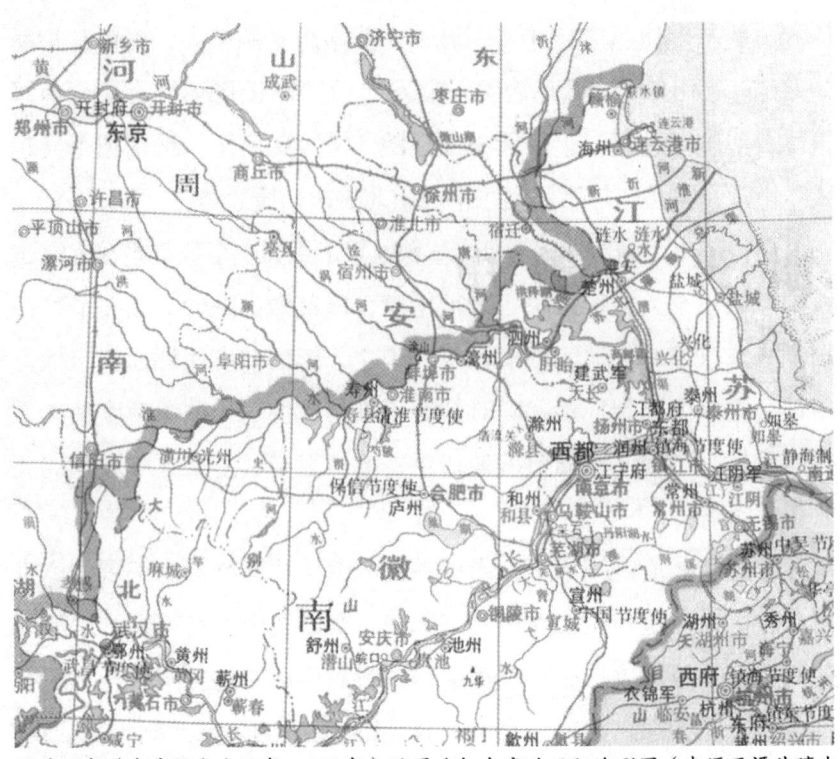

显德三年（南唐保大十四年，956年）后周攻打南唐时正阳地形图（来源于谭其骧先生《中国历史地图集》，中国地图出版社，1988年版）

兵打仗是外行，搜刮聚敛是内行，在历任节度使任上专心聚敛，积财巨亿，贿赂魏岑等权要。这些人拿了刘彦贞的贿赂，争相称赞他，例如治民如西汉良吏龚遂、黄霸，用兵如韩信、彭越啦，李璟经常听到这些话，所以第一时间就想到派刘彦贞和后周军作战。刘彦贞统帅的咸师朗等将也是有勇无谋，听闻李穀退兵，皆大喜，率军浩浩荡荡地开赴正阳。

清淮节度使刘仁赡与池州刺史张全约劝阻刘彦贞："公军未至，而敌人先遁，是畏公之威声也，安用速战！万一失利，则大事去矣。"刘仁赡、张全约的提醒，刘彦贞当耳旁风，在正阳东碰上了李重进率领的后周军。

刘彦贞率领的兵力有三万余人，旌旗、辎重连绵数十里，同时还有二百艘战船向北驶来,兵士列阵于上,不断擂鼓呐喊,以壮声势。南唐军在军阵前横向设置数万具拒马①,拒马上方置缚有利刃,以铁索相连立于阵前,号"捷马牌",还用皮囊盛满铁蒺藜,排在阵地上。后周军将士望见南唐军这种阵势,大笑不已。

赵弘殷率领前军与李重进、韩令坤合兵出击,一鼓作气,大败南唐军,追击二十余里。此战刘彦贞被斩,咸师朗等被生擒,将士被斩首万余级,伏尸三十里,仅后周军在战场上收集到的军资器械就有三十余万件,可见南唐军之败状。此战,南唐举国震惊。张全约收拾残兵投奔寿州,刘仁赡奏请他为马步左厢都指挥使。皇甫晖、姚凤退保清流关②,滁州刺史王绍颜弃城而逃。世宗大悦,下诏书褒谕将士,以李重进代替李榖为行营招讨使,并赐袭衣、金带、玉鞍、名马。

世宗至颍州汝阴县永宁镇,此地东距正阳仅百余里。他对随行的大臣说:"闻寿州围解,农民多归村落,今闻大军至,必复入城。怜其聚为饿莩,宜先遣使存抚,各令安业。"三天后,世宗至正阳,随即以李重进代替李榖为淮南道行营都招讨使,以李榖判寿州行府事。世宗率军至寿州城下,扎营于距城二里的淝水北岸,将正阳的浮桥调至西五十里的下蔡镇,命各军围攻寿州。在攻城的战斗中,城上射来的乱箭,扔下的滚石,纷纷落在世宗的左右,周围的将士大惊失色,他却镇定自若。将士们看到世宗岿然不动,士气备受鼓舞。第二天,从宋、亳、陈、颍、徐、宿、许、蔡等州征发的数十万丁夫,加入了攻城大军中,昼夜不停地攻打寿州城。

---

① 拒马,以木柱交叉固定成架子,可以移动,上方可以镶嵌刀与刺,在战争中阻止敌方行动,还可以杀伤敌人。

② 隋始置清流县,唐为滁州治所,南唐时置清流关,在清流县西南二十余里,今安徽滁州西北。

### 三、清流关一战，赵匡胤威名日盛

南唐兵万余人将战船泊于淮河，扎营在涂山之下。涂山属濠州，淮河水经城北向东流去，涡水自西北而来，在此地汇入淮河，自南北朝时就是兵家要地。善于用兵的世宗，怎么可能放过打击南唐军的机会，遂命赵匡胤击之。赵匡胤先遣骑兵一百多人靠近南唐涂山军营后假装逃跑，诱使南唐军追击，设伏兵拦截，在涡水入淮的涡口（今安徽怀远东）处大败南唐军，斩都监何延锡等，夺得战船五十余艘。

显德三年（南唐保大十四年，956年）二月，世宗命赵匡胤绕道袭击清流关。清流关，位于滁州西清流山，南望长江，北控江淮，地势险要，自春秋吴楚争霸时就是重要关口。公元937年，唐淮南节度使杨行密的部将徐温养子徐知诰（原名李昪），夺取吴政权，建南唐，都金陵，滁州扼南北交通，成为拱卫金陵的江北重镇。南唐在滁州西南二十二里的滁水关隘处开凿清流关，使得南唐统治区内长江以北的滁州、濠州、寿州、泗州（今江苏省盱眙县北）、庐州（州治合肥，今安徽合肥）、楚州、光州（州治帝定阳，今河南潢川）等地出入后唐国都金陵（南京）的必经之处。清流关雄伟险要，周围野生牡丹很多，风景雄奇秀美。① 清流关山高谷深，易守难攻，可以说是一夫当关万夫莫开，南唐自然非常重视。李璟派大将皇甫晖、监军姚凤提兵十万扼守关口。② 自清流关上行可至寿州，也是攻打滁州的必经之路，世宗深知清流关战略位置的重要性，在率军攻打寿州的同时，分兵使赵匡胤来夺关。

---

① 《资治通鉴》卷292；[宋]宋乐史.《太平寰宇记》卷128《淮南道六·滁州》

② 关于南唐清流关兵力人数，有三种不同记载：《旧五代史》卷116《后周世宗纪》载：当时南唐驻守清流关兵力为"万五千人"；宋人王铚《默记》记载：当时南唐驻守清流关兵力为十万；欧阳修《文忠集》卷39《丰乐亭记》中，则载南唐兵力十五万人，《宋史》卷1《太祖纪》，亦载为十五万。

赵匡胤攻打清流关的兵力仅仅五千人，守卫清流关的南唐军占尽地理优势，以逸待劳，击败了后周军。皇甫晖整军入关内修整，准备翌日与后周军再战。暂时驻扎在清流关下的后周军，担心关内的南唐军突然袭击，赵匡胤便找来附近的村民询问清流关地形情况。一位村民说，村学中有一位镇州来的赵学究，此人足智多谋，村民有争论矛盾时，多请他判定是非曲直。赵匡胤心想，这人值得一见啊！他脱下盔甲，换上便装去探访赵学究。

见到赵学究后，赵匡胤再三施礼，诚心求教，赵学究知道来访者是后周的将领赵匡胤，也是非常礼貌。看到赵匡胤诚心诚意，赵学究开始发问："皇甫晖的威名传遍南北，太尉认为与他相较，谁更厉害？"赵匡胤坦率地回答："我不是他的对手。"皇甫晖的骁勇善战广为人知，故赵学究有此问。赵学究又问："你所率领的军队与他的军队相较，谁的兵势更猛？"赵匡胤承认："我军不是他的对手。"赵学究第三次发问："那么，两军对阵，谁胜谁负？"刚吃了败仗的赵匡胤再次实打实地说出自己的顾虑："对方胜，我军已败，畏惧皇甫晖突然袭击，所以向您请教对策。"赵学究指出，若等来日皇甫晖整军再战，赵匡胤有全军覆没的危险。赵匡胤请求赵学究指点："我该怎么办呢？"赵学究安慰道："我有奇计，所谓'因败为胜，转祸为福'者。"赵学究所说的奇计，就是清流关下有条人迹罕至的小路，非常隐秘，皇甫晖军中也无人知晓，顺着这条小路可到清流关的后山，渡过西涧水，便可直抵关下，斩关而入。赵学究认为皇甫晖军刚打了胜仗，思想松懈，正可以趁机偷袭，所谓"兵贵神速，出其不意"。

赵匡胤与赵学究的清流关论兵，可以说是"三顾茅庐"的五代版。从这件事可以看出，赵匡胤善于学习，敢于承认自己的不足。得到破敌之策，赵匡胤大喜过望，恳请赵学究指路。久居山村的赵学究能被赵匡胤认可和肯定，欣然前往。

赵匡胤回营后，部署作战任务。刚打了败仗的后周将士对南唐军心存恐惧，赵匡胤连忙安慰他们，说已有破敌之法，大声鼓舞士气说："明日午当破敌人。"主将对军队士气影响的确非常大，看到赵匡胤胸有成竹的样子，将士们的心情逐渐放松了。天黑后，在赵学究的带领下，后周军沿着小路急行，将士们骑马涉过西涧后，直抵清流关。南唐军做梦也想不到，白天刚被打败的后周军竟然出现在眼前，顿时惊慌失措。混乱中，后周军夺关而入。

皇甫晖是魏州（今河北省魏县）人，先后仕历后唐、后晋与南唐，为人骁勇，后唐庄宗时戍守瓦桥关，多次与辽军作战，军中声望很高。皇甫晖行军打仗时老成持重，军容整肃，士卒乐于为他效命，后周将领颇忌惮他，如左厢都指挥使、前军副都指挥使赵弘殷就害怕皇甫晖，当时患病的赵弘殷向总管后周军政的儿子赵匡胤请求移军，避免与皇甫晖作战，但是赵匡胤却不徇私情，以世宗之命为由拒绝了父亲。

清流关内的战斗中，赵匡胤身先士卒，鲜血染红衣袖而不顾，率军死战。皇甫晖"威名冠南北"，绝不是浪得虚名，立即率亲兵与后周军展开巷战，寡不敌众，放弃清流关，逃入滁州城内。南唐军欲断入城之桥，据城而守，赵匡胤纵马驰奔，率军涉水而过，直奔城下。皇甫晖在城上大声道："人各为其主，愿容成列而战。"皇甫晖以此想喘口气，赵匡胤料想对方无计可施，笑而许之。

第二日，皇甫晖整军出城，不料赵匡胤突然纵马突入南唐军阵中，同时大喊："我只针对皇甫晖，其他人都不是我的敌人！"赵匡胤气势夺人，南唐将士顿时惊呆。赵匡胤舞动手中兵刃，刹那间直击皇甫晖头部。正午时分，皇甫晖伤重失去反击能力，被赵匡胤生擒。赵匡胤乘机又擒南唐监军姚凤，后周军将士乘胜攻击，一鼓作气夺下滁州城。

滁州之战时，滁州城周围的寺院都敲响了寺钟，声援后周军。

战后,正午鸣钟成为定制,大宋初,赵时进呈所做的《滁州午钟记》之文,记载的便是此事。

赵匡胤派人将俘虏的皇甫晖、姚凤送至寿州世宗驻地,自己率军驻守滁州城。重伤的皇甫晖躺在床上,神色自若地对世宗说:"我并非不忠于职守,但是看到善战的后周精兵,南唐士兵丧失了作战的勇气。"皇甫晖盛赞赵匡胤作战勇猛,世宗看到他全身伤痕累累,不禁心生怜悯,赏赐他金带、鞍马,并释放了他。皇甫晖随后伤重去世,姚凤被世宗任命为左屯卫上将军。

数日后的半夜时分,马军副都指挥使赵弘殷率军至滁州城下,要求打开城门入城。驻守滁州城的赵匡胤,战场上作战勇敢,守城时谨小慎微,严格执行军令,不徇私情。他依据守城规定,拒绝放

第二章 / 仕后周屡立战功 /

清流关遗址

父亲入城,他说:"父子虽然是至亲,把守城门是国事,不敢给您开门。"赵弘殷听到儿子如此回答,只得等到天明方得入城。①

世宗遣翰林学士窦仪至滁州城,清点滁州府库物资。这时,赵匡胤让亲信来取府库中收藏的绢,但没有诏书。窦仪秉公办事,果断拒绝,并且告诉赵匡胤的亲信:"当初攻下城时,即便将府库财物全部取出,也没有关系。今天既然登记为官物了,除非有诏书,否则不能拿出去。"窦仪言之有理,赵匡胤也因此事更加敬重他。

在宋人的记载中,与赵匡胤清流关论兵并指路的赵学究,就是赵普。②从史料记载来看,这个"赵学究"不是赵普。先来看赵普的简历:赵普,字则平,幽州蓟县人,曾祖父赵冀任唐三河县令,祖父赵全宝任唐澶州司马,父亲赵迥,唐末五代时任相州(今河南安阳)司马。赵迥生四子,长子即赵普,后唐时幽州战乱不断,赵迥举家迁居常山(今河北正定县),后迁徙洛阳,赵普教授赵匡胤当在这时。赵普性格沉稳有谋略,后周显德初年被永兴军节度使刘词辟为从事,显德二年(南唐保大十三年,955年)十二月,刘词去世前,遗表奏荐赵普的才干。刘词推荐赵普是显德二年(955年)十二月,赵匡胤破清流关在显德三年(956年)二月,赵普这么短时间来清流关村学任教的可能性微乎其微,此为其一;世宗命赵匡胤攻打清流关是军事机密,村中教学的赵学究不可能提前得知,此为其二;村民说赵学究从镇州来,若是赵普,也应从永兴军(长安)或者都城来,此为其三。所以论兵的赵学究不是赵普。

世宗任命左金吾卫将军马崇祚为滁州知州,宰相范质推荐赵普为滁州军事推官。驻兵在此的赵匡胤与赵普交谈后,觉得昔日的老

---

① 《资治通鉴》卷292显德二年二月戊辰条;《旧五代史》卷116《世宗纪》,《新五代史》卷49《皇甫晖传》;夷门君玉.《国老谈苑》;[宋]王銍.《默记》;[宋]王称.《东都事略》卷1《太祖纪》;《宋史》卷1《太祖纪》。

② 刘延世.《孙公谈圃》;王銍.《默记》;释文莹.《续湘山野录》;江少虞.《宋朝事实类苑》卷50;马永卿编,[明]王崇庆解.《元城语录解》卷上。

师确实有才华。恰恰此时，滁州捕获了一百多名盗贼，即将被全部处死，赵普认为其中肯定有罪不当斩者，请求亲自审理后再处决。经过赵普的核查后，大部分盗贼被赦免死刑。因为这件事，赵匡胤愈加看重赵普。①

赵弘殷到滁州后不久，便卧病在床，赵普端水送药，日夜陪侍在赵弘殷身旁。赵普的殷勤照顾，使得赵弘殷非常感动，遂将赵普视同为家人。

滁州境内有连接秦岭—大别山脉的皖山山脉，绵延起伏，跨长江、淮河两大流域，既是淮南屏障，又与金陵仅隔长江。后周军攻占了滁州，不仅截断了南唐援助寿州之路，也使得淮南诸州无险可据，故世宗能乘滁州破竹之势，尽收淮南诸州，李璟欲割地称臣，都与赵匡胤夺取滁州有重大关系。大宋真宗时，宋政府在滁州建造大庆寺，安放宋太祖御容（画像）之殿名"端命"。宋人认为宋太祖"历试于（后）周，功业自此而成，王业自此而始，故号'端命'"②。

赵匡胤因为清流关与滁州之战，威名日盛。自此后，每对敌阵前必繁缨饰马，铠仗鲜明，成为后周军中最光鲜最显眼的人。有人劝说："这样装扮，容易被敌人注意。"赵匡胤却答："我就是想引起敌人的注意啊！"赵匡胤这样做，的确容易引起南唐军注意，当然也会引起后周世宗注意，从而更加欣赏器重他。

## 第三节　世宗亲征淮南

显德三年（南唐保大十四年，956 年）的世宗亲征，后周军队

---

① 杜大珪编.《名臣碑传琬琰集》上卷 1 宋太宗《赵中令公普神道碑》；李心传.《建炎以来朝野杂记》乙集卷 12《赵韩王六世小谱》；《宋史》卷 1《太祖纪》，卷 256《赵普传》。
② 王铚.《默记》；《宋史》卷 109《礼志》。

的战斗力令南唐人惶恐。南唐主李璟遣泗州牙将王知朗与后周讲和。王知朗惧怕后周军，担心被杀，不敢直接到寿州，而是从泗州北行至七百五十里外的徐州，奉上国书。李璟在国书中称："唐皇帝奉书大周皇帝，请息兵修好，愿以兄事帝，岁输货财以助军费。"世宗认为李璟还没有资格约为兄弟之国，不予答复，继续进攻南唐。

## 一、再攻寿州

显德三年（956年）二月，世宗拒绝李璟请和后的第四天，命前武胜节度使侯章等进攻寿州水寨。侯章掘开水寨护寨的壕沟西北角，将壕沟之水引流至淝水，阻断守寨南唐军的出路。随后，世宗命韩令坤领兵袭击南唐防守空虚的扬州城。世宗告诫韩令坤不得伤害百姓，不得损毁南唐主李氏家族陵寝。

南唐军多次被后周军打败，后周世宗又不接受请和之议，李璟愈发忧惧，再也不敢称什么"唐皇帝"了，而是遣口才好、善辩的翰林学士、户部侍郎钟谟与工部侍郎文理院学士李德明奉表称臣，请求和好，献上御服、汤药及金器千两，银器五千两，缯锦两千匹，犒军牛五百头，酒两千斛，送至寿州城下。世宗洞悉李璟的意图，在军容整齐、器甲鲜明的后周军阵前召见钟谟与李德明，恐吓二人："你们的主子自称唐室苗裔，应该比其他国家更知晓礼义，与朕只隔一水，从未派遣一人来修好，却泛海通使辽国，舍华事夷，礼义安在？这样做还妄想让你劝说我罢兵？我不是六国愚主，岂是你逞口舌之利就能改变主意的人！回去转告李璟，亟来见朕，再拜谢过，即平安无事了。否则，我准备去金陵城头观赏风景，借南唐的府库所贮藏的物资犒劳后周大军，你们君臣不要后悔啊！"

世宗完全清楚李璟的小心思，不会同意南唐奉表称臣的请求，"观金陵城，借府库以劳军"完全可以做到，并非恫吓，所以钟谟、李德明的辩才无处发挥，南唐欲称臣而不得。

吴越王钱俶遣兵屯驻边境，以待后周世宗的作战命令。南唐常州距离吴越苏州仅一百八十余里，吴越苏州营田指挥使陈满向丞相吴程建议，现在后周攻打南唐，常州兵力空虚，可乘机攻取常州。李璟也担心吴越军攻击常州，下诏安抚常州东北九十里的江阴军军民。世宗诏书至苏州后，陈满上报宰相吴程，吴程立即上奏，请求钱俶发兵攻打南唐常州。丞相元德昭认为不能小觑南唐的实力，故反对出兵，他说万一吴越军进攻常州时后周军却不至，则将置吴越军于危险之地。吴程与元德昭争论不休，最终钱俶同意出兵，令吴程督促衢州刺史鲍修让、中直都指挥使罗晟率军向常州进发。吴程将元德昭反对出师之事泄露给将士们，这些赞同攻打常州的将士欲攻击元德昭，钱俶只能将其藏在府中，令人放言："将要出师而士卒欲攻击丞相，是非常不吉利的事！"

侍卫马军都指挥使韩令坤率军夜至扬州城下，天色微明时，命白延遇带数百骑突然驰入扬州城内，南唐军竟然没有发觉。韩令坤继至，南唐东都营屯使贾崇焚烧城内官府民舍后[①]，弃城南逃，扬州副留守、工部侍郎冯延鲁剃发扮僧人藏于佛寺中，被后周军抓获。战后，韩令坤立即安抚扬州城中的居民，恢复当地正常的生活秩序。南唐灭南楚（也称马楚）及闽国后，南楚原统治者马希崇与闽国王延政之子王继沂皆被囚于扬州，世宗也下诏存抚。王逵奏攻下拔鄂州南边的长山寨，俘获守将陈泽等人；赵匡胤奏南唐天长制置使耿谦降，获得粮草二十余万石。

韩令坤攻下泰州，南唐泰州刺史方讷从泰州泰兴县渡江，经过润州，西行逃逃至金陵。后周军临近都城，李璟慌乱中遣使者携带蜡丸向辽求救，不料所派之人被后周静安军使何继筠抓获。

吴越、钱俶积极响应后周大军，兵分两路，命上直都指挥使路彦铢攻打宣州，中直都指挥使罗晟率战船屯江阴军，牵制南唐兵力。

---

[①] 南唐以南京为西都，以扬州为东都，故置东都留守。

南唐静海制置使（南唐静海都镇制置院，在今江苏南通市）姚彦洪带领兵民万人过江，投奔吴越苏州。

三月初一日，世宗视察水寨行至淝桥时，拿起一块石头作为砲石送到水寨，跟随的官员们纷纷效仿，各拿一石送至水寨。赵匡胤乘坐皮船在寿州城下护城壕中探察敌情，城上的南唐守军发动连弩[①]，射出的箭如屋椽般大，牙将张琼急忙上前掩护，一支大箭射中张琼大腿，当时他就痛得晕了过去。张琼确实够勇猛，醒来后发现箭头直入骨中不能拔出，饮了一大杯酒后，令人剖骨取出箭头，忍受着钻心疼痛竟然神色自若，一旁的赵匡胤暗暗称奇。数年后，当上皇帝的赵匡胤没有忘记张琼的救护之功，将他迁为殿前都虞候，成为掌管大宋殿前司禁军的重要人物。

李璟复以右仆射孙晟为司空，遣他与礼部尚书王崇质奉表来见世宗，他上表表示臣服，献黄金千两，银十万两，罗绮两千匹，世宗仍然没有答应。

后周在从东到西的战线中，对南唐多点攻击，捷报频传，淮南之地半数攻克，世宗尽得南唐江北之地的愿望指日可待，对于李璟去帝号，割寿、濠、泗、楚、光、海六州之地，岁输金帛百万的罢兵请求，当然不会同意。南唐工部侍郎、文理院学士李德明见后周兵不断南攻，请求世宗放他回去，劝说李璟尽献江北之地。世宗允许孙晟遣王崇质与李德明同去，遣供奉官安弘道护送至金陵，赐李璟书，大意是允许李璟在江南称帝，献出江北之地，后周立即退兵。

李璟上表称谢，但是并不相信李德明所说的后周军力强大之言，宰相宋齐丘等认为割地无益，李德明为人轻佻，言多过实。枢密使陈觉、副使李征古都是宋齐丘门人，素来厌恶李德明与孙晟，唆使王崇质在李璟前谮言："（李）德明卖国求利。"李璟大怒，当众

---

[①] 连射弩，司马光认为连射弩以铁为箭，箭长八寸，一弩可以十矢俱发，类似于宋朝的划车弩。

处斩李德明。

二、赵匡胤六合大败南唐军

吴越国丞相吴程率军攻打南唐常州，攻破外城墙，俘获南唐常州团练使赵仁泽，送至西府钱塘（今浙江省杭州）。南唐本与吴越通好，吴越却因遵世宗之命攻打南唐，因此赵仁泽见了钱俶不仅不拜，还指责钱俶负约。钱俶恼羞成怒，将赵仁泽口部割开至耳部，丞相元德昭欣赏赵仁泽对李璟的忠心，为他涂敷上好的金疮药，救他一命。

地处长江下游南岸的润州，位于隋唐江南运河北端入江口，隔江与扬州相望，自唐代以来不仅是农业生产与手工业生产重镇，也是江南北部的交通枢纽，战略位置重要。润州在常州西北方向，两州相距仅一百七十里，李璟忧虑吴越军进攻润州，认为宣、润大都督燕王李弘冀年少不懂军事，准备将其调回金陵。李弘冀却听从部将赵铎建议，坚守润州。李璟还任用龙武都虞候柴克弘为抚州刺史、右武卫将军，命他率军与袁州刺史陆孟俊救援常州。柴克弘至常州后，奇袭吴程军营，大破吴越军，斩首万级，吴程因战败被吴越王钱俶罢免。

柴克弘因功迁为奉化节度使，请求领兵救援寿州，未至而卒。李璟命诸道兵马元帅、齐王李景达，监军使陈觉，应援都军使、前武安节度使边镐领兵抗击后周军。李璟还遣鸿胪卿潘承祐到泉州、建州招募骁勇的民众为军士，潘承祐荐举前永安节度使许文稹、静江指挥使陈德诚、建州人郑彦华与林仁肇，李璟任命许文稹为西面行营应援使，郑彦华、林仁肇皆为将。

寿州久攻不下，世宗决定增加攻城的兵力。显德三年（956年）四月，任命侍卫亲军都指挥使、归德节度使李重进为庐、寿等州招讨使，率领武宁军节度使、濠州城下都部署使武行德等攻打南唐寿、濠等州。南唐右卫将军陆孟俊领兵万余人，自常州急行一百九十七里，攻打后周占有的泰州。后周泰州守军不想与陆孟俊作战，泰州复为南唐所有，陆孟俊令静江指挥使陈德诚戍守泰州，自己分兵进攻扬州。陆孟俊率军行至蜀冈，驻军在此。

蜀冈在扬州城西，扬州城东、南、北面都是平地，蜀冈诸山西接庐州、滁州，居高临下，是后周军北归的必经之路，韩令坤担心归路被切断，故率军弃扬州而去。

世宗紧急遣殿前都指挥使张永德带侍卫司亲兵前去救援，命令韩令坤复入扬州城，又命赵匡胤领步、骑兵两千人屯驻扬州西北一百三十里处六合县（今江苏六合区），以为声援。韩令坤若自扬州西北返回扬州城，须从六合县经过，为坚定其守城信心，赵匡胤下令说："扬州兵有过六合者，折其足。"看到无路可退，韩令坤只能坚守扬州城。

后周军以行驶在淝水中流的方舟载砲攻击寿州城，又绑缚巨竹数十万竿，上置板屋，号称"竹龙"，载甲士攻打寿州。四月以来寿州雨水渐多，一场大雨过后，后周军营水深数尺，攻城之具很多被冲走，很多士兵溺亡，大水造成后周大军粮草运输困难，这时返回南唐劝李璟尽献江北之地的李德明又失约了（李德明已被李璟诛杀），诸多不利因素叠加的后果，撤军应是此时世宗的最佳选择。此时，世宗十分焦虑。当时寿州有卖饼的商家，出售的饼都又小又薄，焦躁不安的世宗很生气，抓捕了十余人准备杀掉，赵弘殷执意劝谏，才救下了这些人。

世宗听从官员建议，改变进攻方向，循淮河向东至濠州。这时，韩令坤在扬州城东打败南唐军，擒获陆孟俊后杀之。

南唐齐王李景达率兵两万自瓜步（今江苏扬州西南）渡过长江，在距六合二十余里处安营扎寨。驻守六合的赵匡胤兵力不满两千，李景达兵力是赵匡胤十倍之多。这种情况下若硬碰硬，后周军肯定处于劣势，甚至有全军覆没之险。有部下建议攻打李景达，赵匡胤说："敌人设栅自固，是惧怕我军。现在我军兵力不满两千，若前往攻击，那么敌人就会觉察出我们兵力不多；不如待他们来时再攻击，肯定破敌！"数日后，南唐军进攻六合。赵匡胤率军奋战，大败李景达，杀死俘获近五千人，剩下的一万五千多人，逃到长江北岸，争抢渡船，溺死者众。经此一战，南唐精兵损失殆尽。

在六合之战中，赵匡胤所率领的两千兵力中，大部分士兵属于为天武禁军，面对十倍于己的南唐军，其中不乏胆怯与逗留不进者，赵匡胤发现后，用剑斫其皮笠（皮革制的笠形帽）。翌日，赵匡胤一一查看士兵皮笠上的剑砍痕迹，有剑痕的数十人皆被处死。看到主将军纪严明，士兵们作战时无不奋力拼杀。

早在韩令坤攻下扬州后，扬州附近的南唐守军就奉李璟之命夺取扬州。韩令坤擒获陆孟俊后不久，又在扬州城北十五里的湾头堰击败南唐军万余人，俘获南唐涟州刺史秦进崇，张永德在盱眙县西南十里的曲溪堰，击败南唐泗州兵万余人。

涡口浮桥造好后，世宗自濠州西北行至涡口。锐意进取的世宗欲去扬州督战，宰相范质等以兵疲食少泣谏，才劝止。当年五月，世宗留侍卫亲军都指挥使李重进等围攻寿州，自涡口北归，回到大梁。

当年七月二十六日，病重的侍卫亲军马军龙捷左厢都指挥使、岳州防御使赵弘殷在京师去世，卒年五十八岁。赵弘殷生前累官检校司徒，封爵天水县男，与赵匡胤同居禁军重要职务，成为当时荣耀之事，去世后赠武清军节度使。赵匡胤称帝后，追尊赵弘殷为昭武皇帝，庙号宣祖。

按照古代的礼制，父母去世后，儿子须守孝三年，实际上不满二十七个整月。为母守孝，称"丁内艰"，为父守孝，称"丁外艰"。[①]守孝的官员需要辞去官职回乡守孝，世宗因为攻打淮南的作战需要，不可能让赵匡胤守孝二十七个月，因此踰月后，就起复赵匡胤为殿

---

① 王曾瑜.《岳飞新传——尽忠报国》第一章《佃农投军》；史泠歌，王曾瑜.《宗泽李纲评传》第一章《涉世多龃龉失官久龙钟（宗泽）》。

前都指挥使，率殿前诸军攻打寿州。

当年十月，赵匡胤因六合之功，拜匡国军（治同州，今陕西大荔县）节度使、兼殿前都指挥使。① 赵匡胤表请渭州军事判官赵普为节度推官，赵普从此相伴赵匡胤左右，赵普后来被当上皇帝的赵匡胤称为共取共创赵宋天下者。②

后周军不习水战，在战斗中遇见南唐水军都大吃苦头，南唐水军凭借自己的优势轻视后周军，世宗为此怅恨不已。回到大梁后，他第一时间就是聚集全国的精工巧匠，在大梁城西的汴河边制造，踰年造战船数百艘，加上缴获的后周战船，组成后周水军，随即令南唐降卒教授水战。后周士兵经过数月刻苦训练，可以操练战船在水中纵横出没，世宗认为肯定胜过南唐水军后，决定次年（显德四年，南唐保大十五年，957年）再次亲征寿州。

世宗选拔骁勇之士充殿前诸班，始置殿前都点检，以殿前都指挥使、义成军节度使张永德为殿前都点检③，位置在殿前都指挥使之上，是后周两支中央军中殿前司军的最高长官。张永德是后周太祖郭威的女婿，世宗任命张永德殿前都点检之职，可见对他的信任。以王朴权东京留守兼判开封府事，以三司使张美为大内都巡检，以侍卫都虞候韩通为京城内外都巡检；下令征发陈、蔡、宋、亳、颍、兖、曹、单等州的丁夫，为攻打寿州做准备。

再说寿州被后周军围攻一年多，城中粮食食尽，形势危急。李璟也清楚寿州城困境，首先减轻淮南营田民众负担，接着遣兵部郎

---

① 匡国军节度使，在赵匡胤称帝后，因避讳改称定国军节度使。

② 张其凡.《赵普政治思想试探》，《北京师范学院学报》（社会科学版）1989年第2期；《皇宋中兴两朝圣政》卷1，绍兴二年十二月吕颐浩言；李心传.《建炎以来系年要录》卷61绍兴二年十二月癸巳吕颐浩言，"臣尝见太祖皇帝与赵普论事书数百通，其一有云：'朕与卿定祸乱以取天下……'"。

③ 殿前都点检一职源自于后唐，即皇帝巡幸及出征时置大内都点检之官，负责保卫都城。

中陈处尧持重金渡海至辽，请求出兵为援，结果遭到辽统治者拒绝。显德四年（南唐保大十五年，957年）正月，南唐齐王李景达自濠州遣应援使、永安节度使许文稹，都军使边镐，北面招讨使朱元领兵数万自淮河上溯救援寿州。南唐援军驻扎在紫金山，如连珠般排列十余寨，与寿州城中烽火晨夕相互响应，又筑甬道将营寨连接，延伸将至寿州城下，企图运粮救援城中。后周军当然不会令南唐援军得逞，李重进出兵攻击，大破南唐军，杀死五千人，夺取二寨。混战中，殿前指挥使范廷被流矢射中左股，仍然继续杀敌。世宗看到李重进捷报，大受鼓舞，下诏二月亲征。

世宗命右骁卫大将军王环率领水军数千兵力出战。后周水军自流经大梁的闵河水路出发，向东南经陈州，经蔡口入颍河，一路南下抵达淮河。南唐军见到淮河上的后周水军，大为惊讶。三月，世宗渡过淮河，抵达寿州城下。翌日清晨，世宗亲自穿上盔甲，驻军在紫金山南，命殿前都指挥使赵匡胤攻击南唐先锋寨及山北一寨。赵匡胤不负世宗之望，全部攻破上述水寨，斩首三千余级，截断南唐所筑甬道，南唐援军因此首尾不能相救。日暮时分，世宗分兵守诸寨，自己退至下蔡。

南唐北面招讨使朱元因恢复舒州、和州（治历阳，今安徽和县）之战功，不听齐王李景达调度，监军使陈觉与朱元有矛盾，屡次上奏说朱元反复无常，不可领兵，李璟以武昌节度使杨守忠代替朱元。杨守忠到濠州后，陈觉假传齐王李景达命令，召朱元至濠州议事，准备夺取朱元兵力。朱元无比愤怒，欲自杀明志，幕僚宋均劝说："大丈夫何往不富贵，何必为妻子死乎！"紫金山之战第二日晚，朱元与先锋壕寨使朱仁裕等率领全寨万余人降于后周。

世宗为防止朱元军余众顺淮河向东溃逃，急忙命侍卫步军的虎捷左厢都指挥使赵晁率水军数千人，沿淮而下，阻截南唐军东逃。翌日天色微明，世宗驻扎在淮河北岸的渡口，诸将攻击南唐紫金山诸寨，杀获南唐军万余人，擒许文稹、边镐、杨守忠。南唐溃军果然沿淮河东逃，世宗自赵步率数百骑兵沿北岸追击，诸将率领步、骑兵沿南岸追击，水军自淮河中流而下，三路夹击下，南唐兵战死、溺死与投降者近四万人，后周缴获的船舰、粮食、仗等兵器有十余万。李景达及陈觉自濠州逃归金陵，只有静江指挥使陈德诚全军而还。

当日晡时（下午三点至五点），世宗急驰至距离渡口二百余里的濠州荆山洪，当晚，宿营于涡口的镇淮军，随从官员第二天方至。寿州城中的刘仁赡得知援兵战败，唯有扼腕叹息。世宗征发周边丁夫，夹淮水修筑镇淮军第二城，将下蔡浮桥徙至此，阻截濠州南唐军应援寿州，命淮南节度使向训为武宁节度使、淮南道行营都监，领兵镇守镇淮军。

世宗自镇淮军复至下蔡，赐诏劝刘仁赡投降。李璟欲亲率诸将抗拒后周军，中书舍人乔匡舜劝谏，被李璟流放抚州。李璟又问神卫统军朱匡业、刘存忠，朱匡业诵唐代罗隐《筹笔驿》诗中"时来天地皆同力，运去英雄不自由"句[①]，刘存忠也反对李璟亲征，被激怒的李璟将朱匡业贬为抚州副使，刘存忠流放饶州之后，怒气消了，不再提亲征之事。

寿州城中刘仁赡病重，已经到了不认识人的地步了，监军使周廷构、营田副使孙羽等伪作刘仁赡降书，向世宗投降。世宗遣使入城宣抚，在寿州城北举行受降仪式后，赐卧床不起的刘仁赡玉带、御马，令入城养疾。随后，世宗拜刘仁赡为天平军节度使兼中书令，当日刘仁赡卒，被追封为彭城郡王，李璟亦追赠刘仁赡太师。

世宗将寿州州治移至寿州城西北二十五里的下蔡，下诏安抚州内百姓，赈济饥民，稳定当地秩序。返回大梁后，世宗下令疏浚的

---

[①] 罗隐，余杭人，唐末五代以诗闻名天下，尤长于咏史。《筹笔驿》全诗为："抛掷南阳为主忧，北征东讨尽良筹。时来天地皆同力，运去英雄不自由。千里山河轻孺子，两朝冠剑恨谯周。唯余岩下多情水，犹解年年傍驿流。"

汴河东流至定陶，由此流入济水，连通了济、鲁到大梁的水路。

殿前都指挥使赵匡胤因功拜义成军节度使、检校太保。

### 三、征战濠泗州

显德四年（南唐保大十五年，957年）十月，世宗以王朴为东京留守，允许他根据情况处理国事，以三司使张美充大内都点检，再次亲征。

濠州城东北十八里处淮河水中，有滩方圆数里，易守难攻，可谓控扼濠州的咽喉之地。南唐军环绕十八滩置木栅，修水寨，驻泊战船，妄图倚仗着立于四面深水之中的水寨阻止后周军过淮河。十一月，世宗至濠州城西后，立即部署对濠州的攻击，义成军节度使、殿前都指挥使赵匡胤率一马当先，率部下骑兵冲向敌寨；世宗同时命内殿直康保裔等甲士数百人乘骆驼过河，一鼓作气击杀守寨的南唐兵数百人，缴获其战船，攻下十八里滩寨。[①]

李重进攻下濠州南关城后，世宗亲自率兵攻打濠州城，王审琦攻下南唐水寨。南唐军在濠州城北驻泊了数百艘战船，将巨木植入淮河中阻止后周水军。世宗命水军拔掉巨木，焚毁南唐战船七十余艘，斩首两千余级，又攻下濠州羊马城[②]。南唐濠州守军震恐，濠州团练使郭廷谓出降。

世宗得知南唐有数百艘战船在涣水东[③]，这些水军欲救援濠州的消息后，他亲领甲兵乘夜色东下，并发水陆两军攻击南唐水军。赵匡胤率精骑为先锋，在濠州东九十里的浮山洞洞口大败南唐军，斩杀五千余级，降卒两千余人。接着，赵匡胤率骑兵改乘战船顺淮河而下追击南唐军，日暮，被南唐战船围攻。赵匡胤张弓搭箭射杀数

---

① 王钦若等撰.《册府元龟》卷45《谋略》。
② 羊马城，中国古代城墙与城壕之间所筑的小墙，一般高5尺，厚6尺，上立雉堞，是城墙的外围防御设施。
③ 涣水，流经宿州、亳州（州治谯县，今安徽亳州）之间，东南流入淮水，即今浍河。

名南唐兵，南唐战船稍后退，赵匡胤趁此机会进攻，斩杀南唐水军百余人，南唐士兵纷纷弃船跳水逃命，很多人溺死，后周军将南唐战船全部焚毁。

后周军乘胜东下，一路披靡，至泗州城下。赵匡胤仍然为先锋，率军攻打泗州南门，焚烧城门后，乘势破水寨及月城①。当夜，世宗站在月城楼上，在南唐射来的乱箭中指挥军队攻打泗州城。

冬至日，后周各军加紧了进攻速度。赵匡胤负责攻打泗州城西北，搭建洞屋，竖起云梯，摧毁瓮城，后周军登上泗州城女墙②，城中守军大惧。十二月，南唐泗州守将范再遇迫于后周军攻城压力，率三千余守军举城降，世宗驾临泗州城楼，接受宰臣以下官员的祝贺。

南唐救援泗州的数百战船泊于浮山洞洞口，望见后周军侦察的轻骑后退守清河口。天色将明，世宗与赵匡胤分别率领骑兵自淮河北岸、南岸进至清口（今江苏淮阴西南），从两岸夹击后唐军，后周水军顺淮河而下追击南唐战船。当夜，月色如练，寒风萧瑟，后周步、骑兵数万人与水军共同追歼南唐军。清冷的月光下，交战的双方且战且行，船上的南唐士兵脸上布满了恐惧，心中祈祷船速能再快些，好逃命；追赶的后周士兵满脸写着胜利者的骄傲，也希望船速更快，马能腾空，好多杀伤敌人，立更多战功。不用看结果，从双方士兵的气势上看，南唐军队已经输了，喊杀声、马嘶声、哀号声不断传入周围村庄中村民的耳中，但是这些村民却只能胆战心惊地听着，没有一个人敢出来观战。后周军队士气旺盛，助威的战鼓更是擂得震天响，据说声闻数十里之外。

交战中砍下来的断臂残肢，顺流东下，有激战中掉下船的士兵，

---

① 月城，中国古代围绕在城门外的半圆形小城，有掩护城门，加强防御之作用。

② 洞屋，中国古代一种攻城器械，《资治通鉴》卷267开平三年四月庚子条胡三省注："洞屋，以木撑柱为之，冒以牛皮，其状如洞。"可以推行。

在水中沉浮，鲜血使得河水的颜色发红。见惯了生死和杀戮的士兵们，只觉得这一切都很平常。后周军追至楚州，一鼓作气破南唐军。混战中，有数千南唐兵登上淮河南岸，列阵负隅顽抗。赵匡胤率领数十名骑兵冲进对方军阵，疲惫不堪的南唐军再无斗志，向楚州溃逃。赵匡胤率军一路追逐至楚州城北门，斩获甚众。

当时在淮河的水战中，有数艘南唐战船从后周军夹攻中脱逃，顺流东下，世宗亲率骁骑沿淮河追击，同时命赵匡胤带领精骑前进六十余里截击。赵匡胤生擒南唐保义军节度使、濠泗楚海都应援使陈承昭，缴获了完整战船三百余艘，俘获降卒七千余人。此战，南唐淮河上的战船损毁殆尽，可以说是对南唐水军的覆灭性打击。不久，南唐濠州团练使郭廷渭、雄武军使崔万迪，相继举城归降后周。后周军自楚州向南，毫不费力地攻下了泰州。

后周军水陆之战都不断获胜，令南唐朝野万分惊恐。当月，李璟派兵驱赶扬州百姓至金陵城，随后焚毁扬州城郭。

显德五年（南唐交泰元年，958年）正月、二月间，后周军攻下南唐海州、楚州、舒州，南唐舒州刺史施仁望被擒，天长军使易赟以城降。攻打楚州城时，世宗亲率军队攻打城北，昼夜不解盔甲，亲冒矢石，攻下楚州城。

三月，世宗驻跸扬州行宫，瓜步镇守军押南唐润州军将丘亮到行宫。丘亮说李璟欲差使臣来朝贡。扬州城外长江口南岸有南唐军营寨，南唐水军不时驶来北岸骚扰后周军。首至江口的世宗，命武卫大将军李继勋率黑龙船三十只在江岛上观察敌情。当日，后周水军在江滩上击杀南唐军数百人，缴获战船两艘，李继勋迁为左领军上将军。第二天，世宗再次至江口，发现南唐战船数十艘，命赵匡胤领水军入江追击。南唐军向南岸败退，赵匡胤乘胜直抵长江南岸，焚烧南唐军营寨，夜幕降临时回到北岸。

李璟害怕后周军继续南下，又耻于降号称藩，遣兵部侍郎陈觉来进奉表，同时贡献贡罗縠绸绢三千匹，乳茶三千斤及香、药、犀、象等土产。陈觉见到岸边停泊的后周战船后，十分惊恐，神色凄然、语气低沉地向世宗述说南唐的可怜之状，请求后周罢兵。数刻后，陈觉表态："臣愿自过江取本国表章，进纳庐、舒、蕲、黄四州之地，乞画江为界，以事陛下。"世宗被陈觉的哀求打动，更重要的是谋求南唐江北之地的目的即将达到，他答复陈觉："果真如此，朕复何求！若吴主复能举国内附，则亦当待以优礼，固不阻他称朕。"这时，南唐的扬、泰、滁、和、寿、濠、泗、楚、光、海等州，已经为后周所攻占，世宗胜筹在握，故能答应陈觉的请求。

这时，高保融奏称荆南水军数千人已至鄂州夏口，钱俶随后奏称吴越已经派遣战船四百艘、水军一万七千人停泊江岸，请求攻打南唐。赵匡胤率水军在六合县瓜步与南唐军战，击败对方战船百余艘，赵匡胤率军凯旋的渡口由此得名"回军渡"[①]。李璟畏惧作战勇猛的赵匡胤，欲行反间计，先遣人送信给赵匡胤，又送白金三千两，赵匡胤若收下信和白金不上缴即中李璟设计的圈套。识破南唐计策的赵匡胤第一时间将白金全部上缴世宗，李璟的反间计遂不得逞。

南唐军的败讯不断传来，又面临后周、荆南与吴越军队三面夹攻的威胁，李璟这次是万万不敢毁约。第四日，李璟遣合门承旨刘承遇奉表，献出庐、舒、蕲、黄四州，划长江为南唐与后周的边界。后周攻占南唐淮南地区，获得十四州、六十县的土地，由此增加二十二万六千五百七十四户的人口。

世宗先赐钱俶犒军帛三万匹、高保融一万匹，诏令返回。五月十一日，世宗赏平淮南之功，迁襄州节度使安审琦为青州节度使；迁许州节度使韩通为宋州节度使，依然兼任侍卫马步都虞侯；以宋州节度使向训迁襄州节度使；义成军节度使赵匡胤为忠武军（治许

---

① 祝穆.《方舆胜览》卷45《淮东转运置司》。

州，今河南省许昌市）节度使，依然担任殿前都指挥使之职。世宗征战淮南，虽然有些官员认为赵匡胤功居第一，却功劳大赏赐轻，有失公允。但是从赵匡胤节镇的升迁与继续担任殿前都指挥使职务的情况看，仍然可以看出世宗对赵匡胤是非常信任的。

郭威高祖郭璟，后周广顺初年被追尊为睿和皇帝，庙号信祖，陵称"温陵"。五月，李璟避后周信祖讳，更名李景，下令去掉帝号，改称国主，使用后周显德年号纪年。李景，即史书所称的南唐中主。李景多才多艺，爱好读书，擅长骑射，然而为政时所用非人，如任用献媚奉承、浮诞不可信的冯延巳等人担任朝廷要职，以至于终成翰林学士常梦锡所说的"自为小朝耶"[1]。李景不检省自身原因，却将责任归罪于太傅中书令宋齐丘、兵部侍郎陈觉、镇南军节度副使李征古等人。十二月，衔恨的李景将宋齐丘等人诛杀。

---

[1] 当时冯延巳等人后周"为大朝者"，常梦锡讥讽冯延巳等人："诸公平时每每言称致君如尧、舜，怎么今天反而自为小朝耶？"

大宋王朝
诞生记

第三章
陈桥兵变披黄袍

后周世宗是五代皇帝中的出类拔萃者,即便是在中国整个皇帝群体中,也算得上英明之主,他的十年开拓天下、十年养百姓、十年致太平的宏伟计划,随着英年早逝而遗憾落幕。赵匡胤跟随世宗多年,深知世宗的英武与才略,他的称帝计划在世宗生前找不到实施机会,但是世宗突然病逝,后周孤儿寡母当国,却是上天送给赵匡胤最好的机会。赵匡胤抓住了机遇,借出征抗击辽军之名,发动了历史上著名的陈桥兵变,黄袍加身。

## 第一节　世宗英年早逝功败垂成

自后晋、后汉以来,辽国利用骑兵优势屡屡进入河北地区抢掠。涿州范阳人张藏英十七岁时,父母被强盗孙居道杀害,后手刃仇人,燕、蓟间民间称他为"报仇张孝子",辽国廷任命他为芦台军使、兼榷盐制置使,领坊州刺史。广顺三年(953年),张藏英率亲族、部下与煮盐户八千余人投奔后周,世宗即位后,授德州刺史,在便殿召见,询问备边之策。世宗完全同意张藏英的建议,任命他为缘边巡检招收都指挥使,在深州李晏口置寨,招募骁勇的边民打击辽军骑兵。数月后,张藏英招募了千余人。

有官员向世宗建议疏通深州、冀州之间的胡卢河,以阻止辽军骑兵奔驰。显德二年(955年)正月,世宗命忠武节度使王彦超、彰信节度使韩通领兵夫疏浚胡卢河,在南距冀州百里、北距深州三十里的李晏口处河上筑城,派兵守卫。李宴口所筑之城,后改为静安军。辽军骑兵围攻视察疏浚工程的王彦超,张藏英率所募兵大败之,自此后辽国骑兵不敢涉过胡卢河,南岸的民户方得安宁。

一、世宗北征

显德三年(956年)二月,世宗攻打寿州时,南唐向辽求救的使者,就在静安军被军使何继筠抓获。显德四年(957年),辽遣大同节度使、侍中崔勋带兵联合北汉，欲共同攻打后周，北汉主刘钧派忠武军节度使、同平章事李存瑰领兵会合辽军，进攻潞州，至城下而返。刘钧从这次行动看出辽不足倚仗，却又不敢断然绝交，只能赠送崔勋厚礼。十二月，南唐再次遣陈处尧出使辽求援，辽还是没有答应。

显德五年（958年）四月，辽军骑兵乘世宗亲征淮南时，侵扰后周边境，世宗返回大梁后，令张永德率军防御。显德六年（959年），本欲计划攻打后蜀的世宗，因为辽和北汉联军不断骚扰边境，决定先出手对付它。更重要的是，世宗三次亲征南唐淮南地区，迫使李景割地归附，有了稳定的后方，可以腾出手来对辽和北汉用兵。

出征前，世宗部署义武军节度使孙行友驻防定州西侧山区，以防北汉救援辽；以宣徽南院使吴廷祚权东京留守、判开封府事；三司使张美权大内都部署。三月，后周大军分三路出兵。东路由侍卫亲军都虞候、归德军节度使韩通为陆路都部署，殿前都虞候石守信为副都部署，与龙捷左厢都指挥使、岳州防御使高怀德和护国军节度使张铎等率领军先行出发，赴沧州；中路由凤翔节度使王晏为益津关一路马军都部署，镇安军节度使韩令坤为益津关一路都部署，率侍卫司龙捷与骁武马军，及虎捷步军先赴大名待命；西路由义成军节度观察留后陈思让率军，先赴冀州待命，世宗随后。四月，韩通等疏通了沧州至乾宁军①水路，舟船可通至瀛洲、莫州。

世宗至沧州（今河北省沧州市东南）后，亲率马、步军数万人向西行进，直趋距沧州九十八里的辽国瀛洲界，到达乾宁军后，辽国宁州（今河北青县）刺史王洪献城投降。陆路都部署韩通与水路都部署赵匡胤率领诸将水陆并进，世宗乘御舟随后，水面上后周战船首尾相接，绵延数十里。后周大军行至乾宁军北一百二十里处的独流口，逆流西行四十里，至益津关②，辽军守将终廷辉以城降。世

---

① 乾宁军，在沧州永安县，距沧州一百里。
② 益津关，在莫州文安县，今河北霸州。

宗在益津关置霸州，以韩令坤为都部署，率所部兵戍守。

益津关以西，水陆渐窄，不能容大船行驶，世宗舍舟改为陆行。水路都部署赵匡胤率军先至益津关东面八十里的瓦桥关（今河北雄县），缘边巡检招收都指挥使张藏英请求先不要攻城，让他去说服守将。

瓦桥关处于易水河、胡卢河、拒马河、滹沱河等九河之末，是燕南赵北的重要关隘。[①]张藏英独自一人骑马来到瓦桥关城下，仰起头向守在城墙上的士兵大喊："你们认识我吗？我是张芦台（指他曾担任芦台军使）。"张藏英告诉城头守军后周军队战斗力的强大，世宗以德服人等情况。接着，他威胁瓦桥关守军："你们根本不是后周军的对手，若不投降，马上攻城。"张藏英担任芦台军使时，其为人有诚信，深得士兵们的信任和尊重，瓦桥关守军相信他所言非虚，于是，辽军守将、关门使姚内斌举城降。世宗授姚内斌汝州刺史。莫州（今河北任丘北）刺史刘楚信，亦被后周大军气势所震慑，举城降。不久后，世宗在瓦桥关置雄州，以陈思让为都部署，命其率兵驻守，使雄州成为与辽对峙的前沿阵地。

五月初一日，后周侍卫亲军都指挥使、天平节度使李重进等所率大军至瀛洲（今河北河间），辽国瀛洲刺史高彦晖亦举城降。瀛洲、莫州被后周军夺取后，辽国幽州守将向辽穆宗急报前线情况。辽穆宗却不以为然，他说："三关本来就是汉地，今以还汉，何失之有？"

后周此次攻辽，数万大军兵不血刃，不发一箭，辽军守将便望风而降，四十二天连下三关（指瓦桥关、益津关、淤口关）、三州、十七县。至此，后周军夺得瓦桥关以南数州，增加了一万八千三百六十户人口。世宗欲乘势攻打幽州（今北京），诸将都认为毫不费力取燕南之地，已建不世之功，此时辽军骑兵已经聚

---

① 王轶英.《大宋重镇雄洲城考析》，《唐山师范学院学报》2017年第1期。

集在幽州之北，在敌人已经有防备的情况下，不宜再攻取幽州。在捷报频传的形势下，急于进取的世宗根本听不进诸将的劝谏。

在召集诸将商议夺取幽州的当日，世宗命令先锋都指挥使刘重进率军先行，占据距幽州一百二十里的固安。世宗随后行至桑干河（即永定河），命架桥，日暮时返回瓦桥关宿营。据说世宗站在瓦桥关附近的高台上巡视军队时，有附近的百姓百余人携带酒水、牛羊犒劳后周军。世宗询问："此地何名？"百姓回答："历世相传，谓之病龙台。"世宗听后默然无语，急忙上马离去。当晚，正值壮年的世宗突然"痈发乳间"（一说"病痈发脑间"），按照现代医学的说法，就是世宗是软组织化脓性感染严重者[1]。此时，辽国廷命北汉刘钧出兵抵抗后周军，目前形势已经不适合攻打幽州了，更为关键的是世宗的病愈发加重，后周大军只能南归。[2]

定州节度使孙行友自定州出兵，攻下易州，擒辽国易州刺史李在钦；李重进自土门出击，于百井击败北汉军，斩首二千余级；昭义军节度使李筠攻下北汉辽州，俘辽州刺史张丕旦等二百四十五人。遗憾的是，世宗生命已经进入倒计时，没有时间感受捷报频传的喜悦了。

二、世宗突然病逝

显德四年（957年）正月时，宰相多次奏请立皇子宗训为王，世宗拒绝说："诸子都还年幼，况且功臣之子还没有封赏，怎么能先封朕的儿子为王呢，我岂能自安！"时间刚刚过去两年半，壮志未酬、病重的世宗不得不封柴宗训为王，安排自己的身后事了。世宗首先

---

[1] 史泠歌.《宋代皇帝疾病、医疗与政治》，第1章第1节中国皇帝常见疾病概述内容。

[2] ［宋］陶岳.《五代史补》卷5《世宗上病龙台》。

立宣懿皇后符氏之妹为皇后，<sup>①</sup>立皇子柴宗训为梁王<sup>②</sup>，领左卫上将军，第五子熙让为燕公，领左骁卫上将军。其次，世宗调整宰执大臣的人选，加宰相王溥门下侍郎，与首相范质皆参知枢密院事；任命刀笔吏出身的枢密使魏仁浦为中书侍郎、同平章事，集贤殿大学士，依旧充枢密使；以宣徽南院使吴延祚为枢密使，行左骁卫上将军。第三，世宗调整侍卫亲军管军人选，将宋州节度使、侍卫亲军都虞候韩通提升为侍卫亲军副都指挥使，加检校太尉、同平章事；澶州节度使兼驸马都尉张永德被免去殿前都点检（殿前司一把手）之职，加检校太尉、平章事；忠武军节度使、殿前都指挥使赵匡胤取代张永德，升为殿前都点检，加检校太傅。

世宗北征期间，凡是军需物品，皆从大梁供给。一次批阅文书时，世宗看到一个皮囊，里面有一块两三尺长的木牌，上面写有"点检做"三字。<sup>③</sup>这块木牌是谁人所为呢？按照当时的情况分析，有三种可能：第一，是郭威外甥、侍卫亲军都指挥使李重进一派陷害张永德所为，意为殿前都点检张永德欲为皇帝；第二，此事非李重进所为，而是有的官员鉴于殿前都点检张永德位高权重，对世宗形成了潜在的威胁，故用谶语警示；第三，是赵匡胤设计陷害张永德，以获取殿前

第三章 / 陈桥兵变披黄袍 /

---

① 世宗先后有三位皇后：第一位刘氏，隐帝诛杀郭威家属时被杀，显德四年追谥为贞惠皇后；第二位是符彦卿之女符氏，世宗于显德元年四月册为皇后，显德三年病逝，谥宣懿皇后；第三位符氏，为宣懿皇后符氏之妹。

② 《新五代史》卷20《后周家人传》载：后周世宗有子七人，长子名"宜哥"，第二、第三子皆无名字，第四子即柴宗训，第五子名"熙让"，第六子名"熙谨"，第七子名"熙诲"，长子"宜哥"与第二、第三子都被后汉隐帝杀害。

③ 《旧五代史》卷119《世宗纪》载为"点检做"；《宋史》卷1《太祖纪》则为"点检作天子"；陈振先生在《宋史》第1章《宋王朝的建立余加强中央集权》第5页认为多"天子"二字，是后来为神化赵匡胤为真命天子而加。

司都点检的掌兵权。① 不论出于哪种原因，这件事引发了世宗对张永德的猜忌与防范之心，在返回京师的途中即罢免了张永德殿前司一把手之职，将他调离开封，以使相身份赴镇宁军（治澶州，今河南省濮阳市）节度使任所，以名位低的殿前都指挥使赵匡胤代替他为殿前都点检。

翰林学士王著少有俊才，因是世宗的幕僚旧属，待遇优厚，世宗多次想任命他为宰相，都因王著嗜酒与行为不检而作罢。显德六年（959年）六月十九日，病危的世宗召见范质、魏仁浦、赵匡胤等临终受命，仍不忘叮嘱他们："王著是朕藩邸故人，朕若一病不起，当任王著为相。"范质等觉得王著终日游醉乡，不堪为相，没有执行世宗遗命。四年后（大宋建隆四年，963年），时为中书舍人的王著酒后乱发遮面，夜扣宣德殿门，惹怒了宋太祖，惩罚他夜宿倡家之过，官阶由正五品上的中书舍人黜为从六品上的比部员外郎。从王著醉酒夜扣殿门之事可以看出，范质等认为王著"岂堪为相"的评价是正确的。当日，三十九岁的世宗带着一统天下未了的遗憾，撒手人寰。第二日，梁王柴宗训在世宗灵柩前即位，这个小皇帝就是史书所称的后周恭帝。

显德六年(959年）七月，后周朝廷对手握重兵的节度使和禁军重要将领封赏，如以邢州节度使王彦镐为襄州节度使，进封开国公；以滑州节度观察留后、检校太保陈思让为沧州节度使。调整侍卫司管军人员，以名位较低的侍卫亲军步军虎捷左厢都指挥使、岳州防御使、检校司徒高怀德升为夔州节度使，充侍卫马军都指挥使，检校太保；以虎捷左厢都指挥使、常州防御使、检校司空张铎（改名

---

① 邓广铭.《赵匡胤的得国及其与张永德李重进的关系》，载《邓广铭全集》，河北教育出版社，2003年版；杨宏权，丁鼎.《漫议后周"都点检"之职与"点检作天子"之谶——兼与顾吉辰先生商榷》，《烟台大学学报》（社会科学版）1997年第4期；赵瞳.《谶言与陈桥兵变》，《中州学刊》2017年第2期。

为张令铎）为遂州节度使，充侍卫步军都指挥使，检校太保。

后周朝廷借封赏之名，趁机将一些可能威胁恭帝帝位的禁军将领调离京师。如将太祖郭威外甥、后周禁军最高将领——侍卫亲军马步军都指挥使李重进的节镇由郓州节度使升为淮南（治扬州）节度使，加官检校太尉，兼侍中，李重进虽然加官晋爵，也未剥夺禁军管军职务，但是恭帝令其赴任淮南节度使任所，已是远离权力中心大梁。还有侍卫马军都指挥使、陈州节度使、检校太傅韩令坤，虽然升为侍卫马步都虞候，加检校太尉，但是朝廷命令他在北边巡防，亦是远离京城。其他如侍卫步军都指挥使、曹州节度使、检校太保袁彦，虽然移镇为陕州节度使，加检校太傅，却被免除了侍卫步军都指挥使之军职；右羽林统军、权知邢州事、检校太保李继勋也是移镇为邢州节度使，加检校太傅，却被剥夺了右羽林统军之禁军领兵权。

后周朝廷打压名望较高的禁军将领，就必然要提升另一批名望较低者。如殿前都点检、检校太尉赵匡胤由归德军节度使迁为宋州节度使，进封开国侯；兼殿前副都点检慕容延钊的节镇由淮南节度使迁为澶州节度使，检校太傅，进封开国伯；殿前都指挥使、检校司空石守信的节镇由江州防御使迁为滑州节度使，检校太保；山南东道节度使、同平章事向拱（向拱即向训，避柴宗训讳改名为"拱"）为西京留守，向拱后兼侍中。后周恭帝即位以来，朝廷采取的系列消除隐患，稳固皇位的措施看起来很正确，无意中却为数月后的赵匡胤兵变提供了很大的方便。

后周朝廷还对钱俶、周行逢、高保融等归附政权首领，以及对范质、符彦卿、魏仁浦等顾命大臣加官晋爵，对柴守礼等勋贵隆重封赏，目的仍然是稳固地位，保持统治秩序稳定。

当年十一月初一日，后周世宗被葬于郑州管城县，谥号"睿武孝文皇帝"，陵称"广陵"。后周恭帝柴宗训生于广顺三年（953年）

八月四日，至显德六年（959年）六月即位时，尚未满七岁，处理国家大事者不可能是这位小皇帝，而是世宗去世前接受遗命辅佐幼帝的大臣们，其中既有赵匡胤等手握重兵的武将，也有见惯了五代"天子，兵强马壮者当为之"闹剧的文官。世宗去世前罢免了张永德的军职，自以为去除了影响后周皇位安全的隐患，他绝不会想到夺得孤儿寡母江山的人，就是自己任命代替张永德的赵匡胤，结局依然是"点检做"。

这一年，三十岁的赵匡胤之妻贺氏去世，后被追封为皇后。当年，赵匡胤与后周彰德军节度使王饶的第三女成婚，王氏时年十七岁，勤劳仁慈，得到婆婆杜氏喜欢。赵匡胤开始了第二段婚姻生活，他即位后，王氏被封为皇后。

## 第二节　充分准备谋兵变

五代时军阀安重荣说："天子，兵强马壮者当为之，宁有种耶！"这句话，不仅是安重荣的心声，也是当时很多军阀的心声。五代时节度使等军阀有军队、有地盘、有财富，具备拥兵自重的条件，故后梁太祖朱温、后唐庄宗李存勖、后晋高祖石敬瑭与后汉高祖刘知远，都是以节度使的军队取得帝位，郭威建立后周则不同于以上四朝，他取得皇权依靠的是后汉中央禁军力量。在武将家中出生与成长的赵匡胤，自然熟悉这些当代史，甚至他还是参与者，那么，赵匡胤何时开始有觊觎后周皇位的想法了呢？不可能是他刚投军时，至少也应是获得节度使官位，且具备了一定的政治地位和军事实力后，才开始为登上皇帝宝座进行布局与相关准备。

### 一、联络禁军将领

五代之初，军阀们夺取皇位，倚仗的是自己的亲军。后梁时，侍卫司军是皇帝亲军中的一支，后晋时成为皇帝亲军的总称。侍卫司，即侍卫亲军马军都指挥使司、侍卫亲军步军都指挥使司，后晋时侍卫亲军扩充为中央军，后周设殿前都指挥使司，故后周的中央军就包含殿前司军和侍卫司军两大禁军系统。殿前司的高级军职从高到低为：

殿前都点检；

殿前副都点检；

殿前都指挥使；

殿前副都指挥使。

侍卫亲军司的高级军职也由高到低为：

侍卫亲军马步军都指挥使；

侍卫亲军马步军副都指挥使；

侍卫亲军马步军都虞候；

侍卫亲军马步军副都虞候；

侍卫亲军马军都指挥使；

侍卫亲军步军都指挥使。

殿前司的殿前都点检地位低于侍卫亲军马步军都指挥使，但殿前司军力却足以抗衡侍卫司。[1]在简单了解了后周禁军殿前司与侍卫司高级军职后，再来看显德七年（960年）正月时侍卫司与殿前司的最高军职任职人员，与所处地理位置：

后周禁军最高将领侍卫亲军马步军都指挥使李重进，当时在淮南节度使任所；

殿前都点检赵匡胤，在京师大梁（今河南省开封市）；

---

[1] 王曾瑜.《宋朝兵制初探》第1章《枢密院——三衙统兵体制》第二节三衙相关内容。

侍卫亲军副都指挥使韩通，在京师大梁；

殿前副都点检慕容延钊，在京师大梁；

侍卫马步军都虞候韩令坤，在北部边境巡防；

殿前都指挥使石守信，在京师大梁；

侍卫马军都指挥使高怀德，在京师大梁；

侍卫步军都指挥使张铎，在京师大梁；

殿前司都虞候王审琦，在京师大梁。

上面的后周禁军九员军职中，李重进、韩令坤不在京师，石守信、王审琦、张铎等都与赵匡胤相善，也是赵匡胤发动兵变依靠的禁军高级将领。

（一）义社十兄弟与禁军高级将领鼎力相助

义社十兄弟，即结义兄弟，是赵匡胤陈桥兵变依靠的重要同盟。

义兄弟是中国古代义亲关系中的一种，第一章中提到的"义儿"也是其中的一种，其他如拜认的义女、义叔侄女、义舅甥等在当时都存在。义亲现象最早见于春秋时期，魏晋南北朝时期逐渐增多，唐末五代时由于军阀混战以及社会风气的影响，义亲现象迅速发展，从义亲关系、结义亲对象与结义亲人数方面，都达到顶峰。[①]

五代时的武人通过广泛结义亲增强自己的实力，目的就是在乱世中谋求更大的权力，甚至是最高统治权。如后唐庄宗招募勇士，应募的李琼与郭威等十人约为兄弟。一起饮酒时，李琼仔细观察在座的众人后，发现郭威异于常人，他举起酒杯与众人盟誓："凡我十人，龙蛇混合，异日富贵无相忘，苟渝此言，神降之罚。"十人皆刺臂出血为誓。

赵匡胤也结拜了"义社兄弟"，共十人。"义社十兄弟"于何

---

[①] 吕利利.《五代十国时期义亲现象研究》，延安大学硕士学位论文，2020年。

年何月何日在何地结拜,史书无载。按照大宋末史学家李攸的记载,赵匡胤的义社兄弟,除他之外的九人分别是:杨光义、石守信、李继勋、王审琦、刘庆义、刘守忠、刘廷让、韩重斌、王政忠。[1] 按照宋人李攸的排序顺序,简单介绍下九兄弟:

> 石守信,开封浚仪人,后汉时投军郭威帐下,后周广顺初为侍卫亲军都虞候,恭帝即位后为义成军节度使、殿前都指挥使。入宋后,因翊戴之功迁为侍卫亲军马步军副都指挥使,领归德军节度使。
>
> 杨光义,《东都事略》《宋史》中都没有他的传记。南宋人李焘所撰的《续资治通鉴长编》中载:开宝九年(976年)八月,宋军征伐北汉时,侍卫亲军步军虎捷右厢都指挥使杨光义为都虞候。杨光义后为保静军节度使。
>
> 李继勋,大名元城人,郭威镇守邺都时投军,广顺初为禁军列校,恭帝即位时,为左领军卫上将军、安国军节度使、检校太傅。入宋后,加检校太尉。后迁昭义军节度使、兼侍中。
>
> 王审琦,先世居辽西,后移居洛阳,后汉乾祐初年隶郭威帐下,后周恭帝时为殿前都虞候、领睦州防御使。入宋后,因翊戴之功为殿前都指挥使、领泰宁军节度使。
>
> 刘庆义,入宋后为忠远军节度使观察留后。
>
> 刘守忠,入宋后为左骁卫上将军。
>
> 刘廷让(本名刘匡义),涿州范阳人,卢龙节度使刘仁恭曾孙。少年时就以勇猛有力闻名,后汉乾祐三年投军郭威帐下,后周

---

[1] 王育济、范学辉先生认为刘守忠、安守忠应是同一人,很可能是史书在写作过程中,将安守忠误写为刘守忠了(参见王育济,范学辉.《宋太祖传》第2章《军旅生涯》第66页注。笔者不认同,原因是古代"刘"字与"安"字差别很大,不容易混淆,《宋史》无传,并不能说明安守忠就可能是赵匡胤的义社兄弟。

恭帝时为浩州团练使、领铁骑右厢都指挥使。入宋后，迁江州防御使、领侍卫亲军马军龙捷右厢都指挥使。后为右骁卫上将军。

韩重赟，磁州武安人，少时即以武勇投军郭威帐下，恭帝时，为控鹤军都指挥使、领虔州刺史。宋初，以翊戴之功迁侍卫亲军马军龙捷左厢都校、领永州防御使。后为彰德军节度使。

王政忠，大宋立国前的经历史书无载。大宋开宝八年（975年）五月，以解州刺史王政忠权知晋州、兼兵马钤辖；开宝九年（976年），宋太祖亲征北汉时，西上合门使郝崇信与解州刺史王政忠攻打北汉汾州。①

从以上介绍中可以得知，赵匡胤义社兄弟中的石守信、王审琦任后周禁军殿前司高级军职，兵变时成为赵匡胤在京城中的内应；韩崇赟、刘廷让是重要的禁军将领，刘庆义也为兵变成功做出了重要贡献，否则不会在赵匡胤即位后迁忠远军节度使观察留后，成为大宋建国的功勋之臣。除了义社兄弟，岳州防御使、侍卫亲军马军龙捷右厢都指挥使赵彦徽与赵匡胤在后周世宗时结拜，赵匡胤称年长的赵彦徽为兄。入宋后，赵彦徽因翊戴之功迁为武信军节度使、侍卫亲军步军都指挥使。

还有一些禁军将领也支持兵变，赵匡胤得位后，对这些有功的将领超等升迁。如江宁军节度使、侍卫亲军马军都指挥使高怀德，入宋后，因翊戴之功迁义成军节度使、殿前副都点检；武信军节度使、侍卫亲军步军都指挥使张令铎，因翊戴之功迁为镇安军节度使、侍卫亲军马步军都虞候；嘉州防御使、虎捷左厢都虞候张光翰，因

---

① 参见《宋朝事实》卷9《官职》；《续资治通鉴长编》卷1建隆元年正月辛亥，卷16开宝八年五月庚辰，卷17开宝九年八月丁未、丙辰，卷27雍熙三年四月丙子；《东都事略》卷10《马知节传》卷17《杨业传》、《曹翰传》、卷20《刘廷让传》；《宋史》卷1《太祖纪》，卷年5卷482《北汉刘氏传》。

鹗戴之功为江宁军节度使、侍卫亲军马军都指挥使。①

（二）参与兵变的其他禁军将领

陈桥兵变是一盘大棋，仅靠义社兄弟与禁军高级将领显然不够，在赵匡胤的布局中，尽可能地利用各种手段拉拢后周禁军将领，来扩大自己的军事实力，以期兵变成功。参与兵变的其他禁军将领，按照与赵匡胤的不同关系，大致可以分为以下三类：

第一类，与赵匡胤是旧相识。

大名人潘美。广顺三年（953年）三月，柴荣为开封府尹时，以潘美为中涓官②，显德中以战功迁引进使。赵匡胤与潘美关系非常好，入宋后，对潘美委以重任。

并州文水人杨光美（后避宋太宗讳改为杨美）仪容壮美，武力绝人，后汉乾祐中投军郭威帐下，后以军功擢铁骑都指挥使、领白州刺史。入宋后，因与赵匡胤有旧，为内殿直都知。

并州晋阳人安守忠，后唐明宗长兴三年（932年）出生，比赵匡胤小五岁，后晋天福八年（943年）时，父亲安审琦领山南东道节度使，十一岁的安守忠为衙内指挥使、领绣州刺史，后周世宗时，相继为鞍辔库使、卫州刺史，这期间与赵匡胤交往多，素相厚善。赵匡胤受禅后，对他很优厚，安守忠也更加谦恭。

第二类，殿前司将领。赵匡胤在殿前司掌军六年，殿前司军官参与陈桥兵变者众，仅举数人为例。

开封浚仪人刘廷翰，后周广顺中，以有膂力隶柴荣帐下，迁至散指挥第一直都知。入宋后，迁铁骑都指挥使、领廉州刺史。

河东人袁彦，少时以趫勇应募从军，后周广顺中为柴荣亲事都校，

---

① 《续资治通鉴长编》卷1建隆元年正月辛亥；[宋]王应麟.《玉海》卷139《宋朝侍卫亲军 三衙》；《宋史》卷1《太祖纪》，卷250《高怀德传》，《韩重赟传》，《张令铎传》。

② 中主精洁洒扫之事。

世宗攻打淮南时，隶属赵匡胤指挥，恭帝即位，为保义军节度使。宋初，加检校太尉。

泽州陵川人张廷翰，初为刘知远亲校，后周显德末，为殿前散都头、都虞候。宋初，权为铁骑左第二军都校，领开州刺史。

秦州天水人尹崇珂，武将子，后周广顺时为柴荣亲信，显德末为前殿都指挥使。宋初，出为淄州刺史。

王彦昇，本贩卖丝织品小贩，残忍多力，善击剑，号"王剑儿"，青年时从军。后唐时为马军护圣军指挥使，后周显德末为殿前司散员都指挥使，因在兵变中有功，入宋后由禁军中级军官拜恩州团练使、领铁骑左厢都指挥使。

大名人崔彦进，纯质有胆略，善骑射，后汉乾祐中应募郭威军中，显德末为东西班指挥使、领昭州刺史。

第三类，赵弘殷的同僚。赵弘殷从军多年，其军中部分同僚也为赵匡胤兵变提供了支持。如真定人赵晁，最初为杜崇威部下，后汉时成为郭威部下，后周初与赵弘殷同为禁军将领，同僚加同姓之谊，赵匡胤非常优待赵晁。宋初，赵晁加检校太尉。

陆万友，后晋时从军，陈桥兵变时为安州防御使，大宋初为沂州防御使；沧州清池人刘遇，少魁梧有膂力，乾祐中投军郭威帐下，后周时为控鹤副指挥使，都参与了陈桥兵变。

上列三类参与兵变的禁军将领中，以殿前司中的军官为主，可以看出赵匡胤充分利用了父亲赵弘殷的同僚与部下，以及自己的部下，来扩大兵变力量。

（三）选拔亲信

赵匡胤担任殿前司军职时，充分利用掌军之权，选拔了一批人才作为自己的亲信，为自己充当收集情报的耳目，为兵变进行舆论宣传。

主要有：

涿州范阳人刘审琼，后汉乾祐中投军郭威帐下，后为永兴军节度使刘词部属。显德二年（955年）十二月，刘词去世后，刘审琼成为赵匡胤亲信部下，宋初，为低级军官殿直，后改供奉官。

大名朝城人谭延美体格粗壮魁梧，有勇力，后周广顺时投军柴荣帐下，显德六年（959年）为控鹤军副都指挥使，赵匡胤掌管殿前司时，留下他掌管牙队。建隆元年（公元960年），谭延美迁控鹤军都指挥使。

幽州人田重进形质奇伟，孔武有力，后周显德中，投军赵匡胤帐下。陈桥兵变后，田重进迁御马军使，后因战功迁为瀼州刺史。

河南洛阳人史珪，少年时以武勇投军，后周世宗时为禁军低级军官，赵匡胤掌禁军时成为亲信。入宋后，史珪为御马直队长，后为马步军副都军头、兼控鹤弓弩大剑都指挥使。

大名夏津人马仁瑀有勇力，十六岁投军镇守邺都的郭威，后为殿直都虞候。入宋后，以佐命之功，授散员都指挥使、领贵州刺史，不久升为铁骑右厢都指挥使。

京兆万年人崔翰少有大志，风姿伟秀，赵匡胤见后非常惊讶，显德年间招为部下，以功补军使。大宋初，迁御马直副指挥使。

奚族人米信，旧名米海进，少勇悍，以善射闻名，后周广顺初年从军，世宗时因功迁侍卫亲军马军龙捷军散都头。赵匡胤掌禁军时将米信招致麾下作为亲信，改名为米信，入宋，迁殿前指挥使。

涿州范阳人李怀义（后避宋太宗讳改名李怀忠），后周显德中，为殿前司散都头。入宋后，累迁殿前都指挥使。

瀛州人杨义（后避宋太宗讳改名杨信），后周显德中为赵匡胤帐下的低级军官。宋初，杨义权内外马步军副都军头。

第三章 / 陈桥兵变披黄袍 /

107

大名馆陶人张琼少有勇力，善射，投军赵匡胤帐下，后周攻打淮南时为赵匡胤挡箭。入宋，擢典禁军，累迁内外马步军都军头，领爱州刺史。

冀州蓨人皇甫继明身长七尺，善骑射，以膂力闻名郡中，刺史张廷翰推荐给赵匡胤，后为殿前指挥使、左右番押班都知。

唐州方城人王仁赡，永兴节度使刘词的牙校。显德二年刘词去世前，上遗表推荐王仁赡的才能，赵匡胤素知其名，请求世宗准许隶属自己帐下。

宋州宋城人楚昭辅，少年时就成为刘词部下。《宋史》中的《楚昭辅传》记载，刘词去世后，楚昭辅来京师，请盲人刘悟为他占卜前程。刘悟用蓍草卜卦后说："汝遇贵人，见奇表丰下者，即汝主也，宜谨事之，汝当贵矣。"楚昭辅见到赵匡胤的相貌后，认定此人就是刘悟所说的贵人，随即成为赵匡胤的部下。楚昭辅以才干著称，甚得赵匡胤信任，陈桥兵变中立有大功。

潞州上党人李处耘出身武将家庭，初为李继勋部下，显德中成为赵匡胤所掌殿前司的前军都押衙，陈桥兵变时立大功，得到赵匡胤称赞。

并州太原人罗彦瑰，武将子，后周世宗时为伴饮指挥使，改为马步军都头、散指挥都虞候，赵匡胤陈桥兵变后逼迫宰相范质等听命。入宋，擢为控鹤左厢都指挥使。[①]

归德军节度副使张彦柔，陈桥兵变后领池州刺史。

上述所列的禁军将领，都是赵匡胤兵变时依靠的军队中坚力量。有禁军中高、中、低级将领的大力支持，再加上节度使幕属的精心谋划，赵匡胤终于达成称帝的"大志"。

---

① 参见《宋史》相关人物传记。

## 二、赵普等幕僚的谋划之功

"幕",本指主帅出塞从权立帐幕,如西汉卫青幕府,主帅的僚属,即为幕职。唐代节度使府、观察使府自辟的节度副使、行军司马、判官、掌书记、推官等,都为节度使的幕官,或者称为职官、幕属。五代沿袭设置。[①] 这些幕职官虽然官位不高,确是节度使的亲信与心腹。赵匡胤的节度使幕僚如归德军掌书记赵普,节度判官刘熙古,宋、亳观察判官吕余庆,摄观察推官沈义伦等人,都是他的心腹。换句话说,赵普、刘熙古等是赵匡胤智囊团中最重要的人物,是大宋皇朝建立的勋臣。

### (一)"开国元臣"赵普

显德三年(956年)二月,跟随世宗亲征的赵匡胤攻克滁州后,补赵普为军事推官。十月,赵匡胤迁匡国军节度使(入宋后避赵匡胤讳,改为定国军节度使,治同州,今陕西大荔县)、兼殿前都指挥使,辟举赵普为节度推官。赵普负责收发符令,协助赵匡胤处理节度使府公事,位置很重要。后周恭帝即位后,赵匡胤移镇为归德军节度使(治宋州,今河南商丘睢阳区),表奏赵普为掌书记,仍然为他的幕僚。节度掌书记职位较节度推官更为重要,与节度推官共掌节度使使印,有关军事文书与节度推官共同签署、用印,还要协助赵匡胤处理本州事务。

赵普这个人,性格中缺点与优点都很明显,缺点是有城府,易嫉妒人;优点是处事刚毅果断,以天下为己任。五代的乱世中,一个胸有大志、同时有兵权的武将,与一个以天下为己任的学究在一起,注定会干出一番大事业。

一日,在匡国军节度使任上的赵匡胤,与赵匡义、赵普三人外

---

① 龚延明.《宋代官制辞典》第10编《地方官类之二——府州县官》。本节内关于节度使幕僚职责的相关内容皆参见《宋代官制辞典》第541-546页相关解释。

出同游长安，遇见了骑驴外出的华山隐士陈抟。陈抟下驴大笑，几乎震落头上的发簪和头巾。陈抟上前一步，左手握着赵匡胤右手，右手挽住赵匡义左手，目光注视着二人说："可以一起去饮酒吗？"赵匡胤心想三人外出，怎么能丢下赵普呢？他回答："与赵学究三人同游，应当一起去饮酒。"陈抟斜着眼睛看了赵普很久，才说："也得，也得。非渠不得预此席。"到酒肆后，赵普走路走得双足疲劳，就随意坐在了左侧（左为尊）。陈抟大怒道："紫微帝垣一小星，辄据上次，不可！"令赵普换到右侧。

上面这则故事出自大宋僧人释文莹在他所撰的《续湘山野录》中。释文莹的这则笔记说明了三个问题：首先，赵匡胤兄弟俩与赵普关系很好，经常一起外出游览。其次，赵匡胤身为匡国军节度使，是当地权力最高者，可以说人皆知之；陈抟辞谢世宗所封谏议大夫之官后，名声更大，且世宗还下令要当地官员经常予以慰问，那么他们之间很熟悉并不奇怪。再次，赵匡胤收揽人才为称帝做准备，陈抟就有可能了解赵匡胤欲称帝的野心，所以才训斥赵普。当然，这则笔记也很可能是宋人为神化赵匡胤而作的附会之说。

赵匡胤很可能就是在此时期与赵普等人密谋，意图夺取后周的天下。这些阴谋见不得阳光，史书中不会记载，但是却有蛛丝马迹可寻。如乾德元年（963年）二月，天雄军节度使符彦卿来朝，赵匡胤欲以符彦卿掌管禁军，时为枢密使的赵普认为符彦卿名位已盛，不能再委以兵柄，屡次劝谏赵匡胤深思利害关系。赵匡胤很疑惑，问赵普："爱卿如此怀疑符彦卿，为何？朕待彦卿至厚，彦卿岂能辜负朕？"赵普回答："陛下何以能辜负（后）周世宗？"赵匡胤默然不语，事遂中止。[①]从二人的私密对答中，可以看出君臣二人都默认赵匡胤称帝辜负了后周世宗的信任，背叛了世宗，赵普担心符

---

① 《续资治通鉴长编》卷4乾德元年二月丙戌；《东都事略》卷26《赵普传》。

彦卿名望大,陈桥兵变历史重演,都从侧面表明了陈桥兵变不是偶然,而是君臣们的设计与谋划。

乾德二年(964年)正月,赵匡胤以赵普为门下侍郎、同中书门下平章事,即以赵普为宰相之首。此后,赵匡胤视赵普如左右手,事无大小都咨询赵普,可知赵匡胤对赵普的信任绝非是任相后才有。在宋人的记载中,赵匡胤也多次说赵普"有功国家""开国元臣",赵普是不能上战场与敌军对垒厮杀的学究,他的功劳就是为赵匡胤谋划夺取后周天下之功,因此被宋太祖认定为"佐命巨勋"[①]。

赵普还为赵匡胤大力引荐人才,如前面提到的以才干著称的楚昭辅,曾与赵普同为刘词部下,赵普依附赵匡胤后,将楚昭辅也引荐过来,成为赵匡胤的亲信。刘审琼,也应该是在赵普的引荐下,成为赵匡胤的亲信,尽心谋划陈桥兵变。

赵普画像

---

① [宋]释文莹.《玉壶清话》卷6。

## （二）刘熙古

宋州宁陵人刘熙古，唐代名臣刘仁轨的十一世孙，祖父刘实进曾任汝阴县县令。刘熙古善骑射，喜欢读书，十五岁时通晓《易经》《诗经》《尚书》，十九岁时通晓《春秋》，因避祖父名讳不去参加科举考试。后唐长兴年间参加"三传"科举考试。① 刘熙古出仕后唐、后晋时，担任过节度使幕僚，管理过军粮运输，后汉时任卢氏县县令，积累了丰富的基层行政工作经验。赵匡胤为匡国军节度使时，将时为秦州观察判官的刘熙古奏请为自己的节度判官，参与管理节度使府职事，刘熙古所任的节度判官，其职位较之前的秦州观察判官更重要。

赵匡胤辟刘熙古为幕僚，除了刘熙古为人醇厚谨慎的优点外，还有重要的一点，就是刘熙古通晓阴阳象纬之术，这一点对想要称帝的赵匡胤尤其重要，下面会详细谈到，此处不展开叙述。大宋建立后，刘熙古为左谏议大夫，知青州。

## （三）吕余庆

幽州安次人吕余庆，本名吕胤，大宋建立后避赵匡胤讳改名吕余庆，父亲吕琦为后晋兵部侍郎，吕胤因此荫补为千牛备身。吕胤仕历后晋、后汉与后周，担任过开封府参军，濮州录事参军等官职，为人厚重简易。后周显德三年（956年），匡国军节度使赵匡胤听闻吕胤有才能，上表奏请为匡国军节度使从事。世宗即位前为澶州节度使，因濮州归纳澶州管辖，他对吕胤有印象，问赵匡胤："得非尝为曹州纠曹乎？"随即任命吕胤为匡国军掌书记，成为赵匡胤的幕僚。吕胤与节度推官赵普，共同处理赵匡胤的节度使府重要事务。

自显德三年（956年）后，吕胤一直担任赵匡胤的幕僚。赵匡胤称帝后，吕胤改名为吕余庆，自宋、亳观察判官超拜给事中，充端

---

① "三传"，指解释《春秋》的《左传》《公羊传》《穀梁传》三传。

明殿学士。从吕余庆入宋后官职大幅度越级升迁情况看，他为陈桥兵变也做出了很大贡献。

（四）沈义伦

开封太康人沈义伦，后避宋太宗赵光义讳改名为沈伦，少年时学习《周礼》《仪礼》《礼记》，以教书为生。后汉乾祐时，沈义伦投奔在陕西的节度使白文珂。后周时，宣徽使昝居润与沈义伦关系非常好，在显德年间将沈义论推荐给匡国军节度使赵匡胤，此后，沈义伦一直担任赵匡胤节度使府从事，负责财物管理，以清廉著称。赵匡胤受禅后，沈义伦自归德军观察推官迁为户部郎中，归德军节度副使，后官至宰相。

推荐人才给准备篡位的赵匡胤的后周官员，可以说，也是间接支持了兵变。如博州高唐人昝居润聪慧明敏，擅长书写计算，后唐长兴年间为枢密院小吏时，就博得了为人处世谨慎厚重的名声，后晋时管理滑州粮仓，后汉时任节度使白文珂幕职官，积累了丰富的幕职工作经验。广顺三年（953年），柴荣为开封府尹时，赵匡胤担任开封府马直军使，昝居润也担任了开封府"要职"。"要职"具体是何种官职，史书无载，但可以肯定的是，同为柴荣僚属期间，赵匡胤对昝居润有了更多了解，欣赏他为人有气节、笃于行义，因此二人关系融洽、感情甚好。

昝居润认真观察了沈义伦五年，发现沈义伦为人非常稳重，未曾妄发一笑一语，行步端庄如履庙堂，因此非常敬重。他认为沈义伦纯谨可用，遂于显德三年（956年）推荐给赵匡胤，沈义伦随即成为赵匡胤节度使府中的心腹幕职之一。入宋后，沈义伦官至宰相，昝居润也获得"善于识人"的美称。

三、用谶纬助兵变

公元前206年，高祖刘邦建立大汉王朝，汉初七十年实行"无为而治"，黄老思想占统治地位，汉武帝时，接受大儒董仲舒的建议，

"罢黜百家，独尊儒术"。董仲舒神化儒学，将自然界的异常现象与人事政治联系在一起，提出以阴阳五行（"天"）与王道政治（"人"）互相一致而彼此影响的"天人感应"理论。西汉末年，神化儒学体系恶性发展——谶纬之学开始流行，并在社会上广泛传播。

所谓谶纬，就是使用神秘的语言或隐语作为神的启示，向世人预告吉凶祸福和治乱兴衰。这些隐语往往以图书、符箓形式出现，宣扬"天命"，图谶就成为地主阶级争权夺利的工具。[1]如西汉末王莽想当摄皇帝，就有人在水井中发现了一块白色的石头，上书"告安汉公莽为皇帝"；刘秀起兵反抗王莽新朝，就出现了"刘秀发兵捕不道，四夷云集龙斗野，四七之际火为主"的《赤伏符》。王莽、刘秀都是充分利用谶纬之说为自己造势，证明自己的行动符合"天"意，最终达到做皇帝之政治目的。再如出身贫寒、小名"寄奴"的东晋将领刘裕，因屡立战功获得显赫地位，官至侍中、车骑将军、都督中外诸军事、领南徐、南青、南兖州刺史，扬州刺史录尚书事，实际上掌握了东晋政权，刘裕利用"二口建戈不能方，两金相刻（克）发神锋，空穴无主奇入中，女子独立又成双"[2]的谶语，宣传"刘寄奴"将代晋称帝。图谶帮助刘裕登上帝位，建立刘宋。

谶纬的作用，主要宣传天子受命和改朝换代，操纵政治走向，预言国家命运，对中国古代社会产生了巨大影响，所以历代统治者都严加防范有损本朝统治的谶言符命。正是因为谶纬能蛊惑人心，宣扬帝王受命，后周世宗发现"点检做"的木牌后，立即免除了张永德的殿前都点检之军职，以职位低的殿前司都指挥使赵匡胤接任殿前都点检之职。对于"点检做"制作者是究竟何人，第三章已经

---

[1] 林剑鸣.《秦汉史》第11章第二节的《解救危机的各种"药方"》、第20章第二节的《谶纬之学盛行和反谶纬的思想》相关内容。

[2]《宋书》卷27《符瑞志》载："二口建戈，'刘'字也。晋氏金行，刘姓又有金，故曰两金相刻（克）。空穴无主奇入中，为'寄'字。女子独立又成双，为'奴'字。"

叙述，这里再略微补充两句。郭威外甥李重进年龄长于世宗，并且对后周政权非常忠心，张永德被世宗罢免禁军要职后李重进并非受益者，那么最大的可能就是赵匡胤利用谶纬迷信对张永德阴谋构陷，夺取后周殿前司都点检的禁军大权的政治圈套。①

张永德精通天文星占之术，是赵匡胤能精心设计对付张永德阴谋中关键的一环。这是赵匡胤三次利用谶纬以达到个人目的的第一次，在他即位前两次利用谶纬，为陈桥兵变助力。赵匡胤的幕职中，通晓阴阳象纬之术的刘熙古作《续聿斯歌》一卷、《六壬释卦序例》一卷。《聿斯歌》是星占之书，记载了唐代推算人命贵贱的星占之术；六壬起源很早，是中国古代预断吉凶的占卜术，刘熙古撰《续聿斯歌》《六壬释卦序例》两书，可以肯定他是星占方面当之无愧的专家，正是赵匡胤对付张永德和称帝制造谶纬所需。

## （一）"策点检为天子"

自西汉武帝太初元年（前104年）将正月定为岁首后，正月初一就成为中国新年的开始，从官方到民间都非常隆重的迎接正月初一，也称正旦、元旦的到来。唐、五代正旦时，皇帝要接受百官朝贺以庆贺新年到来，若有征伐、灾害以及国丧等情况时，则免朝贺，百官俱进名奏贺。如广顺二年（952年）正旦，后周太祖因出兵征伐慕容彦超，不受朝贺；显德七年（960年）正月初一日，后周恭帝亦不受朝贺，文武百官进名奉贺。新年按道理应该祥和安宁，但镇、定两州送来的军情急报打破了这份安宁与祥和。军情急报中说北汉军自土门（即土门关，也称井陉关，今河北井陉县北）东下，与辽军会合进犯镇、定州。面对紧急军情，七岁的小皇帝只能依靠宰相范质等人做决策。

范质九岁就能写文章，后唐时进士及第。后汉初，郭威在征讨

---

① 赵瞳.《谶言与陈桥兵变》，《中州学刊》2017年第2期。

李守贞等人时，每每看到朝廷的诏书，都觉得军事方面的处理非常得当，他十分好奇，询问使者后得知撰写诏书者是翰林学士范质，遂感叹道："宰相器也。"郭威心里一直惦记着范质，起兵进入大梁后，即让人寻找藏在民间的范质，见到范质时，天降大雪，冷气逼人，欣喜异常的郭威立即解下所穿的紫袍，披在范质身上。随后令范质撰写后汉李太后诏令，迎接新君的礼仪，等等。范质在很短的时间内，就迅速完成了任务，郭威非常满意。[①]

后周建立后，范质一直担任宰相，忠心耿耿，深得郭威与柴荣信任。此时，面对辽与北汉联军扰边的情报，首相范质便与副相王溥等商议对策，王溥建议出兵。从当时在京城中的禁军高级将领来看，殿前司都点检赵匡胤是领兵出击的最佳人选，后周朝廷遂遣赵匡胤率领殿前司与侍卫司的精锐部队北征。

（公元960年）正月初二日，赵匡胤遣殿前司副都点检、镇宁军节度使慕容延钊率前军先行。京城之中流言满天飞，"将以出军之日策点检为天子"。客观地说，中国古代自称草民的老百姓并不关心谁做皇帝，只想安居乐业，平静地生活，故饱受战乱之苦的大梁百姓，听到这种流言的第一反应就是赶紧逃离京城，寻安全之地避祸，很多富裕家庭携带财物逃往其他州县。这个流言全大梁城的百姓都知道了，但是皇宫中的符太后和后周小皇帝却是全然不知。

据说赵匡胤听到"将以出军之日策点检为天子"的流言后，秘密告诉家人："外面流言汹汹，应该怎么办呢？"姐姐（可能是后封为魏国长公主的那位姐姐）正在厨房做饭，听到此话后脸色黑沉，拿起擀面杖追打赵匡胤，说："丈夫面临大事时，应当自己判断决定，何苦告诉家人，令妇女担忧恐惧呢！"赵匡胤听后默然不语。[②]结合赵匡胤的个人经历，以及陈桥兵变时与兵变后他处置问题的稳妥与

---

① 《宋史》卷249《范质传》。
② ［宋］司马光.《涑水记闻》卷1。

果断情况来看，显然此记载不符合事实。这则记载不过是表明赵宋取代后周没有阴谋，是天意使然。反过来看，说明赵匡胤从初一日至初三日出师前，一直在加紧活动，以使称帝之举动早日实现。①

初三日，赵匡胤率大军从大梁城爱景门出发，没有逃离京城的士民看到出征的大军军容整齐，军纪严明，被流言惊扰的心情稍微平复。出征的大军中却出现了预言，与擅长天文占星的殿前司散员（低级军官）苗训有关。苗训跟随擅长天文观星的王处讷学习占星术时，王处讷说庚申岁的年初会出现太阳之上还有太阳的奇异天象，这是要出新天子的天象。按照中国古代的天干地支纪年法，庚申岁即显德七年，也就是公元960年。据宋人记载，这天苗训看到有两个太阳挂在天空，强烈的阳光刺得人眼睛生痛，不能直视，他将盛油的盆放在地上，可以看到盆中反射出两个太阳。苗训拉着楚昭辅去看，楚昭辅也看到了这种奇异的现象。

之前介绍过楚昭辅与赵普都是刘词的幕僚，刘词去世后，才能卓著的楚昭辅就成为赵匡胤的部下，是赵匡胤的亲信之一。天上出现两日，一日克一日，要出新天子的神秘预言，不过是苗训利用自己擅长天文的名望，拉着赵匡胤的亲信楚昭辅演出的一出双簧，为赵匡胤当皇帝造势，不过是中国古代神化皇帝的又一方式。二人配合默契，表情自然，在当时的认知水平下，士兵们不由得不相信。士兵们口耳相传，这个荒诞的预言迅速传遍整个出征的大军，达到了造势的目的。②

（二）兵变成功

显德七年（960年）正月初三日晚上，赵匡胤大军行至大梁东

---

① 邓广铭.《陈桥兵变黄袍加身故事考释》，载邓广铭：《邓广铭学术论著自选集》，首都师范大学出版社，1994年版。

② ［宋］曾巩.《隆平集》卷1《符应》；释文莹.《玉壶清话》卷1。《中兴小纪》卷30绍兴十二年二月辛未；《宋史》卷257《楚昭辅传》，卷461《王处讷传》，《苗训传》。

北四十五里处的陈桥驿，在此安营扎寨。营寨扎下来了，出城时的流言与苗训的神秘预言，通过士兵们的交头接耳得以迅速传播，军营中暗流涌动。在楚昭辅与都押衙李处耘等人的故意渲染下，士兵们已经认定赵匡胤将要做皇帝，这是天命神授。寒风阵阵，夜色中，将士们聚集在一起商议说："主上幼弱，未能亲政。今我辈出死力，为国家破贼，谁则知之，不如先立点检为天子，然后北征，未晚也。"李处耘将将士们的议论转告了赵匡胤亲弟、担任内殿祗供奉官都知的赵匡义。李处耘又找来归德军节度掌书记赵普，三人刚要商议，众将闯进来，七嘴八舌地嚷嚷拥立赵匡胤之事，赵普与赵匡义劝说："太尉对皇帝赤胆忠心，必不会赦免你们的拥立之举。"诸将听到二人的回答，面面相觑，有人当即离开，也有人离开又返后，手握刀柄大喊道："军中偶语则族。今已定议，太尉若不从，则我辈亦安肯退而受祸。"

作为陈桥兵变的幕后指挥之一，赵普要的就是将士都强烈支持兵变、势不可挡的效果。赵普与赵匡义不约而同地斥责："策立皇帝，是天大之事。固然需要仔细谋划，你们怎么能如此放肆呢！"二人语气是愤怒，表情是严肃，内心却是喜悦，要骄兵悍卒听命，才能保证计划成功。将士们纷纷坐下，听从赵普讲话。

赵普欲擒故纵，继续煽动将士，大意是现在辽和北汉侵扰后周边境地区，当前最主要的任务是先打退敌人，回来时再商量拥立之事。但是众将立即强烈反对："方今政出多门，若竢寇退师还，则事变未可知也。但当亟入京城，策立太尉，徐引而北，破贼不难。太尉苟不受策，六军决亦难使向前矣。"其实从军营中流传天有二日之言时，诸将已犯谋逆大罪，除了拥立赵匡胤，已经没有退路。

赵普与赵匡义对视后，说："事既无可奈何，政须早为约束。"接着对诸将说：

兴王易姓，虽云天命，实系人心。前军昨已过河，节度使割据一方，京城若乱，不惟外寇愈深，四方必转生变，若能严敕军士，勿令剽劫，都城人心不摇，则四方自然宁谧，诸将亦可长保富贵矣。

赵普这番话表明，兵变的关键因素是人心，即出征将士们的支持；兵变成功的前提就是众将要约束好部下，保持良好的军纪，这样才能更大程度地获得后周官员们的支持，参与兵变者才能长久地拥有荣华富贵。五代兵变频繁，兵变为首者得到最大的利益——皇权，参与者根据贡献大小也获得不同程度的利益。富贵唾手可得，众将纷纷承诺严肃军纪，禁止部下进入大梁城后抢劫居民。

赵普、赵匡义安定好北征将士后，当天夜里遣卫队军使郭延赟赴都城驰告殿前都指挥使石守信、殿前都虞候王审琦。石守信、王审琦也是早就归附于赵匡胤，两人此时也做好了拥护兵变的准备。

陈桥驿军营中，准备兵变的众将士兴奋得难以入眠，干脆围绕在赵匡胤住所周围。室内的赵匡胤醉卧床上，毫不知情。赵匡胤确实爱喝酒，如随后周世宗攻打南唐淮南时，当地有姓徐的一家人都手指节不全，只存中节，当地人称"徐鸡爪"。"徐鸡爪"家世代以酒坊为业，赵匡胤每次去他家，必然进献美酒。[①] 史书中也记载了赵匡胤为帝后多次和大臣宴饮的情况，如在宴会中劝不能饮酒的王审琦时，说："酒，天之美禄"。[②] 然而在即将兵变的非常时期，他是否还会饮酒酣睡呢？其实喝酒与否，是否喝到"醉卧"的程度都不重要，只要让众将士认为他是"醉卧"，对兵变毫不知情就足够了。

初四日清晨，将士们呼喊声震动四野，赵普与赵匡义进入赵匡胤房间禀告军中情况。外面等待的将士急不可待地叩响寝室门，呐

---

[①] ［宋］刘延世.《孙公谈圃》卷上。
[②] 《东都事略》卷19《王审琦传》；叶梦得.《石林燕语》卷7。

喊:"诸将无主,愿策点检为天子!"赵匡胤急忙披衣而起,正要回答,已经被闯进来的将士们拥簇出门外,将事先准备好的黄袍披在他身上,跪在门前的空地上,高呼万岁,声音震天。

赵匡胤坚定地拒绝,将士们坚定地拥护他称帝。僵持下,有人牵马过来,将赵匡胤扶上马,拥簇着南行。看着眼前兴奋的部下,赵匡胤担心入京城后出现五代一贯的劫掠百姓的情况,他勒马停下,绷紧紫黑色的大脸严肃地说:"汝等自贪富贵,立我为天子,能从我命则可,不然,我不能为若主矣。"众将下马,异口同声答:"唯命是听。"赵匡胤为减少反对兵变的力量,又强调:

少帝及太后,我皆北面事之,公卿大臣,皆我比肩之人也,汝等毋得辄加凌暴。近世帝王,初入京城,皆纵兵大掠,擅劫府库,汝等无得复然,事定,当厚赏汝。不然,当族诛汝。

赵匡胤连兵变后的安抚问题都考虑到了,若说事前不知道,根本说不通。富贵即在眼前,赵匡胤提出的不得凌辱后周帝后、公卿大臣,以及抢劫百姓三条禁令众将士当然同意。赵匡胤便率大军返回京城。

得知兵变成功后,赵匡胤的母亲杜氏一点都不惊讶,她说:儿子"素有大志"。[①]所以说赵匡胤兵不血刃,而得天下的"大志"能成,绝非一日之功。陈桥兵变之所以完美收官,离不开赵匡胤的长期准备,离不开石守信义社兄弟等禁军将领的大力支持,刘熙古、赵普等幕僚的精心谋划,亲信们的推波助澜、密切配合,才达到了"兵不血刃,而得天下"[②]的结果。

---

[①] 《东都事略》卷13;邵伯温.《邵氏闻见录》卷7;《宋史》卷242《太祖母昭宪杜太后传》。

[②] 《建炎以来系年要录》卷117 绍兴七年十月庚戌。

据大宋人说，早在郭威大军围攻河中城时，有擅长望气的人说，"李守贞必败，城下有三天子气。"指郭威、柴荣、赵匡胤。[①] 这也应是宋人神化赵匡胤之语。

# 第三章 / 陈桥兵变披黄袍 /

---

[①] 张舜民.《书墁录》，《全宋笔记》第2编第1册，郑州：大象出版社，2017年重印本，第206页。

大宋王朝
诞生记

# 第四章
## 改元建隆立赵宋

显德六年（959年），患病的后周世宗行至澶州时，迟迟不南行。当时跟随出征的宰相等官员，想探问病情却见不到世宗，一时间猜疑、不安的情绪如阴云在文臣武将心头弥漫，扩散，京城中留守的官员们也是忐忑、忧惧。澶州节度使张永德，因为是后周太祖郭威之婿，可以去世宗卧室内问安。众官员将忧虑告诉张永德：

> 天下未定，根本空虚，四方诸侯惟幸京师之有变。今澶、汴相去甚迩，不速归以安人情，顾惮朝夕之劳而迟回于此，如有不可讳，奈宗庙何！

张永德深以为然，见到世宗后，将群臣们的上述担忧复述了一遍。之前，世宗就因"点检做"长木事件，怀疑张永德有不臣之心，现在他又这样问，更加重了世宗的疑心，脸色有些阴沉地质问张永德："谁指使你说这番话？"张永德回答是随征官员们之意，大家都希望早点返回京城。世宗久久地盯着张永德，却在后者的脸上看不出丝毫慌张与不安，他将目光从张永德脸上移开，略抬起头轻声叹道："吾固知汝必为人所教，独不喻吾意哉！然吾观汝之穷薄，恶足当此！"[1]世宗肯定了上面一番话不是张永德的意思，但是他的感叹让张永德听不明白，尤其是所说的"独不喻吾意"之语，究竟是欲病情好转继续亲征攻打幽州，还是觉得自己病重想让张永德担大任，但是后者的表现令他失望？世宗此话何意，耐人寻味，但是对于张永德来说，结果却是明确的，就是他被世宗罢免殿前都点检军职，剥夺了禁军领兵权。

世宗不疑代替张永德殿前都点检之位的赵匡胤，更不知赵匡胤早就心存异志，但是有些官员已经注意到赵匡胤行为的异常之处。

---

[1] ［宋］徐度.《却扫编》卷上。

如显德末年时，右拾遗、直使馆郑起认为赵匡胤有声望，不宜掌管禁军，郑起给宰相范质上书表达这种担忧，但是范质并未采纳郑起的建议。郑起将对赵匡胤的不满，体现在行动上。一次，走在路上的郑起遇见赵匡胤出行，竟然直接从赵匡胤的节度使仪仗前导面前横穿而过，①赵匡胤当时没有计较郑起对自己的不恭与失仪。直到四年后（乾德元年，963年）的十二月，已经成为宋太祖的赵匡胤以郑起嗜酒为由，将他贬官为右拾遗。

再如为人淳厚清介、崇尚名教的杨徽之，显德二年（955年）科举及第入仕，后为右拾遗，他也觉得赵匡胤可疑，也向世宗建议，反对赵匡胤掌管禁军，但是没有被采纳。赵匡胤称帝后，在宫中见到了杨徽之的奏疏，找借口欲杀杨徽之，皇弟赵光义（赵匡胤称帝后，赵匡义即避讳改名为赵光义）说："此人是周室的忠臣，不宜深究其罪"，从而救下了杨徽之。杨徽之被宋太祖贬为天兴县令，直到宋太宗赵光义即位后的太平兴国年初，才将在地方为官十年的杨徽之召至京城，迁为侍御史。在杨徽之献给宋太宗表达谢意的诗中，有"十年流落今何幸，叨遇君王问姓名"之句，杨徽之的"十年流落"，原因就是显德时的上书得罪了赵匡胤。②

五代是武将的天下，赵匡胤清楚无兵无卒的郑起、杨徽之等文官不能奈何他。再如嗜酒的王著，入宋后为翰林学士，一次在宫中饮酒后，王著掩面恸哭。有人上奏说王著大哭，原因是思念后周世宗，赵匡胤却说："我在世宗幕府时，就知道王著是个酒徒。况且他一个书生，除了哭两声世宗外，还能有什么作为？"赵匡胤所言甚是，书生出身的文官不能对他称帝构成威胁，手握重兵的武将韩通与慕

---

① 唐末五代时节度使出行，仪式非常隆重：行则建节、树六纛，中官祖送，次一驿辄上闻。入境，州县筑节楼，迎以鼓角，衙仗居前，旌幢居中，大将鸣珂，金钲鼓角居后，州县赍印迎于道左。按照礼仪规定，郑起应该避让。

② [宋]李焘．《续资治通鉴长编》卷4，乾德元年十二月己亥；《东都事略》卷38《杨徽之传》；《宋史》卷296《杨徽之传》。

容延钊,才是他最需要花费心思对付之人,只有摆平了他们,才能保证自己平稳地坐上皇帝宝座。

## 第一节　柴宗训禅位

显德七年(960年)正月初四,赵匡胤率领北征的大军返回至大梁城下,专门选择了城东象征仁爱之意的仁和门,率军进入城中。京城的士民看到赵匡胤大军军纪严明,秋毫无犯,恐慌的心情渐渐平息下来,城中也恢复了平时的生活秩序。

### 一、韩通被杀

在北征大军返回开封之前,赵匡胤就遣心腹客省使潘美先行进入京师,将陈桥兵变事告知首相范质、次相王溥与魏仁浦等人,请他们告知天下。宰执大臣们早朝未退,得知兵变消息后,首相范质马上意识到自己同意派赵匡胤北征的决策,是不可饶恕的错误,不由得后悔不迭,万分郁闷,他疾步下殿,紧紧抓住次相王溥的手腕,厉声道:"仓促遣将出征,我们的罪过啊!"因为抓的力度太大,他的指甲几乎抠进王溥的肌肉中,王溥手腕被抓之处肌肤泛红,即将出血。王溥自知理亏,面对盛怒的范质,噤声不语。

太原人韩通,青年时即以有勇力应募从军,他作战时确是勇猛异常。后汉乾祐中,枢密使郭威率军征伐李守贞时,韩通因"身被六创"迁奉国军节度使,郭威镇守邺都时将韩通视为心腹,在郭威建立后周和后来的征伐中,韩通屡立战功,后周小皇帝即位后,天平军节度使韩通为检校太尉、同中书门下平章事,兼侍卫亲军副都指挥使,与殿前都点检赵匡胤同掌后周军政。韩通性格刚硬,短于谋略,说话不合常规,对待部下苛刻,人送外号"韩瞠眼",但是无论战功、资历与声望,韩通都在赵匡胤之上,故当时的军政大事多由他决定,赵匡胤常被他压制,二人关系并不和睦。

赵匡胤北征前路过韩通府，韩通邀请至家中饮酒。韩通儿子幼年时患病导致驼背，外号"韩橐驼"，此子颇有谋略，认为赵匡胤有声望，是影响后周皇权的危险人物，不如趁机杀掉他，韩通却不同意，坚决阻止儿子的暗杀行动。韩通不忍心杀死赵匡胤，赵匡胤却要将韩通杀死，以除掉对于自己称帝最大威胁与阻碍。

负责京城治安的韩通听到兵变消息后，慌张张、急忙忙地奔出内廷，准备率领亲信部下抵抗，却未料到守卫宫城右掖门的赵匡胤的义社兄弟石守信，早已埋伏在门外。韩通刚奔出右掖门，石守信便令兵士开弩射箭，趁韩通等人慌乱之际，冲上去厮杀，混乱中，韩通拼尽全力与对方搏斗，他的能战绝非浪得虚名。

赵匡胤出征前，将母亲杜氏、妻子王氏等家人都转移到大梁城东城角的定力院。定力院是大梁城中著名的寺院，与相国寺、封禅寺（宋太祖后改名为开宝寺）齐名。韩通冲出重围后，立即命令留在京城的侍卫司亲信部下速去定力院，捕杀赵匡胤家人，当时杜氏等正设斋祈祷，主僧释守能马上让杜氏等人登上阁楼躲避，自己随即锁上阁楼门。闯进来的士兵们大肆搜查，却找不到杜氏等人，释守能说杜氏她们早就逃走了。有士兵不相信释守能的话，便爬梯而上，欲开开阁楼门察看，却看到门锁上布满蜘蛛网，门上积有一层厚厚的尘埃，显然是常年没有打开过，他告诉下面的士兵，阁楼是没有人的空屋。释守能因保全杜氏等人的功劳，后得到赵匡胤的优宠与厚待。[①]

赶往定力院路上的韩通，碰上了刚入城的赵匡胤亲信部将散员都指挥使王彦昇。王彦昇上前迎战，韩通只得转头向家中逃去，大门都来不及关。王彦昇跃马急追，直冲进去杀死韩通夫妇，韩通的

---

① 《说郛》卷47上；[宋]赵葵.《行营杂录》。

长子、次子、三子都被杀，只留下幼子与四个女儿。<sup>①</sup>韩通临死前想必万分后悔没有让儿子杀掉赵匡胤，如今却反被赵匡胤杀害。可惜时光不能倒流，韩通只能带着遗憾死去。韩通被杀，铲除了心腹大患的赵匡胤，内心非常喜悦，然而作为韩通多年的同僚，赵匡胤心中也是有些难过的。赵匡胤即位后，命有司起草《韩通赠中书令制》诏书，以安抚后周官员的情绪。<sup>②</sup>一天，宋太祖赵匡胤去开宝寺<sup>③</sup>游玩，见墙壁上有韩通与子"橐驼"的画像，赵匡胤遂令寺僧抹去。赵匡胤连韩通的画像都不想看到，可见他对韩通的厌恶，或许还有愧疚。

王彦昇杀韩通，明显违背了赵匡胤在陈桥兵变时的命令。赵匡胤装作很生气，怒斥王彦昇的凶残擅杀，声称欲斩王彦昇，却又以开国处罚臣僚不吉利的名义，为王彦昇开脱。宋人李焘说王彦昇因为"弃命专杀"，虽然有佐命功，"然亦终身不授节钺"；元代史官在《宋史》卷二百五十卷末也说："王彦昇杀韩通，太祖虽不加罪，而终身不授节钺，是足垂训后人矣。"授节钺，即授节度使，王彦昇后周时为合州刺史，大宋立国后不久拜恩州团练使，后升为原州防御使，虽未至节度使，却也是一直升迁，说明王彦昇杀韩通一事，是符合赵匡胤心意之举<sup>④</sup>。

赵匡胤遣客省使潘美入城后，又遣亲信楚昭辅入城，保护自己家人。后周殿前都点检公署在左掖门内，当时大门紧闭，驻守京城的殿前司都指挥使石守信派兵巡逻保护。石守信放楚昭辅入城后，

---

① 惠东先生.《韩通死事考》,《商丘师范学院学报》2012年第7期。韩通夫妇等被杀，《续资治通鉴长编》卷1与《宋史》卷484《韩通传》皆载韩通夫妇与子皆死，然韩通墓志《中书令韩公墓志铭》与夫人妻董夫人墓志民国初年在洛阳同时出土，墓志载韩通幼子与四个女儿幸存。

② ［宋］刘敞.《公是集》卷30。

③ 开宝寺，原名封禅寺，开宝三年二月，宋太祖下诏改称开宝寺，并令修缮。

④ 黄繁光.《韩通墓志铭解析》，载《宋代墓志铭研读会研究报告集》；周舟.《从韩通墓志看陈桥兵变》，《大众考古》2021年第1期；郭冰.《五代时期韩通墓志考释》，《中原文物》2021年第3期。

才打开殿前都点检公署的大门。

赵匡胤率军回到开封时，母亲杜氏、妻子王氏还在定力院。听到兵变消息，王氏很恐惧，杜氏就像听到赵匡胤每次出征打了胜仗的消息一样，谈笑自若地说："吾儿平生奇异，人皆言当极富贵，何忧也。"俗话说知子莫若母，杜氏之言，表明她是了解儿子的"大志"，或者说了解赵匡胤的称帝谋划。

## 二、范质被迫认可兵变

后梁、后晋、后周皆定都大梁，后周世宗即位后，觉得大梁城狭小，遂于显德二年（955年）扩建大梁城。据说扩建前，世宗登上朱雀门城楼，命令赵匡胤骑马奔驰，马力尽处为城[①]。这当然是夸张的说法，不过是形容将要扩建成的大梁城之大。扩建后的大梁城方圆达四十八里三百二十三步，宫城居城中央，共六门：东、西面各一门，分别为宽仁门、神兽门；北面一门，名玄武门；南面三门，东为左掖门，西为右掖门，中间为明德门。明德门原名大宁宫门，天福三年（938年），后晋高祖改名为明德门，后周扩建后依然沿袭这些宫门名称。南面这三座宫门，是大朝会时官员上朝之路，其中的明德门正对崇元殿，上元夜，皇帝还可登临明德门城楼观灯。

赵匡胤登上明德门城楼后，下令士兵返回军营。自己也回到殿前司公署，脱掉黄袍，换上平时衣装，命人将范质、王溥等宰执大臣带到自己的公署内。为什么要将宰相带至殿前司公署呢？赵匡胤作为后周太祖郭威兵变的亲历者，亲眼看到郭威第一次兵变因没有获得宰相冯道等人的支持，导致兵变失败，所以在控制京城后的第一件事，也是最关键的一件事，就是获取宰执大臣们的支持，故须

---

① 张舜民.《书墁录》,《全宋笔记》第2编第1册，郑州：大象出版社，2017年重印本，第206页。

带范质等人至殿前司公署。①

不一会儿，范质、王溥、魏仁浦等人被众将士拥挟至殿前司公署内，赵匡胤开始了精彩的表演。他痛哭流涕，声音呜咽地说："违负天地，今至于此！"范质不愧有"宰相器"，面对着刀光剑影，仍然神色凛然地质问赵匡胤："先帝养太尉如子，今身未冷，奈何如此？"赵匡胤尴尬且夹杂羞愧，只能继续涕泪交流，万般痛苦地回答："吾受世宗厚恩，今为六军所逼，一旦至此，惭负天地，将若之何？"罗彦瑰等人听着二人的对答，心想再不阻止，不知道范质还会说出什么难听的话令赵匡胤难堪，必须阻止。

罗彦瑰右手握住剑柄，面露凶相，逼上前来，厉声说道："我辈无主，今日须得天子。"赵匡胤大声斥责，罗彦瑰等丝毫不退。副相王溥一看，需要自己表忠心的机会到了，遂降阶先拜。看着眼前杀气腾腾的武夫，想想后周的小皇帝与符太后，范质明白自己无力回天，眼前能做地就是保全后周孤儿寡母的前提下，尽可能地为他们多争取些优待条件。他缓缓说："事已至此，即位不要太仓。自古帝王有禅位之礼，今天可以实行。"范质一边陈述禅位礼仪，一边观察周围的情况。他看到赵匡胤与众将士都在认真地听，心想提条件的时机到了，便说道："太尉既以礼受禅，应该侍奉太后如母，抚养少主如亲子，不要辜负先帝旧恩。"赵匡胤听到范质提出的条件后，心中松了一口气，只要同意称帝，照顾后周太后与小皇帝又算什么呢，边擦脸上的鼻涕眼泪，边连连应声表示同意，心中对范质也是愈发敬重。赵匡胤即位后的数年间，仍然让范质担任宰相，后周太后与已降封为郑王的恭帝皆安然无恙，不能忽略范质的保全之功，宋太祖与赵光义每每谈论贤相，必以范质为首。

范质等降阶，参拜赵匡胤，高呼万岁。随后拥戴着赵匡胤到崇

---

① 陈振.《宋史》第1章《宋王朝的建立与加强中央集权的措施》第1节宋王朝的建立。

元殿举行禅让之礼。范质等召集文武百官到殿,至晡时(即下午三点至五点),百官分班序列好,却缺少禅位诏书。这时,擅长隶书,有文采的翰林学士承旨陶穀,从袖中拿出写好的诏书,炫耀地说:"诏书成矣。"陶穀的表现符合他奔竞务进与好名的特点。陶穀也算是为新皇朝出了力,然而赵匡胤内心却很鄙视他的"奔竞"。朝堂之内,所有人都在听着宣读禅位诏书:

> 天生蒸民,树之司牧,二帝推公而禅位,三王乘时以革命,其极一也。予末小子,遭家不造,人心已去,国命有归。咨尔归德军节度使、殿前都点检赵,案:此下原本空二字。禀上圣之姿,有神武之略,佐我高祖,格于皇天,逮事世宗,功存纳麓,东征西怨,厥绩懋焉。天地鬼神享于有德,讴谣狱讼附于至仁,应天顺民,法尧禅舜,如释重负,予其作宾,呜呼钦哉!祗畏天命。①

诏书宣读完毕,由宣徽南院使暨居润、宣徽北院使张美引导赵匡胤到龙墀北面拜受,宰相范质扶起赵匡胤,升殿,更换衮冕后从崇元殿东侧返回,坐上皇帝宝座。文武百官参拜,祝贺新皇帝即位。赵匡胤按照之前承诺范质的条件下诏:"制封周帝为郑王,以奉周祀。正朔服色一如旧制,称朕意焉。"又尊帝太后为周太后,迁于西宫。在范质的努力下,大宋取代后周没有出现后周取代后汉时嗣君被杀的惨剧,皇权和平地交接,于退位的皇帝以及京城的百姓而言,都是一件幸事。

正月初五,赵匡胤以所领归德军节度使节镇"宋州"之名,定国号为"宋",改年号为建隆元年(960年),大赦天下,仍然以大

---

① 《旧五代史》卷120《后周恭帝纪》与《东都事略》卷1《太祖纪》所载的"禅位制书",个别字有不同,意思相同。

梁城为都城。时年三十四虚岁的赵匡胤建立的王朝，史称大宋，他被称为宋太祖。按照五德之运，后周为木德，木生火，大宋代后周为火德，色尚赤。

广大禁军士兵是兵变的基石，宋太祖即位后，首先赏赐的就是为兵变出力的禁军士兵，随后，才大赦天下。为显示新朝的恩泽，宋太祖大赦天下的范围广、力度大，如后周时被贬官者恢复旧职，流放者释放，需封赠父母官职者封赠，以获得广大后周官员的支持。

同日，宋太祖遣使携带诏书至各州，传达新朝建立的消息。初六日，遣使遍告各地节度使。初八日，遣使赐书南唐主李景，告之大宋禅代后周之事。同日，宋太祖追赠韩通中书令，命令以礼收葬，嘉奖他对后周的忠心。初九日，宋太祖祭告天地社稷。

赵匡胤兵变成功了，大宋皇朝建立了，进攻镇、定州的辽军与北汉军也撤退了。怎么会这么巧合呢？关于显德七年（960年）正月辽与北汉联军攻打后周之事，宋人的记载中有，而《辽史》中却没有关于此次军事行动的记载。翻阅《辽史》，可以发现当时辽统治集团内部出现了严重矛盾，自顾尚且不暇，更不可能出兵攻打后周。那么所谓的辽与北汉联军入侵之事，应是赵匡胤为了保证兵变成功，指使他人谎报军情，欺骗后周皇帝与宰相范质，导演了辽军与北汉军的入攻边境之事。[①]

除了韩通与其家人外，赵匡胤"不戮一人而得天下"，宋人王称在所撰《东都事略》卷十九末说，是因当时的武将们"知天命之有归。故号令一出，莫不稽首听命，或纳节以备宿卫，或请老而知止足。使藩镇之祸泯然而不作，克保功名，常守富贵"。王称评论中"克保功名，常守富贵"之语，点出了武将们支持陈桥兵变的原因。元代史官在《宋史》卷二百六十二末说："五季为国，不四、三传

---

[①] 高伟.《从"陈桥兵变"与"斧声烛影"谈史学观》，《内蒙古民族大学学报》（社会科学版）2016年第3期。

辄易姓，其臣子视事君，犹佣者焉，主易则他役，习以为常。故唐方灭即北面于晋，汉甫称禅已相率下拜于周矣。"元代史官所说的"臣子视事君犹佣者焉，主易则他役，习以为常"之语，道出了五代王朝更替的原因之一，因此可以看到当时一个新皇朝成立时反对者甚少，拥护者甚众的情况。五代这种历史经验与教训，亲身经历过的赵匡胤自然会注意，反思自己创立的皇朝如何做才能避免这种情况。

## 第二节　巩固新政权

赵匡胤成功地将后周皇权转移到自己手中，开始了大宋皇朝在中原地区的统治。虽然坐上了皇帝宝座，但是他的心里并不轻松。因为大宋统治区周围，林立着辽、北汉、后蜀、南唐、吴越、南汉等多个割据政权，统治区内也存在着割据的隐患，农业生产因为战祸不断不能正常进行。因此，黄袍加身的喜悦还未充分享受，赵匡胤就面临着四个急需解决的问题：社会经济发展方面的问题，巩固大宋政权的问题，结束藩镇割据局面问题，收复燕云十六州的问题。其中，摆在第一位的就是巩固新兴的大宋政权，其举措就是稳定官员队伍。[①]

### 一、论功行赏

#### （一）奖赏鹓戴功臣

陈桥兵变依靠的是禁军，稳定京城内的统治秩序也需要依靠禁军。建隆元年（960年）正月十一日，宋太祖对在殿前司和侍卫司担任高级军职，有鹓戴之功的六位将领进行奖赏。

赵匡胤的义社兄弟后周殿前司都指挥使石守信"开怀信任，获其忠力"，在后周禅位与大宋建立的关键时刻，殿前司军职中排序

---

① 邓广铭.《论赵匡胤》，载邓广铭：《邓广铭学术论著自选集》，首都师范大学出版社1994年版。

第三位的石守信贡献最大，故在宋太祖论功行赏的名单中名列第一。石守信的军职由殿前司都指挥使迁为侍卫亲军马步军副都指挥使，名义上为侍卫亲军司管军第二位，实际上却掌控了侍卫亲军司，其节镇也由义成军移为归德军。

后周侍卫亲军马军都指挥使高怀德为人忠厚豪爽，作为侍卫亲军司的重要军职，兵变时配合石守信等人，稳定了京城开封的统治秩序与社会秩序，故排在鹗戴功臣中的第二位，节镇由江宁军移为义成军（镇滑州），军职迁为殿前副都点检。高怀德军职虽为殿前司第二位，却是殿前司的实际掌控者。当年八月，高怀德娶宣祖赵弘殷之女燕国长公主为妻，加驸马都尉，也可看出宋太祖对他的宠信。

宋太祖奖赏鹗戴之功的第三位，是侍卫亲军步军都指挥使张令铎，其功与高怀德相类，因此节镇由武信军移为镇安军，军职升为侍卫亲军马步军都虞候。第四位殿前都虞候王审琦，升为殿前司军职第三位（即殿前都指挥使）；第五位虎捷左厢都虞候张光翰，为侍卫亲军步军司高级将领，超升为侍卫亲军马军都指挥使；第六位龙捷右厢都指挥使赵彦徽，为侍卫亲军马军司高级将领，也是赵匡胤的结拜义兄，因鹗戴之功拜节度使，超升为侍卫亲军步军都指挥使。这六人的官、爵与勋，皆是超等升迁，是鹗戴功臣中的第一梯队。

其他，如郭晖跟随郭威征讨李守贞时战死，赵匡胤怜悯郭晖年仅十四岁的儿子郭守文，将其招至帐下为左班殿直，宋初，迁西头供奉官；赵匡胤牙校李怀忠，屡次升迁为富州刺史。

后周作坊使李崇矩，赵匡胤掌殿前司时往来很多，宋初也是累加奖擢；宋太祖授李处耘客省使，兼枢密承旨、右卫将军。后周殿前李汉超都虞候，爱护士卒，入宋后，迁恩州团练使。

（二）提升谋划兵变幕僚官位

陈桥兵变后的第十七天，也就是建隆元年（960年）正月二十一日，宋太祖认为京城与地方的政治与军事形势比较稳定了，便开始嘉奖自己的节度使幕僚们。首先，他赏赐霸府宾佐将吏袭衣、金带、鞍勒马等。用现在的话，就是对节度使府中的一般工作人员论功行赏。

翌日，对谋划兵变的幕僚们加官。在对幕职的赏赐名单中，归德军节度判官刘熙古名列第一，论功行赏时能居霸府名单之首，表明他在谋划兵变之事出力甚多，被宋太祖授左谏议大夫。谏议大夫一职东汉时创制，唐德宗时分为左、右谏议大夫，不亲掌言事，官阶为正五品上，左谏议大夫地位高于右谏议大夫；后晋时提升了谏议大夫的品级，左、右谏议大夫为清望官，官阶正四品，后周世宗又恢复为正五品上。宋太祖虽然超等提升幕僚官位，然而刘熙古此时也不过是正五品的中级文官，原因在于他之前官位太低，如果骤然授予高官，必然引发后周官员的非议和不满。

出于同样的考虑，宋太祖任命有佐命功的节度掌书记赵普为右谏议大夫，充枢密院直学士，成为枢密院的实际掌权者。宋、亳观察判官安次吕余庆拜给事中，充端明殿学士，充当宋太祖的侍从与顾问。吕余庆父吕琦后唐清泰中（934—936年）也担任此职，巧合的是官秩皆同，令人称奇与赞叹。摄观察推官沈义伦为户部郎中，也无职事，官阶从五品上。归德节度副使张彦柔，领池州刺史，为正四品武官，官位亦不算太高。

节度使府的其他幕僚，如王仁赡被宋太祖授武德使之职，性格勤谨介直的楚昭辅，被宋太祖擢为军器库使。

书写禅位诏书的陶穀，赵匡胤虽然厌恶其行为，但是内心不得不承认对自己称帝有贡献，因此称帝后，将陶穀由翰林学士承旨擢为吏部尚书。

## 二、稳定军心

建隆元年（960年）正月十七日，宋太祖命令宗正少卿郭玘祭祀后周庙及嵩、庆二陵（后周太祖郭威陵称嵩陵，在今河南省新郑市郭店镇周庄村南五百米处，后周世宗柴荣陵称庆陵，在今河南省新郑市郭店镇陵后村陵上西侧），命令礼部等部门定时祭祀。

（一）安抚握有重兵者

宋太祖对前朝宿将及握有重兵者进行安抚，以稳定军心。如掌握重兵、在北部巡边的韩令坤与慕容延钊，接到宋太祖准许其根据情况处理军务的诏令后，两人都表示服从新皇帝的命令，但是宋太祖仍然要对他们加以安抚。

后周镇安军节度使、侍卫亲军马步军都虞候韩令坤，少年投军，隶后汉将领郭威帐下。赵匡胤也在后汉时应募郭威军，两人应在此时相识。一日，赵匡胤、韩令坤二人在土屋赌博娱乐时，有鸟雀在屋外争斗，两个年轻人起身去捕捉鸟雀，刚出屋门，身后的土屋就坍塌了。可见两人感情很好，关系很亲密。后周末，韩令坤以检校太尉、镇安军节度使、侍卫马步军都虞候的身份，去北部边境巡防。赵匡胤深知自己昔日的好友有才略、懂治理之道，还握有重兵，故即位后笼络韩令坤，命他移镇天平军，晋升侍卫亲军马步军都指挥使，加同平章事，取代了李重进的侍卫亲军司军职，享受宰相的待遇。①韩令坤的父亲韩伦，亦拜磁州刺史。

慕容延钊，为后汉武将慕容章子，少年时即以勇敢干练闻名，后汉时也从军郭威帐下，后周恭帝时为殿前副都点检。作为后周殿前司的正、副长官，赵匡胤将慕容延钊看作兄长，关系融洽。陈桥兵变前，赵匡胤令先锋慕容延钊率前军先行，远离准备兵变的陈桥。赵匡胤即位后，驻扎在真定、手握重兵的慕容延钊就成为重点安抚的武将，故在建隆元年（960年）正月十七日嘉奖韩令坤的同时，赵匡胤仍然称慕容延钊为兄，并晋升他为殿前都点检，移镇为昭化军节度使，同中书门下二品（避其父慕容章讳，故不称同中书门下平

---

① 唐末五代时，节度使授予同平章事之官衔，号称使相，虽然享受宰相的待遇，实际上并不行使宰相的权力。节度使加侍中、中书令、同平章事者，都称使相。

章事），享受宰相待遇。

## （二）优抚前朝名望高者

符彦卿是武将符从审第四子，十三岁时即能骑射，投军李存勖帐下后，即以行事谨慎著称，先后仕历后唐、后晋、辽、后汉与后周，以勇敢有谋略、善于用兵著称，军中称之"符第四"。符彦卿屡立战功，前后获得的赏赐全部分给士兵，自己一钱不留，因此士卒乐于效力，故在军队中非常有号召力，而且后周世宗的第二与第三位皇后皆符彦卿女，因此自后周恭帝时，符彦卿就享有"诏书不命"的优厚待遇。赵匡义妻、汝南郡夫人亦是符彦卿女，故赵匡胤即位后，天雄军节度使、守太尉、兼中书令、魏王符彦卿上表请求诏书中直呼其名，赵匡胤当然不答应，仍然沿袭后周对他的优待，诏书不称符彦卿之名，同时加守太师，对其非常礼遇。

后周凉国公王景为人豪迈，善于骑射，自后唐时从军，仕历后唐、后晋、后汉与后周，虽无谋略，但作战勇敢，且对百姓善于安抚，为政也并不严苛，在军队与民间有一定的声望。王景理所当然属于宋太祖安抚的对象，宋初，加官太保，封为太原郡王。

其他如后周宋国公武行德，宋初加中书令官衔，晋封韩国公；鲁国公杨承信，宋初，加侍中衔；凤翔节度使、中书令王晏，宋太祖晋封他为赵国公；天平军节度使、开府郭从义，宋初加中书令官衔；永兴军节度使、开府李洪义（后汉李太后弟），宋初加中书令官衔。宋太祖对这些前朝宿将大力优抚，令其心安，成为大宋皇朝的拥护者。

宋人记载，张永德曾经遇见一位异人。异人预言："天下将太平，真主已生，或睹紫黑色属猪人果于杀伐者，姑善待之。"之后张永德暗自寻访，发现了赵匡胤符合异人预言特征，待赵匡胤官位渐高后，"倾身亲附"。果真如宋人记载所言，张永德早就依附了赵匡胤，为何入宋后仅加了侍中虚衔，比不上郭从义、李洪信等人的官位。退一万步讲，张永德作为后周太祖的驸马都尉、忠武军节度使，可谓位高名显,除非自己做皇帝,否则在大宋获得的名利不会比后周更高;张永德家世饶财,帮助赵匡胤也好,帮助其他人也好,符合他轻财好义的为人,并不能说明他投靠了赵匡胤。[①]所以,这种记载并不可信。

(三)地方实力派

十二岁从军的王全斌,后周时为相州(今河南省安阳市)留后,宋太祖擢为安国军节度使;后周刺史何继筠善射,深沉有谋略,宋太祖擢为棣州团练使;后周团练使荆罕儒,宋太祖擢为郑州防御使。

宋太祖沿袭前代羁縻政策,使得少数民族地方实力派为新王朝竭忠尽节。如后唐庄宗义子、沙陀人郭从义有谋略,后周时长期为节度使,宋初加中书令官衔,享受宰相待遇;后周定州节度使孙行友多次与辽军作战,宋初加同平章事衔,亦享受宰相待遇。

### 三、留用后周官员

宋太祖为稳定政局,以及获取后周官员的支持,都需要留用后周的官员们;新兴的宋王朝正常运转,也需要留用后周的绝大部分官员。

后周的宰执大臣,是宋太祖首先留用的官员。九岁能文的范质,后唐时进士及第,仕历后晋、后汉,后周太祖郭威欣赏他的才能,广顺初就担任宰相之职,后周世宗病危时受顾命之托辅佐小皇帝,可见范质的名望之重。故陈桥兵变后,面对杀气腾腾的兵变军士们,首相范质敢于质问赵匡胤,也因此获得赵匡胤的敬重。兵变一个月后,宋太祖下令,范质依前守司徒,兼侍中,将范质宰相职衔由同平章事晋升为侍中,但是罢免了参知枢密院事,剥夺了军政方面的权力。

次相王溥,后汉时考中进士,后周时升为副相,受世宗遗命与范质等辅佐恭帝,但是却背叛世宗投靠了赵匡胤。宋太祖晋升范质

---

① 苏辙.《龙川略志》别志卷上。

的同一天，下令王溥依然兼门下侍郎，同中书门下平章事，他的宰相衔由右仆射晋升司空，同样罢免了他参知枢密院事。魏仁浦的宰相衔，由平章事晋位右仆射。枢密使吴廷祚，大宋初避其父吴璋讳，加同中书门下三品。宋太祖对后周宰执群体的留用，无论是对原后周中央的官僚，还是对地方任职州县的官员而言，都发挥了巨大的稳定政治秩序作用。

后周户部尚书、舒国公张昭，十岁时即读书数十万字，熟悉经史，宋初，拜吏部尚书。少年即科举及第的窦仪，宋太祖将其官位由兵部侍郎迁为工部尚书。宋太祖以留用的后周官员完善台谏官队伍，如后周太子詹事刘温叟，宋太祖拜为御史中丞；王祐笃志词学，性格豪爽，后周时为县令，宋太祖擢为监察御史；李穆为人温厚寡言，后周世宗任命为右拾遗，宋太祖即位后迁殿中侍御史。

"二扈"之一的扈蒙，宋太祖将其由知制诰迁为中书舍人；翰林学士李昉，宋太祖升为中书舍人。宋太祖的一套奖赏加优抚的组合拳打下了，绝大多数后周官员，包括节度使都接受了大宋政权，并成为宋王朝庞大统治机器中的一部分；而且绝大多数留用的后周官员，为大宋这架新的中央集权国家机器的正常运转起到了润滑作用。经过四年时间的缓冲，至乾德二年（964年）正月时，宋太祖才将范质、王溥、魏仁浦等罢免，以亲信赵普、李处耘等人替代。

大宋王朝
诞生记

第五章
加强集权固一统

宋太祖即位后，逐步加强皇权，加强中央集权，巩固新兴的大宋王朝。

## 第一节　平定李筠、李重进叛乱

如果说新建的大宋王朝像一池春水，看似风平浪静，实则暗流涌动。少数后周的官员内心中并不接受宋王朝，甚至准备起兵反抗。刚称帝仅三月的宋太祖，便开始了平叛战争。

一、破上党，平李筠之叛

第一个起兵反叛大宋政权者，是昭义军（治潞州，今山西长治）节度使李筠。李筠为什么会反叛呢？先来看看他的个人经历。

并州太原人李筠善骑射，后唐明宗李肆源次子、秦王李从荣招募勇士为亲信时，李筠携带着弓箭上门求见。此弓需要有百斤的力量才能拉开，李从荣的府中竟然无人能拉开，李从荣命李筠射箭，李筠轻轻松松就拉开弓，第一箭直中靶心，再射再中。李从荣心中暗自叫好，将李筠收在帐下。长兴四年（933年）李从荣叛乱兵败，李筠跟随至洛阳天津桥，发挥自己善射的优势接连射杀十几人后，自己也骑马而逃。

后唐末帝清泰元年（934年），李筠再次应募为内殿直，后升为控鹤指挥使，李筠此时官职不高，但是他的骁勇善战却是军中皆知。开运三年（946年），辽太宗耶律德光攻入后晋都城开封，后晋灭亡。李筠逼迫后晋控鹤左厢都校白在荣等率领控鹤一军偷袭辽军，同时鼓动百姓参战。此战击败辽军留守开封的耶律解里两千骑兵，百姓战死者也有两千余人。李筠在此战中功劳最大不用说，开封战死者百姓人数也说明他的鼓动宣传能力也非常出色，李筠因此迁博州刺史。

郭威镇守邺都时，奏请李筠为先锋指挥使，又为北面缘边巡检。郭威兵变时，李筠与郭崇等在留子陂大败慕容彦超，是后周的开国功臣，广顺初年，为义成军节度使，后为昭义军节度使。此时赵匡胤还是低级军官，李筠却已战功赫赫，名望很高了。

后周太祖郭威对创业功臣李筠、王峻与何福进加恩，显德元年（954年），李筠加同平章事衔，成为使相，此时的赵匡胤才崭露头角。后周世宗亲征北汉，李筠与张永德击败辽军，因功加侍中衔，使相衔提高了一级；而赵匡胤在三年后才升为节度使。

至建隆元年（960年）四月时，李筠为节度使已经八年，且兼中书令衔，赵匡胤与李筠的官衔与资历等方面相较，差之甚远。大宋取代后周，宋太祖亦对前朝宿将李筠进行安抚，将使相衔由侍中提升为中书令，专门遣使者告知后周恭帝禅让之事。李筠心中非常不服气，欲拒绝接受诏书，身边亲信说后周气数已尽，赵匡胤受禅是天命使然，劝说李筠接受宋太祖的诏书。李筠虽然勉强下拜，但是脸上满是不以为然之色，眼中充满了不恭敬，使者将李筠的神色尽收眼底。

李筠将使者迎入府中，置酒奏乐欢迎使者。宾主正要举杯之际，李筠突然命人拿出后周太祖郭威的画像，悬挂在墙壁上，看到旧日的同僚、昨天的君主容颜，李筠不由得心头悲伤，神色凄然，眼泪顺着面颊淌了下来，滴到地上。李筠这时的表现惊呆了在场的所有人，这些人都屏住了呼吸，只听得李筠的眼泪落在地上砸起的声音。李筠的幕僚们骤然间回过神来，连忙惊慌失措地为他掩饰，说："令公被酒失其常性，幸勿为讶。"幕僚们打掩护的话语并不高明，连他们自己都不相信，何况是使者。

古代没有现代的传播媒介，但李筠对宋太祖不恭的消息却很快就传到北汉。北汉主刘钧听到后很高兴，觉得可以联合李筠里应外合发兵，打赵匡胤个措手不及。刘钧遣密使携带蜡封的密信到达昭义军，约定共同出兵。李筠看信后，将刘钧的密信呈交给宋太祖。宋太祖心里明白李筠心怀异志，但是现在还没到撕破脸的时候，下手诏抚慰。当时，李筠的长子李守节在开封城中居住，宋太祖特命他为皇城使。李守节返回长治劝说父亲李筠现在功成名就，安享富贵是目前最好的选择，说到动情处，李守节泪流不止。李守节的劝说不起作用。

《孙子兵法·谋攻》篇中说："不战而屈人之兵，善之善者也。"赵匡胤得知李筠遣李守节返回开封后，召他来见，质问他："太子，你来干什么？"一句"太子"，李守节就吓破了胆，李守节急忙以头击地辩白："陛下为什么这样说？肯定是有奸人进谗言离间。"赵匡胤也希望能暂时稳住李筠，遣李守节传话给李筠："我听闻你劝谏过你父亲，你父亲却不听劝，我今天杀了你不如让你返回长治转告你父亲，我没有做天子前，任凭他胡作非为，我既然做了天子，为何不能臣服我呢？"李守节驰归长治，传话给李筠。宋太祖这番话非但没稳住李筠，反而促使他加紧招募亡命之徒，起兵谋反。

前面提过后晋时，李筠在突袭辽耶律解里军时，就运用宣传手段发动京城百姓与辽军作战。反叛大事更要充分利用舆论工具，李筠令幕僚写下檄书，声讨赵匡胤辜负了后周世宗的信任，抢夺了后周恭帝的江山，为自己反叛起兵造势。

唐德宗建中元年（780年），李抱真为昭义军节度使时，因潞州军资匮乏，李抱真诱骗一老僧以自焚为名筹措军资，后杀死老僧。李筠在潞州多年，熟悉李抱真之事，决定如法炮制筹措反叛费用。当地有一僧人名望很高，李筠秘密召见他，告诉自己军资不足之事，欲借用僧人自焚的名义筹措钱粮六十万，事成之后对半分成，还许诺让僧人做"维那"（佛寺中一种管理僧众事务的僧职，地位仅次于上座、寺主）。李筠令此僧在周围堆积柴薪，命人在僧人所坐位置下开挖通到僧人所居之室的地道，约定自焚时僧人可以从地道逃走，之后得到分成。李筠与夫人先倾尽家财施舍，目的就是诱导士民效仿。果然如李筠所料，远近的士民争相施舍，运送过来的钱粮

第五章 /加强集权固一统/

很快就塞满了节度使仓库，十天之内就凑足了六十万。李筠没有遵守诺言，而是堵塞地道，杀死僧人后焚尸，尽取钱粮作为谋反的军费。

节度使府的幕僚、从事间丘仲卿分析当时形势，认为向西出军为上策，他向李筠建议说："公以孤军举事，形势非常危险，虽然可以倚仗北汉声援，但是也不要对他们寄予太大希望，宋军兵甲精锐，难以抵挡，不如西下太行山，直抵怀、孟二州，塞虎牢，据洛邑，东向而争夺天下，是为上计。"间丘仲卿判断后汉刘钧援军靠不住，建议李筠若出军西至怀州、孟州，利用地形险要之利与大宋抗衡之策，是符合实际情况的。李筠没有采纳间丘仲卿的良策，信心满满地拒绝道："我是周朝宿将，与世宗情义深厚如同兄弟，赵匡胤的禁卫都是我以前的士兵，听闻我到来，一定会倒戈归顺，况且我有儋珪枪，拨汗马，何忧天下哉！"李筠是枪林箭雨中厮杀过来的人，经历了后唐、后汉与后周的朝代更替，狂妄地以为胜算在他手里，他忘了现在是赵匡胤的天下，也忘了一朝天子一朝臣。

不知李筠是否听说过一千多年前的西汉史学家司马迁说，"天下熙熙，皆为利来；天下攘攘，皆为利往"之语，李筠昔日的同僚已被赵匡胤加官晋爵，正在享受荣华富贵的生活，怎么可能再将自己置于危险之地？用现在的话说，李筠是盲目的乐观。知己知彼，百战不殆。自大的李筠只知道爱将儋珪有勇力、善用枪，只知道自己坐骑拨汗骏马日驰七百里，却不考虑宋太祖兵甲精锐，焉能不败！

李筠逮捕昭义军监军、亮州防御使周光逊与闲厩使李廷玉，遣节度使判官孙孚、教练使刘继忠将二人送给北汉刘钧以示诚意，请求出兵。周光逊是后唐卢龙军节度使周德威之子，李廷玉是后唐昭义军节度使李嗣昭之孙，二人都与刘钧有旧，随即被释放回大宋。

李筠派兵杀死泽州刺史张福，占据泽州城。刘钧遣内园使李弼携诏书、金帛与良马，赐予李筠。李筠复遣教练使刘继冲至太原，请求北汉出兵南下声援，自己为前导攻打大宋。刘钧欲联合辽共同出兵，刘继冲强调李筠不用辽出兵之意。当日，刘钧率北汉军从团柏谷①出兵，群臣在汾河畔饯行。左仆射赵华说："李筠举事缺乏考虑，事情一定不会成功，陛下率所有军队声援他，臣认为不能这样冒险。"刘钧兴致勃勃，赵华却泼冷水，说扫兴话。刘钧瞪大眼睛，生气地回复赵华："朕志已决，爱卿怎么能知道事情一定不会成功呢？爱卿如有更好的计策，应当怎么呢？"未等赵华回答，刘钧撩起衣襟，上马而去。

刘钧率北汉军到达潞州北的太平驿②，李筠率节度使府官员、耆老，以臣子之礼迎谒刘钧。刘钧命李筠赞拜不用称呼他自己的名字，赐坐在宰相卫融上首，封为西平王，赐马三百匹，赏赐了很多衣服与奇珍异宝，李筠也献上礼物表达心意，对随同的北汉文武大臣也奉上了礼物。

李筠原以为刘钧兵强马壮，不料一见大失所望，心中暗自后悔。刘钧数次召见李筠，表示对他的重视。李筠每次都说自己深受后周太祖郭威大恩，不忍心负之，而刘钧与后周有世仇，听后默认不语，面露不悦之色。李筠返回去时，刘钧赐马及铠甲等，令宣徽使卢赞为李筠军监军，摆明是监视李筠军队动向，令他更加愤愤不平。

李筠拥有战马三千匹，将蹴鞠场作为演练之地日夜练兵，欲直接南下攻打东京。北汉监军卢赞曾请李筠商议军事，后者却不理会，且对左右随从说道："大梁兵都是我昔日的部下，见到我就会投降。"卢赞觉得李筠太狂妄，愤怒地拂衣而去。刘钧听闻二人有矛盾，遣平章事卫融调和。李筠留下李守节守上党，自己率三万兵力南行。

李筠反叛消息传至京师，枢密使吴廷祚首先分析地形，认为位于太行山西麓的潞城地势险要，倘若李筠在此固守，短时间内攻不下；

第五章 / 加强集权固一统 /

---

① 团柏谷，在今山西祁县东二十五里南北团柏村。
② 唐时，每三十里设一驿站，太平驿在潞州北六十里，一说太平驿东南距潞州八十里。

随后分析了李筠的缺点,是素来骄傲却缺乏谋略,建议宋太祖快速出兵进击,那么恃勇出战的李筠就会远离长期盘踞的长治,如此便可攻破叛军。两天后,宋太祖命侍卫亲军副都指挥使石守信与殿前司副都点检高怀德率军前去讨伐,控鹤右厢指挥使、领果州团练使崔彦进为先锋部署从征。大军出发前,赵匡胤提醒石守信等人:"不要让李筠西下太行,须紧急部署附近的军队扼守关隘,肯定攻破叛军。"

宋太祖令三司使张美负责保障石守信、高怀德大军的粮草供应。张美汇报说,怀州刺史马令琮从李筠的动向推测他必反,日夜不停储备粮草,以备大军征讨时用。马令琮的忧患意识令宋太祖大加赞赏,决定紧急提升他为团练使。因为怀州是刺史州,马令琮升为团练使后要到团练州任职,就需要离开怀州。因此宰相范质反对,认为现在正需要马令琮的后勤供给不能调他到他郡为团练使。随后,宋廷升怀州为团练州,令马令琮先充任怀州团练使,依旧供给征讨的宋军粮草。

五月初二日,宋太祖命宣徽南院使昝居润赴澶州巡边,殿前都点检、镇宁军节度使慕容延钊、彰德军节度观察留后王全斌率兵,由东路与石守信、高怀德会合。初三日,宋太祖以洺州团练使郭进为本州防御使兼西山巡检,防备北汉军。初五日,石守信等在长平击败李筠叛军,斩首三千余级。随后攻下叛军据守的大会寨。初六日,宋太祖下诏削夺李筠的官爵。

山西南部上党地区包括潞、泽、沁、辽四州,从太原出发经潞州,再过壶关,直达相州、渭州;从太原经泽州,东出天井关,即达怀、孟二州,从相、孟、怀、魏州南下渡河,可直逼洛阳与开封。[①] 李筠反叛关系到新创的大宋王朝安危,于赵匡胤而言,必须平定叛乱。

---

① 宁可,阎守诚.《唐末五代的山西》,《晋阳学刊》1984年第5期。

正因为此战的重要性，正月十九日，宋太祖下诏亲征。宋廷任命枢密使吴廷祚为东京留守、端明殿学士，知开封府吕余庆为东京副留守，皇弟殿前都虞侯赵光义为大内都点检，令侍卫亲军马步军都指挥使韩令坤手下的遣判四方馆事李崇矩，率龙捷、骁武左右射禁军数千人屯河阳（今河南孟州西）。所以宋太祖布置禁军驻河阳，以防李筠与北汉军南下。

判四方馆事李崇矩率霸州兵马都监张勋等攻下大会寨，斩首五百级，改为泽、潞南面行营前军都监，与石守信、高怀德、罗彦瓌在碾子谷打败李筠叛军。

枢密直学士赵普也请求随军出征，宋太祖笑道："赵普岂胜甲胄乎？"特意交代大内都点检赵光义，万一宋军战败，就遣赵普分兵守卫河阳，保卫都城开封。宋太祖临行前，告诉母亲杜太后与妻琅琊郡夫人王氏（建隆元年八月立为皇后）：自己亲征李筠，不知何日回师，"今七夕节在近，钱三贯与娘娘（指杜太后）充作剧钱，千五百与皇后，七百与妗子（即舅母，北方称妗子）充节料"。出征前，还考虑给母亲、妻子过七夕节之事，再次验证了赵匡胤心思很细腻，对母亲深厚的感情，与王氏的感情很好。

二十一日，宋太祖率军出发。二十四日，宋太祖到达荥阳（今河南郑州市荥阳市）后，召见西京留守向拱。向拱建议渡过黄河，翻越太行山，乘李筠叛军未集结之际快速攻击，否则叛军气势更盛。枢密直学士赵普也认为乘李筠不备，速战速决歼灭叛军。宋太祖采纳二人建议，加快行军速度。

二十八日，赵匡胤大军至怀州。有一段山路险且窄，石头很多，难以行军，宋太祖捡起数块石头搬离道路，随驾的群臣与将士人皆搬运石头。次日，道路畅通，宋太祖与前军都部署石守信、副都部署高怀德会合。石守信、高怀德率军在泽州（今山西省晋城市）城南茶碾村与李筠三万叛军交战，叛军很快败北，宋军俘获北汉河阳节度使范守图,杀北汉宣徽使卢赞。李筠率吐浑府都留后、汾州团练使王全德等逃入泽州,与李守节等婴城自固。宋军开挖战壕,围攻。

六月初一日,宋太祖至泽州,督促宋军攻城。守城的王全德看到城下的宋太祖后非常恐惧,与亲信数十人破关来降,李筠叛军的龙捷军指挥王廷鲁也从潞州出降。李筠拼力守卫泽州,攻城的宋军踰月没有攻下。宋太祖召见控鹤左厢都指挥使马全义,赐食御坐,询问攻城之策。马全义建议全军急攻,缓则生变。宋太祖立即命各军加紧攻城。

马全义有勇有谋,率领敢死士先行登城。一支流矢射中他的手臂,鲜血顿时流下,染红了战袍。马全义咬紧牙关拔出箭头,继续前进。主将马全义身先士卒激励效果显著,士兵们勇气倍增,宋太祖率亲兵紧随其后,激战中,将官康再遇战死。

李筠有爱妾刘氏,随行至泽州。在宋军猛烈攻势下,泽州城即将被攻陷。六月十二日,刘氏问李筠城中还有多少匹健马,李筠疑惑,刘氏解释说泽州城危在旦夕,若有数百匹健马骑乘,即可与心腹将士突围出城,之后固守潞州,向后汉求援,远胜于在孤城中坐以待毙。李筠得知还有不下千匹战马,计划傍晚突围出城。有亲信不同意突围,劝阻说:"今在帐前之人,都是与大王您同心者,一旦出城,若有人劫持大王降敌,还能来得及后悔吗?"李筠犹豫不决。攻城的宋军却不给李筠突围的机会。

十三日,宋军攻下泽州城。刘氏因有孕在身,李筠让她逃命后,自己绝望地投火自焚而死,北汉宰相卫融被宋军俘获。宋太祖命李崇矩先入城,收缴图籍,登记府库钱财物资。宋太祖下诏严禁抢劫城中居民财物,免除当地百姓今年田租。

在围攻泽州城时,隶崔彦进的龙捷指挥使田邵斌被流矢射中左目,重伤之下仍然不下战场。前军部署韩令坤将此壮举上奏,宋太祖在潞州召见田邵斌,表彰其英勇行为,之后田邵斌击杀叛军更多,还夺得敌人铠甲。

十七日，宋军攻打潞州。宋军连续攻城十二天，至二十九日时李守节以城降。宋太祖赦免其罪，将李守节由皇城使升为单州团练使。宋太祖平定泽、潞，宋军战斗力强大只是其一，兼听则明是其二，赵匡胤战前能听取采纳正确的建议，也是制胜的重要因素。反观李筠，无谋恃勇，听不进下属进谏，也是败亡的重要原因。最重要的原因是李筠的反叛，不符合人民盼望国家统一、渴望生活安定的历史潮流。大宋得到上党地区后，对北汉威慑力更大。

山西大部分地区的土地非常适合谷子生长，是种植嘉谷之地，故有"雍丘之粱"的美称。① 因为征伐李筠的战争，无论二三月种下的早谷，还是四五月种下的晚谷，绿油油的禾苗被踩踏后倒伏在地，甚至大片土地上种的禾苗已经干枯。懂得民间疾苦的宋太祖战后下诏，免除潞州城附近三十里内居民今年的田租，安抚因交战受影响的百姓。攻下泽州后，赵匡胤再次下诏，免除当地田租以安抚百姓。

刘钧得知李筠败亡，自太平驿逃回太原，对赵华说："正如爱卿所言，李筠确实不能成事，幸亏我军全师以归，但后悔失去了卫融、卢赞。"刘钧吸取不听赵华劝谏的教训，从此重视文学之士。

二、郭崇等臣服

宋太祖用时三个多月平定李筠之叛，是大宋开国的立威之战，也震慑了有异心的节度使，使他们臣服。如后周名相司空、赵国公李榖刚到洛阳居住时，李筠即赠送钱五十万和其他礼物。李筠起兵叛乱后，李榖忧悉发病，李筠败亡后，李榖也忧惧而亡。有人密奏护国军（治河中，今山西永济西）节度使杨承信谋反，宋太祖遣作坊副使魏丕赴河中，明着是赐生辰礼物，实则侦察他的动向。魏丕返回报告杨承信没有谋反迹象。宋太祖亲征李筠前，杨承信来朝表

---

① 关于山西谷子种植情况，参考了《山西谷子（粟）的栽培史》，《农业考古》2006年地4期。

忠心，宋太祖在广政殿宴请他和近臣后，打消疑虑，第二天即下诏亲征。那么，杨承信到底有无谋反之状，是他有可疑之处，还是宋太祖疑心病使然？没有更多记载可供分析。还有一种可能，就是杨承信认为李筠反叛不会成功，随即打消了谋反之意。

后周时位高权重、功勋显赫，且对宋太祖不满者，并非李筠一人。如后周开国有功的成德军（治真定，今河北正定）节度使郭崇，显德末年已经是侍中级使相，恭帝即位，加检校太师衔。宋初，赵匡胤升郭崇为中书令级使相，以表安抚之意。郭崇却常常想念后周太祖与世宗对他的厚待，哭泣不止。监军陈思诲向宋太祖密奏郭崇异状，认为郭崇有异心，建议防备他。宋太祖认为郭崇重情义，哭泣可能是有感而发，嘴上虽然这样说，还是派人偷偷察看。

郭崇听说使臣即将到来，忧愤失态，问他的亲信："苟使命不测，将奈何？"众人不作声，观察推官辛仲甫很有主见也很镇定，他建议："公首先表明诚心归附，正常的处理境内的军民事务，朝廷虽欲加罪，以什么为借口？使者若至，但率官吏郊迎，尽礼致恭。淹留伺察，当自辨明矣。"郭崇即按辛仲甫所言行事。

使者到后，所看到的郭崇正与客人在水池边悠闲饮酒，聊天，城中也无异常情况。使者回京上奏后，宋太祖欢喜地说："我固知郭崇不会谋反。"李筠败亡后，郭崇来朝见，表明自己并无异心。

后周检校太傅、保义军节度使（治陕州）袁彦性格凶残，不通政务，酷爱杀人还贪财，到陕州后，也是人以为患，怨声载道。袁彦的这些缺点不足忧虑，关键是听到陈桥兵变消息后却日夜修缮城防、训练军队，这才是宋太祖最担忧的，故令监军潘美多多留心，监视袁彦举动。

潘美一人骑一马，不带一员随从，奔赴袁彦军的监军任上。潘美这种举动是洒脱豪迈，同时也是向袁彦表示诚意。潘美告诉袁彦陈桥兵变事，说天命已归赵匡胤，劝说他早点动身去京城参见。李筠反叛败亡后，袁彦清楚自己的实力与李筠有差距，与中央禁军军力更是相差甚远，此时识时务是上策，遂整理行装上路。赵匡胤原来还担心与袁彦有一战，得知他朝见的消息，笑容满面地对左右说："潘美不杀袁彦，能令他来觐见，成我志矣。"建隆元年八月初七，袁彦朝见皇帝，宋太祖嘉奖他的忠心，初九，就将袁彦移镇为彰信军节度使。

宋太祖经历过郭威兵变，又因陈桥兵变成功为帝，故疑心很重。李筠反叛时，遣使邀建雄节度使杨庭璋共同起兵。杨庭璋逮捕使者，送交朝廷，并进献攻取李筠之策。杨庭璋姐姐是后周太祖郭威妃，故宋太祖怀疑他有异志，命郑州防御使荆罕儒为晋州兵马铃辖，以观察报告杨廷璋举动。荆罕儒每次进入杨廷璋府中，随行人员皆手持刀剑处于高度戒备状态，而杨廷璋却如平日一样，没有任何防备，导致荆罕儒没有发难机会。宋太祖召杨庭璋赴阙，后者当日启程，单车赴京，遂移镇为静难节度使。

从潞州返回京城后，宋太祖对有功之臣封赏：韩令坤加侍中衔；石守信加同平章事衔；王审琦由泰宁军节度使移镇为义成军节度使；慕容延钊升侍中级使相；昭州刺史、控鹤右厢指挥使先锋崔彦迁常州防御使；江州防御使、先锋刘廷让迁侍卫马军都指挥使、领宁江军节度使；暂居润知镇州，拜义成军节度使；王全斌拜安国军节度使。枢密直学士赵普也因伐叛之勋，授兵部侍郎、枢密副使；三司使张美因粮运有备，后勤供给保障有力，除宁国军节度使，镇同州；李崇矩迁三司使。

三、征维扬诛灭李重进

淮南节度使李重进，是后周太祖郭威姐姐（后封为福庆长公主）之子，也就是郭威的外甥，年长于柴荣，若论与郭威关系亲疏，李重进似乎更近些。李重进出生于太原，后晋天福中为亲军低级军官，后汉时跟随郭威征讨李守贞，后周建立的第二年（广顺二年，952年），就担任殿前司最高军职——殿前都指挥使。显德元年（954年），后周太祖郭威病危，召李重进入宫拜见世宗，以定君臣名分，防止他觊觎皇位。

世宗即位后，李重进为侍卫亲军马步军都虞候，因参加高平之战有功，由武信军节度使移镇为忠武军节度使。世宗亲征淮南时，李重进在正阳之战中大胜，世宗除了嘉奖之外，还令他代替李榖为行营招讨使。显德三年（956年），在后周攻打南唐的寿州之战中，担任庐、寿等州招讨使的李重进令南唐军大惧，因肤色黝黑被对方称为"黑大王"。

郭威女婿张永德与李重进有矛盾，张永德将这种矛盾公之于众。每次与部下宴饮时，张永德都说李重进坏话，甚至一次借醉酒说李重进有奸谋。所谓的奸谋，就是觊觎世宗皇位，在座的部将们听到后是无比惊骇，忧惧。不仅如此，张永德还派亲信送密信给世宗，诬告李重进。世宗并不相信张永德所言，说明他对李重进的信任程度。

李重进得知张永德的所作所为后，觉得都握有重兵的两人应该搞好关系。显德三年（956年），李重进自驻扎的寿阳军营出发，单骑至下蔡张永德营中，命军士置酒，二人对饮。李重进亲自给张永德斟酒，真诚地说："我与公皆国家的肺腑之臣，应该戮力杀敌，共同扶助王室，公何必如此怀疑我。"两人宴饮终日，张永德的疑虑解除后，李重进才离开。李重进能主动找张永德喝酒谈心，化解矛盾，在为人处事方面就高出张永德不少。

南唐李景得到张永德与李重进不和睦的谍报后，诱劝李重进谋反。李重进将南唐的蜡书呈交世宗。世宗看后大怒，将滞留的南唐使者百余人处死。濠州刺史齐藏珍亦劝李重进谋反，有人将齐藏珍的言论上奏，世宗得知后又是大怒，将齐藏珍召回京师，翌年夏，以冒称检校官罪名杀了齐藏珍。显德六年（959年）"点检做"之事，无论主谋者是何人，世宗免除张永德殿前都点检之位，目的都是解决张永德对皇位的威胁，然而并未对李重进采取任何措施，再次表明了对李重进的信任。

恭帝即位后，不知是宰相范质的意思，还是王溥、赵匡胤的主意，将李重进调到远离京师开封的淮南。从后来发生的陈桥兵变推测，大概率是赵匡胤的主意。

大宋建立后，李重进的侍卫亲军马步军都指挥使之军职被韩令坤取代。宋太祖升老上级李重进为中书令级使相，进行安抚。昔日同僚成为今日皇帝，作为资历与战功都在赵匡胤之上的后周同僚，李重进没有异常表现，而是和其他节度使一样——请求入朝，表示归顺。按常规推测，宋太祖应该高兴，赶紧召见李重进入朝啊，事实上宋太祖却是不想召见，并命翰林学士李昉找合适借口来拒绝李重进。

李昉思考后，草诏：

> 君为元首，臣作股肱，虽在远方，还同一体。保君臣之分，方契永图，修朝觐之仪，何须此日？

诏书字数不多，看起来是说君臣永远结好，实际上却不让朝觐，李重进得诏后，反复揣摩诏书，愈揣摩愈不自安，判断出赵匡胤并不相信自己，与其被一直怀疑，不如谋反。李重进开始召集亡命斗狠之徒，修缮城防，为反叛做准备。李筠叛乱时，李重进遣亲信翟守珣绕道至潞州联络。

翟守珣曾与赵匡胤相识，返回时秘密求见枢密承旨李处耘求见皇帝。宋太祖召见了翟守珣，问他："我欲赐李重进铁券，彼信我乎？"翟守珣很清楚李重进反叛决心，回答："李重进终无归顺之志矣。"宋太祖厚赐翟守珣，许诺爵位，并请他劝说李重进暂缓起兵。假若李筠与李重进同时反叛，宋太祖分兵南北，战争的结局不可预

第五章 / 加强集权固一统 /

料，因此宋太祖厚贿翟守珣，后者不负所托，劝说李重进养威持重，勿要轻率举兵。李重进相信了翟守珣之言，也丧失了反叛的最佳时机。

　　宋太祖是李重进谋反的推手，如果一开始同意朝见，李重进应该不会反；换句话说，李重进谋反也是宋太祖所期望的。宋太祖绝不想看到兵变历史重演，干脆设计圈套以平叛之名，消除威胁皇位的隐患。宋太祖平定李筠后，就腾出手来对付李重进，先将李重进移镇为平卢节度使，已经预料李重进会更加疑惧，随后又遣六宅使陈思诲携带铁券赴扬州慰安。见到陈思诲后，李重进即准备行装，欲随陈思诲入朝。亲信阻止他去，李重进犹豫不决，又担心自己是前朝近亲，保全也难，进而拘留了陈思诲，准备反叛。李重进的行为，完全符合宋太祖的预期。李重进遣使向南唐主李景求援，李景哪里敢答应他，立即向宋太祖奏报。

　　反叛前需要凝聚军心，李重进却怀疑诸将对自己不忠诚，囚禁军官数十人。这些人高呼："吾辈为周室屯戍，公苟奉周室，何不使吾辈效命？"李重进不听他们的辩白，全部杀死。临战前斩杀没有错误的下属，令将士寒心，也影响了士气。从这一点看，李重进反叛也不会胜。

　　大宋建立后，宋太祖命检校太师、邓州（州治穰县，今河南邓州）节度使宋延渥（后改名为宋延偓），舒州团练使司超为副，率领水军在江淮边境巡逻。不久，宋太祖升舒州为防御州，司超为防御使。李重进据扬州谋反，宋延渥加急奏报。宋太祖令宋延渥在距离扬州一百四十里的海陵（今江苏泰州市海陵区）屯驻，观察李重进动向。

　　李重进发动叛乱时，他的两个儿子当时担任皇宫警卫，宋太祖连夜召见，注视两人片刻后，缓缓低语："而父何苦反耶？江淮兵弱，又无良将，谁与共图事者？汝速乘传往晓之，吾不杀汝也。"宋太祖此语看似劝慰，实则威胁。跪着的两人战战兢兢，冷汗顺着脸流下来。两人到扬州城后，李重进正坐在辕门与诸将商议谋反事，忽然见到两个儿子回来,再听到他们转述的赵匡胤之语,皆相顾大骇。这些话语传到军营中,士卒也是惊疑不测,人心浮动。达到宋太祖动摇叛军军心目的。①

宋太祖以侍卫马步军副都指挥使、归德军节度使石守信为扬州行营都部署、兼知扬州行府事,义成军节度使、殿前都指挥使王审琦为副都部署,宣徽北院使李处耘为行营兵马都监,引进使潘美为行营都监,侍卫亲军马军都指挥使、领江宁军节度使韩重赟为行营马步军都虞候,蔡齐郑楚四州防御使、晋潞二州兵马钤辖康延沼为前军马军都指挥使,宋延渥为扬州行营排阵使,司超为前军步军都指挥使,率领禁军征讨李重进。

数日后,宋太祖下诏削夺李重进官爵。扬州都监、右屯卫将军安友规判断李重进必反,踰城来投奔宋延渥,宋太祖任命安友规为滁州(治清流,今安徽滁州)刺史,监护前军征讨。

宋廷在李重进反叛前,就令三司出资预买箭杆、雕翎、弓弩等制造兵器材料,现在大军即将出发,预买的翎杆还未如数集齐。宋太祖大怒,下令只要是拖欠官钱者,一概没收田产,无论是否为预买之人,当时官吏都畏惧,不敢分辩。

十月,宋太祖询问枢密副使赵普征伐扬州事宜,赵普说:

> 李重进守薛公(西汉高祖时人,很有韬略)之下策,昧武侯(即诸葛亮)之远图,凭恃长淮,缮修孤垒。无诸葛诞(三国时曹魏将领)之恩信,士卒离心。有袁本初(即东汉末袁绍)之强梁,计谋不用。外绝救援,内乏资粮,急攻亦取,缓攻亦取,兵法尚速,不如速取之。

/ 第五章 / 加强集权固一统 /

---

① 魏泰.《东轩笔录》卷9。

赵普分析李重进无谋略，少恩信，应该速攻打，宋太祖也同意速取李重进之策，下诏亲征："朕于周室旧臣无所猜间，重进不体朕心，自怀反侧，令六师在野，当暂往慰抚之尔。"好一个"朕于周室旧臣无所猜间"！赵匡胤对后周旧臣李重进非常不信任，却偏偏说"无所猜间"，符合心理学层面上的越缺什么，越炫耀什么定律。

李重进谋反，从性质上看比李筠更严重，原因在于李重进"周室旧臣"身份，在于李重进长期掌禁军的身份，所以赵匡胤更加重视此次平叛。讨伐李筠时，宋廷出征的基本上是禁军将领，石守信等出征月余，赵匡胤才亲征；此次讨伐李重进，赵匡胤却是第一时间亲征，与大军同行，且以义社兄弟与亲信为统军、监军。宋太祖以皇弟赵光义为大内都部署，枢密使吴廷祚又为东京留守，吕余庆为副留守，亲率中央各机构与禁军离开京师，乘船东下。大军到宋州（州治宋城，今河南商丘南）后，城中有戍守扬州的军士家属听闻征讨李重进的消息后，非常不安，赵匡胤命中使安抚这些军人家属。

十一月，大军至泗州后，宋太祖令大军舍舟登陆，命诸将击鼓前行。宋军围攻扬州城。宋太祖至大义驿，行营都部署石守信遣使驰奏扬州城即将破，请宋太祖速到城下巡视。当天晚上，宋太祖至扬州城西北观看攻城战。扬州城经过三日连续攻打后，崔彦进负责的南部城墙溃，龙捷指挥使田邵斌率先冲进城去，斩首踰千级，宋太祖赐袍带、缗帛，不久后迁为马军副都军头、龙卫指挥使。简穆皇后刘氏孙、虎牢关使刘审琦也在攻城战中战死。

在扬州城被攻破前，部下劝李重进杀死陈思诲，李重进却说："吾今举族赴火死，杀此何益"，随即纵火自焚，全家亦赴火而死，陈思诲也被李重进党徒杀害。宋太祖悬赏找到翟守珣，任命他为殿直，随即迁供奉官（低级武官）。李重进为人吝啬，从未有滴酒豆肉赏赐士卒，故军中多怨言，这也是他败亡原因之一。李重进兄、深州刺史李重兴，听闻叛乱消息后即自杀，弟、解州刺史李重赞与子尚食使李延福都被宋太祖公开处死。李重进赴淮南节度使任上途经泗州时，泗州刺史张崇诂劝李重进聚兵甲，修城防，为谋反计。一个月后（建隆二年，961年正月），宋太祖下诏收捕张崇诂，以李重进同党罪名弃市，没收家产，家属为官奴婢。

宋军攻占扬州城后，宋太祖在九曲亭驻跸，下令安抚扬州城内军民，民给米一斛，十岁以下减半；被李重进强迫为禁军者，赐给衣服、鞋子后放还；赦免李重进家属、兵士罪责，逃亡者允许自首，抚恤攻城战死亡的役夫家人。战后的扬州，一派凋敝之象，亟须整修与恢复。三司副使王赞素有才干，宋太祖认为他可以修复战后的扬州，任命为知州，不料所乘之舟倾覆于桥下，王赞及随行共四人溺死。宋太祖感叹悲伤后，命宣徽北院使李处耘权知扬州。

战争中获利的是统治者，受难的是老百姓，宋太祖平定李重进也是如此。知扬州李处耘很擅长安抚百姓，他上奏减免扬州城内居民房屋税，在一定程度上减轻了受战争之苦的百姓负担，得到百姓的认可。宋太祖还留下潘美为扬州巡检，授他为秦州团练使；权知许州张勋为扬州兵马都监，迁毡毯使。

十二月，宋太祖率大军班师回东京。淮南平叛意义大于平定李筠，对大宋统治区内心怀不满的节度使们而言，打消了他们不安分的念头，纷纷向宋太祖表忠心，进一步巩固了赵宋政权。对统治区外的割据政权来说，宋军可谓杀鸡吓猴，震慑了南唐主李景；清源节度使留从效遣使赴东京，奉表称藩，宋太祖亦遣使者厚赐，以表安抚。

建隆二年（961年）正月，宋太祖对平定淮南的功臣论功行赏，其中义社兄官职升迁幅度最大：石守信，由归德军节度使移镇郓州，兼侍卫亲军马步军都指挥使；王审琦出为忠正军（治寿州，今安徽寿县）节度使，其殿前都指挥使之军职由韩重赟接任，韩重赟成为殿前司最高长官。至此，中央禁军侍卫司与殿前司军权，完全掌握在赵匡胤最信任的义社兄弟手中。

大宋立国第一年中的两次叛乱皆是节度使所为，因此，剥夺节度使兵权，成为宋太祖迫在眉睫之政务。

## 第二节　释兵权维护稳定

宋朝一共两次释兵权，大宋太祖"杯酒释兵权"是第一次，第二次是南宋高宗罢免岳飞等三大将兵权则是自毁长城，不在本书叙述范围。宋太祖的释兵权分为两个方面，罢中央禁军位高权重的宿将领兵权，削弱地方节度使的权力。宋太祖的释兵权，不仅加强了中央集权，而且巩固了统治秩序，维护了统一局面，是有积极作用的政治措施。

一、藩镇之祸源起

东汉初年，原本居住在黑龙江嫩江流域大兴安岭北部嘎仙洞附近的鲜卑族拓跋部，迁徙到今内蒙古自治区呼伦贝尔市的呼伦湖。三百多年后，鲜卑族在首领拓跋珪带领下进入中原，占有今天的山西、河北之地，定都平城，建立北魏。登国九年（394年），鲜卑族氏族成员在平城及周围开始分土定居，北魏政府给耕牛，实行"一夫制田四十亩，中男二十亩"的计口授田制度，北魏境内以鲜卑族为首的游牧部落由游牧经济生活转入农业经济生活，劝课农桑即成为北魏政权内政的唯一政务。

拓跋氏贵族对汉族和各族人民残酷压榨、剥削，各族人民不断起义反抗，阶级矛盾尖锐。北魏孝文帝为缓和阶级矛盾，巩固统治，解决土地和农民的结合问题，综合北魏的"计口授田"以及西周与春秋时期井田制、西晋占田制制度，太和九年（485年）在整个中原地区实行均田制①。均田制是一种国家土地所有制，国家通过露田还授制度，将均田农民束缚在土地上，对他们进行田租、户调和力役（后来以庸代役）的剥削。从北魏太和九年开始，西魏、北周、隋，直至唐玄宗末年（755年），二百多年间均实行均田制。

西魏宇文泰在均田制的基础上，利用氏族关系组建府兵以提高部队战斗力，北周、隋沿袭府兵制。唐初期，因为均田制的发展和巩固，为府兵制的发展提供了有力的保障，故府兵大都是从均田户中选拔充任。唐高宗晚年和武则天统治时期，在生产力发展、土地兼并加剧等因素的叠加作用下，均田制逐渐瓦解，加之唐王朝长期对外用兵，府兵制也逐渐被募兵制取代。②

唐初为加强对地方统治，将全国分为关内道、河南、河东道、河北道、山南道、陇右道、淮南道、江南道、剑南道、岭南道十道，每道设大将一人，即大都督，高宗永徽（650—655年）后，都督带使持节者被称为节度使，唐睿宗景云二年（711年），开始置河西节度使，此后，碛西、陇右、朔方、河东、幽州、剑南、岭南等皆置节度使，专管军事。因为战争的需要，唐肃宗至德（756—758年）后，节度使增加为二十余个，招募兵士，事权渐重。

唐玄宗开元后，节度使不仅管军事，其管辖区域内的民政、财赋、

---

① 北魏均田法规定：男子十五岁以上，受露田（不栽的田，称为露天）四十亩；妇人二十亩，奴受露田四十亩，婢受露田二十亩；丁牛一头受田三十亩，限四牛。实行两年轮种休耕法地区，男子授田八十亩，妇人授田四十亩；实行三年轮种休耕法地区，男子授田一百亩亩，妇人授田八十亩。男子给桑田二十亩，需要课种桑树五十棵，种枣树五棵，榆树三棵；不适宜栽桑树的地区，男子给麻田十亩，妇人五亩。男子还给田一亩，课种榆树、枣树。露田在年老不用交纳租赋，死亡后，须交还国家。一夫一妇之户，岁出帛一匹，粟二石，还要承担力役。

② 王仲荦.《魏晋南北朝史》第7章《北朝的政治与经济》，第475-493，574-577页；王仲荦.《隋唐五代史》第1章《唐代的政治制度与军事制度》，第252，466-470页。

司法、监察等事务，亦渐归节度使掌管了。①从唐中后期至五代，逐渐形成了节度使、节度观察留后、防御使、团练使、刺史的军阀制度，其中节度使是最重要、最有代表性的军职官。②唐玄宗天宝十四载（755年），节制范阳（镇蓟县，今北京）、平卢（镇柳城，今辽宁朝阳）、河东三镇的安禄山在范阳起兵叛乱，拉开了唐朝藩镇叛乱的序幕。唐肃宗、代宗纵容藩镇，唐德宗后，如山东、河北藩镇已不把唐帝放在眼中，勾结起来共同对抗唐朝廷，藩镇之祸迭起而不能制；最终藩镇之乱与宦官之乱、农民起义等成为唐王朝灭亡的重要因素。

五代更迭，可以说后梁、后唐、后晋、后汉皆以藩镇而更为帝；后周与大宋，也是某种程度的由藩镇而称帝；李筠、李重进起兵叛乱，也是藩镇之乱，可见拥有兵权、财权、行政权的节度使等军阀对专制主义中央政权的危害，对王朝统一的危害。赵匡胤平定李筠、李重进叛乱后，也在思考如何解决藩镇之乱的问题。

二、罢宿将典兵权

建隆二年（961年）七月的一天，处理完政务的赵匡胤思考节度使拥兵自重问题如何解决，看天色尚早，于是将赵普召进宫来。君臣二人，在没有他人在场的时候，少了很多拘束。赵匡胤询问赵普：

> 天下自唐季以来，数十年间，帝王凡易八姓，战斗不息，生民涂地，其故何也？吾欲息天下之兵，为国家长久计，其道何如？

---

① 王仲荦.《隋唐五代史》第4章《唐代的政治制度与军事制度》，上海人民出版社2003年版，第478页。

② 王仲荦.《隋唐五代史》第4章《唐代的政治制度与军事制度》，上海人民出版社2003年版，第478页；王曾瑜.《辽宋金之节度使》，则附有《唐五代辽宋金节镇军名与所在州名对照表》，对了解唐五代节度使也有参考价值，王曾瑜.《点滴编》，河北大学出版社2010年版，第127-133页；史泠歌.《宋朝武官制度研究》书稿第2章第三节《隋唐五代的军职》。

赵普先是拍宋太祖马屁："陛下之言及此，天地人神之福也。"接下来赵普开始叙述藩镇之乱的原因，以及收兵权的措施：

> 此非他故，方镇太重，君弱臣强而已。今欲治之，亦无他奇巧，惟削夺其权，制其钱榖，收其精兵，则天下自安矣。

赵普话还未说完，宋太祖已然明白，打断道：

> 卿勿复言，吾已喻矣。

早在宋太祖、赵普这番对话之前，赵普就曾数次建议将掌管禁军的高级将领改任他职，但是赵匡胤没有采纳。这番君臣问答后，赵普趁热打铁，再次旧话重提，宋太祖仍然坚持己见说：

> 彼等必不吾叛，卿何忧？

赵普为了说服宋太祖，先是附和宋太祖：

> 臣亦不忧其叛也。

接着，赵普从这些将领的管理能力方面谈自己的看法：

> 然熟观数人者，皆非统御才，恐不能制伏其下。

赵普将最重要的话放在最后：

> 苟不能制伏其下，则军伍间万一有作孽者，彼临时亦不得

自由耳。

赵普的言外之意就是这些将领没有统军才能，万一再出现陈桥兵变之类的事情，麻烦就大了。赵普最后的话直接击中赵匡胤心扉，这才是赵匡胤最担心的事情，后者遂下定决心罢免侍卫司、殿前司诸位义社兄弟与亲信将领的领军权。

民间有语：酒盖脸好说话。赵匡胤罢免侍卫司与殿前司宿将的兵权，也是采用这种方式。赵匡胤喜欢喝酒，即位后也是经常在宫中宴请功臣宿将，他将石守信、高怀德、王审琦、张令铎等召入宫中，如平日一样饮酒叙旧。大家推杯换盏，气氛活跃又融洽。酒酣之时，赵匡胤的紫黑大脸上泛着红光，将左右侍奉之人屏退，对同样有醉意的众将说：

我非尔曹之力，不得至此，念尔曹之德，无有穷尽。然天子亦大艰难，殊不若为节度使之乐，吾终夕未尝敢安枕而卧也。

石守信在觥筹交错间听闻此语，觉得奇怪，忙问：

何故？

宋太祖面带忧色地回答：

是不难知矣，居此位者，谁不欲为之？

听到宋太祖的回答后，石守信等人酒意顿无，再也不觉得七月天气的炎热，反而是冷汗直流，连忙离开酒桌顿首表忠心：

陛下何为出此言？今天命已定，谁敢复有异心。

　　宋太祖看到众将还未明白他的意思，只能敞开天窗说亮话，直接点题道：

　　不然。汝曹虽无异心，其如麾下之人欲富贵者，一旦以黄袍加汝之身，汝虽欲不为，其可得乎？

　　经历过陈桥兵变的众将至此方明白宋太祖所言何事，一边哭泣一边连连叩首：

　　臣等愚不及此，惟陛下哀矜，指示可生之途。

　　宋太祖看到众人终于上道了，心里也轻松不少，声音也愉悦了：

　　人生如白驹之过隙，所为好富贵者，不过欲多积金钱，厚自娱乐，使子孙无贫乏耳。尔曹何不释去兵权，出守大藩，择便好田宅市之，为子孙立永远不可动之业，多置歌儿舞女，日饮酒相欢以终其天年。我且与尔曹约为婚姻，君臣之间，两无猜疑，上下相安，不亦善乎！

　　看着眼前的皇帝，众将知道昔日的义社兄弟、亲密战友已经不再需要他们掌握禁军了，现在到了"飞鸟尽，良弓藏"的时候了；又一想，多年的征战不就是为了安享荣华富贵吗。心念至此，皆拜谢道：

　　陛下念臣等至此，所谓生死而肉骨也。

翌日，石守信等都称病，请求罢免军职。宋太祖非常高兴，对他们赏赐丰厚，表示抚慰。第三天，宋太祖便下诏免去高怀德殿前副都点检军职，移镇为归德军节度使；免去殿前都指挥使王审琦军职，移镇为忠正军节度使；免去张令铎侍卫亲军马步军都虞候军职，移镇为镇宁军节度使。随后又免去皇弟赵光义殿前都虞候之军职。至于殿前司都点检之职，早在建隆二年（961年）闰三月时，宋太祖已经将担任者慕容延钊罢为山南西道节度使。此后，宋太祖废殿前司最高的都点检和副都点检之职，不再置侍卫亲军马、步军副指挥使之职。

建隆二年七月的第二次罢免军职，只有韩重赟由侍卫马、步军都指挥使改殿前都指挥使，成为殿前司的最高军职，原因应是他的名望没有石守信等人高。天平军节度使、侍卫亲军司都指挥、同平章事石守信虽未被免去军职，但实际上却不再掌管禁军，至次年（建隆三年，962年）九月时解除军职。宋太祖选择地位低、名望低的将领来接替空缺出来的部分军职。如殿前司万余名卫士如狼似虎不好管理，宋太祖任命内外马步军都头、寿州刺史张琼担任殿前都虞候，领嘉州防御使；义社兄弟刘廷让除侍卫马军都指挥使，二人均在开宝六年（973年）九月时罢军职。

乾德五年（967年）时，有人诬告殿前都指挥使、义成节度使韩重赟收亲兵为亲信，这可触犯了宋太祖的忌讳。大怒的宋太祖，居然欲杀义社兄弟韩重赟。赵普这时劝说，大意是皇帝不能亲自带兵，必须选择大将为之，若是韩重赟因谗言被杀，恐怕领兵将领都害怕被诛，谁还敢领兵呢。在赵普劝说下，任殿前都指挥使四年半的韩重赟，在当年二月被罢殿前司管军职位，出为彰德节度使。从韩重赟被罢"军权"之事可以看出，宋太祖对管军的猜忌和防范程度之深。韩重赟被罢后，殿前都指挥使一职空缺六年，直至开宝六年（973年）九月，宋太祖将静江节度使、殿前都虞候杨义除建武节度使、殿前都指挥使。此后，殿前与侍卫亲军两司，以及后来的三衙管军省阙，便成惯例。①

宋太祖罢免中央禁军最高军职，完成了释兵权的第一步，接下来就是削弱藩镇。

### 三、削弱节度使权力

自建隆三年（962年）开始，宋太祖削弱藩镇权力，加强中央集权，至宋太宗太平兴国二年（977年）时，大宋才完成削夺节度使兵、民、财赋之权的"释兵权"措施。

首先，削弱节度使行政权。十六国和北魏时开始设置带有军事性质的镇，镇设有镇将。隋唐沿袭，设镇将。唐中后期藩镇割据，军阀们往往委派心腹担任镇将，监视地方官员。如唐宪宗时，浙西节度使李锜选心腹五人担任节镇五州镇将，每个镇将都领兵数千人，节制刺史行动。河东等地的节度使，也是在节镇州县置镇将，夺刺史、县令的兵权与行政权，作威作福。五代时军阀混战，置镇更多，可以说每个县都有镇，镇事实上成为与县平列的行政单位。节度使选拔亲信担任镇将，镇将不仅管兵，还督促节度使参军管理财赋器甲，节度使完全控制了辖区内政事，县官虽然是地方行政官员，实际上只能束手听命。②

建隆三年（962年）十二月，宋太祖下诏：

> 每县复置县尉一员，在主簿之下，俸禄与主簿同。凡盗贼、斗讼，先委镇将者，诏县令及尉复领其事。自万户至千户，各置弓手有差。

---

① 史泠歌.《宋朝武官制度研究》第6章第1节《军职》相关内容。
② 史泠歌.《宋朝武官制度研究》第2章第3节《隋唐五代的军职》相关内容。

县尉负有捉捕贼盗，维持县域内乡村治安职责，宋太祖以县尉夺取镇将之权，镇将的职权范围缩小为城内政事。八年后（开宝三年，970年），宋太祖继续削夺镇将职权，但是力度不大。直至宋太宗太平兴国年间（976—984年），才将节度使对所辖州县的控制权以及管理治安的权力剥夺。

其次，将节度使财权收归中央政府。自唐中叶设置节度使后，节度使逐渐掌握节镇州县的赋税收入大权。当时规定，诸州税赋分为三部分：第一部分上供，输送至京师长安供皇帝宫廷使用；第二部分送使，输送至节度使、观察使府，供节度使、观察使使用，也称为"留使"；第三部分留州，除上供、留使外的税赋留在州府内，作为本州办公费用。随着藩镇权力扩大，这个财赋三分使用制度等同于无。唐德宗贞元三年（787年），唐朝廷财政紧张，李泌上奏说，藩镇以及州、县多违法聚敛，常常以增加赋税数量，使有罪之民交纳钱谷赎罪等方法来积蓄军费，再募兵扩充军队。因此，李泌请求唐德宗下令，命藩镇将非法留在节镇的赋税，都输送至京师。唐德宗听闻李泌的建议非常高兴，但是藩镇割据的情况下不可能实施。从李泌上奏中可以看出，藩镇将赋税中留州部分变成"留使"，甚至上供部分也截留，变成节度使可以支配的军费，其他非法敛财收入也成为军费。之后，凭借丰厚的军费招兵买马扩大军队，再扩大地盘，成为恶性循环。

五代节度使也是如此，甚至巧立名目压榨人民，刁难商旅，以聚敛更多财富，成为拥兵自重的资本。后晋天福四年（939年）正月，后晋高祖下令禁止节度使擅自增加赋役，然而在军阀尾大不掉、战乱不断的情况下，此命令不可能执行。节度使为了获得更大的官爵，偶尔向朝廷上供，美其名曰"贡奉"。后梁太祖时，佑国军节度使王重师镇长安数年很少贡奉，后梁太祖为此发怒。即便供奉，也是厚敛于民。至于朝受命而夕行，家中余财必定完全充贡奉的节度使马全节，可以说是当时的异类。

宋太祖称帝后，依然遵循五代旧制，节度使等来朝，都有贡奉。赵普在建隆二年（961年）七月所建议的"制其钱谷"，就是将节度使所拥有的财政大权收归中央。宋太祖也是节度使出身，藩镇拥有财权的危害他一清二楚。在即位的第五年年末，即乾德二年（964年）十二月，宋太祖命令诸州收入的田赋、商税，除了当地度支经费外，大部分都要送到京师开封府，又置转运使负责运输这些钱财物资，将节度使的财政大权收归中央。

再次，将节度使精兵收归为中央禁军。五代时节度使的军队，可以说是私人军队，军队是大大小小军阀们拥兵自重的本钱，争权夺利的资本。宋太祖夺节度使兵权的最重要内容，就是将这些私人军队化为国家军队。收归节度使财权七个月后，乾德三年（965年）八月初一日，宋太祖命令统治区内节度使挑选才力、技艺过人的骁勇士兵，将他们的名册送到京师，作为禁军。从禁军中选拔一批身体强壮、达到一定身高者为兵样，作为选拔标准分散全国。后来觉得士兵作为兵样太烦琐，就根据兵样制作同等高度的木梃分发各地，令节度使、都监等监督这些士兵训练，达到标准后，就送至开封府。宋太祖每次都亲自考核这些士兵，合格后就编入禁军。政务之余，宋太祖还亲自训练禁军，可以说以一当百增强了禁军兵力。

地方上，挑选精兵后的士兵组成厢军，担任修陵、筑城、治河等力役任务，还负有捕盗等地方治安维护之责。诸道节度使也明白厢军的战斗力绝不是中央禁军的对手。宋太祖此举，削弱节度使兵力，终于去除了五代尾大不掉之祸，形成强干弱枝之势。

宋太祖将精兵、财富尽聚于京师，节度使成为享受高级政治待遇的地方行政官员，大大加强了中央集权，强化了皇帝集权，宋朝不再有藩镇之祸，此举具有积极作用。

同时，宋太祖确立了枢密院——三衙互相制衡的统兵体制，由亲信赵普、李处耘非枢密使与枢密副使，控制禁军；将各级军官的任免权掌握在手中，无论是殿前司、侍卫司的高级将领，还是中下级军官，都要由赵匡胤"御笔"决定，将军队置于皇帝的绝对指挥之下。赵匡胤如此设计制度，就是防范兵变重演。[①]

---

[①] 王育济，范学辉.《宋太祖传》第6章第三节《三衙与枢密院：统兵体制》，第399-402页。

大宋王朝
诞生记

第六章
卧榻之侧岂容他人酣睡

显德六年（辽穆宗应历九年，959年），后周世宗准备大举进攻幽州，辽穆宗收到军情急报后，君臣大为恐慌，幽州前线的辽军也是慌乱异常，城内的守军很多趁夜遁去。因此，无论辽还是后周，都认为世宗夺取幽州毫无悬念，不料世宗突然病逝。

按照世宗"十年开拓天下，十年养百姓，十年致太平"的三个"十年"计划，倘若他能病愈，燕云诸州仍然是用兵的首要目标，攻下燕云地区后，他才会将目光转向南方的割据势力。[①]在平定李筠、李重进叛乱后，一个大雪天，赵匡胤去赵普家，与赵光义、赵普三人围着炭炉饮酒吃肉。赵普问宋太祖："夜深天寒，陛下为什么还要出来？"赵匡胤回答："我睡不着觉，一榻之外，皆是外人，故来见爱卿。"赵普回答："南征北伐，正当时。"赵匡胤谈起他的统一计划，说想攻打太原，赵普沉默良久后，说北汉是辽与宋之间的缓冲，应留下北汉，等削平诸国后，再平北汉。赵匡胤笑着说："正合我意。"

这次雪夜谈话，说明宋太祖与赵普设想的统一谋略与后周世宗的统一计划有很大区别。君臣一致认为五代以来兵连祸结，国库空虚，统一战争应该自南至北，向南方的割据政权用兵；辽国是"劲敌"，等大宋力量更强大后再解决燕云十六州问题。宋太祖甚至考虑过"和平赎买"燕云地区，他曾经和大臣们谈道："石敬瑭为称帝割燕云诸州给契丹，朕怜悯燕这些州县的人民久陷夷虏，等储蓄满五百万缗后，遣使到辽国，赎回燕云诸郡。如果对方不同意，就用这些钱财招募战士，夺回来。"因此在他即位的第六年（乾德三年，965年），即设立封桩库，储蓄平定诸国后收取的府库钱财，预想买回燕云地区。[②]

---

① 邓广铭.《论赵匡胤》，载邓广铭.《邓广铭学生论著自选集》，首都师范大学1994年版。

② 和平赎买是马克思、恩格斯等先后提出在一定条件下，对资产阶级的生产资料通过和平方式采取有偿办法实行国有化。宋太祖时当然没有"和平赎买"一词，但是他储存钱物准备赎买燕云地区，倒也符合"和平赎买"之意。

第六章 /卧榻之侧岂容他人酣睡/

## 第一节 挥师南下袭占荆湖

### 一、高氏割据荆南

高季昌，陕州硖石（今河南三门峡东南）人，幼年时为开封商人李七郎的小奴，后朱温收李七郎为义子，赐李七郎朱姓，名友让。一次，朱温见到站在奴仆中的高季昌面相不同常人，认为他将来大有可为，这样的人应该收为己用，于是命令朱友让收高季昌为义子，高季昌更名为朱季昌，朱温便以朱季昌为牙将，带在身边。随着年龄的增长，朱季昌的力气也越来越大，渐渐能骑马射箭，参加军事行动了。

唐昭宗时，皇权受到严重挑战，皇帝既受制于宦官，又受制于藩镇，唐朝廷内部的冲突也是愈演愈烈。宰相崔胤认为宦官掌军，对皇位的危害性极大，与枢密使韩全诲等密谋诛杀宦官，秘密请为宣武军（镇汴州浚仪，今河南开封）、宣义军（镇滑州白马，今河南滑县东）、天平军（镇郓州须昌）、护国军（即河中）四镇节度使的朱温发兵。天复元年（901年）十一月，枢密使韩全诲等将唐昭宗劫持至凤翔，朱温从大梁出兵后，围攻凤翔。凤翔城久攻不下，朱温与数名亲信将领商议准备撤军，唯独亲从指挥使朱季昌反对，他认为守城军士已经困乏，再稍微坚持即能攻破，用计攻入凤翔城。天复三年（903年），朱温终于将唐昭宗迎回京城长安。唐昭宗封朱季昌为迎銮毅勇功臣、检校大司空、行宋州刺史。升为颍州防御使后，朱温命朱季昌恢复高姓。

唐僖宗时，青州人成汭投奔荆南节度使陈儒。陈儒战败后，成汭纠集一千兵士攻占归州（治秭归，今湖北秭归）后，自称刺史。淮南将王建肇占据江陵，成汭又出兵赶跑了王建肇，唐僖宗遂以成汭为荆南节度留后。荆南地区在不断的军阀混战中，大量人口外逃，田地荒芜，城市残破，乡村荒凉，亟须恢复。唐哀帝天祐三年（906年），朱温攻下江陵后，以高季昌权知荆南留后。他到江陵后，召集流民，恢复生产，很快乡村中又见炊烟袅袅，城市中商旅往来，呈现出一派生机。高季昌的治理能力，得到朱温的认可。

开平元年（907年）五月，后梁太祖朱温将高季昌升为荆南（镇江陵，今湖北江陵）节度使，管理荆、归、硖、夔、忠、万、澧、朗八州之地。高季昌确实很有管理才能，很快将江陵城城墙修筑完毕，召集亡命之徒，扩大军队，以求自保。

荆南虽然有八州之地，在当时的割据政权中实力并不大，在夹缝中生存的高季昌有他的生存哲学，面对周围比他实力大的政权，他以表示臣服的态度来换取荆南的平安和发展。因此，荆南先后向吴、后蜀称臣，后梁统治者看到这种情况，封他为渤海王来拉拢他。

公元923年，后唐庄宗称帝后，高季昌为避李国昌讳，马上改名高季兴，赴洛阳朝见，表示归顺。后唐庄宗奖励他的归顺，将高季兴使相衔由平章事升为中书令，后封为南平王，因此荆南也被称为南平。高季兴因病去世，其子高从诲承袭高季兴官爵。高从诲性明达，礼贤下士，沿袭其父高季兴四面称臣的做法，依然向后唐、后晋、后汉称臣。荆南地区能在周边割据政权包围的情况下存在，除了高季兴父子重视发展，治理有方外，荆南政权因所处的战略位置，成为周边各政权之间的缓冲地带，这也是它得以存在的重要原因。

荆南节度使、守太傅、兼中书令、南平王高保融性格迂腐，缺乏祖父高季兴那样的管理能力，治军治民皆无方，军政与民政都委托亲弟高保勖全权处理，高氏政权开始衰落。高保融虽然行政能力不够，但是依然坚守父祖积极称臣求生存之道，后周世宗攻打淮南时，高保融出动数千水军为声援；大宋建立后，接连遣使上贡，向宋太祖臣服示好，后者也大力拉拢，赏赐丰厚。

建隆元年（960年）八月，高保融去世前，因其子高继元年幼，命行军司马高保勖总管内外军马事。宋太祖得知高保融去世消息，派兵部尚书李涛前去吊祭。李涛返回后，宋太祖询问高保勖能否堪当大任，李涛给予肯定的回答。高保勖也是数次遣节院使、亲弟高保寅等奉贡举至京师，宋太祖授予高保勖荆南节度使之职。高保寅从京师回来后，劝高保勖最好率先奉土归顺宋朝，以免成为他人捞取富贵的资本，高保勖没有听从。

高保勖是高季兴第十子，生得眉清目秀，因幼年多病导致身体羸弱，还有口吃，却独得宠爱，无论高季兴多么发怒，见到高保勖后怒气瞬消，释然而笑，当时荆南人称高保勖为"万事休郎君"。高保勖虽然身体不健壮，却不影响他享乐，专制社会统治阶级的骄奢淫逸样样具备不说，还花样百出。如每天召集娼妓至府中，选择士卒健壮者与娼妓淫乱，高保勖与姬妾垂帘观看，作为每天的娱乐节目；大兴土木，营造楼台亭榭，令荆南军民苦不堪言。幕僚孙光宪劝谏应克勤克俭，高保勖根本听不进去。

建隆三年（962年）十一月，荆南节度使高保勖病危，听从牙内都指挥使梁延嗣建议，以高保融长子高继冲为荆南节度副使，权知军府事。当月二十日，年仅三十九岁的高保勖病逝。高继冲年幼，政事全部委托久在幕府的节度判官孙光宪；军政委托仕历过高从诲、高保融与高保勖的衙内马步军都指挥使梁延嗣，觉得事事有人来做，自己无忧无虑，可谓在其位不谋其政的典型。

宋廷派酒坊副使卢怀忠赴荆南，吊祭高保勖。临行前，宋太祖特意提醒卢怀忠："江陵人情去就，山川向背，我尽欲知之。"宋太祖迫切希望了解荆南，目的就是为攻占做准备。

卢怀忠回来后，奏报说：

> 高继冲甲兵虽整，而控弦不过三万，年穀虽登，而民困于暴敛。南通长沙，东距建康，西迫巴蜀，北奉朝廷，观其形势，盖日不暇给，取之易耳。

从卢怀忠的奏报中，可以看出荆南对大宋攻打湖南、后蜀的战略地位何等重要，而且荆南兵力不多，易于攻取，就等时机了。

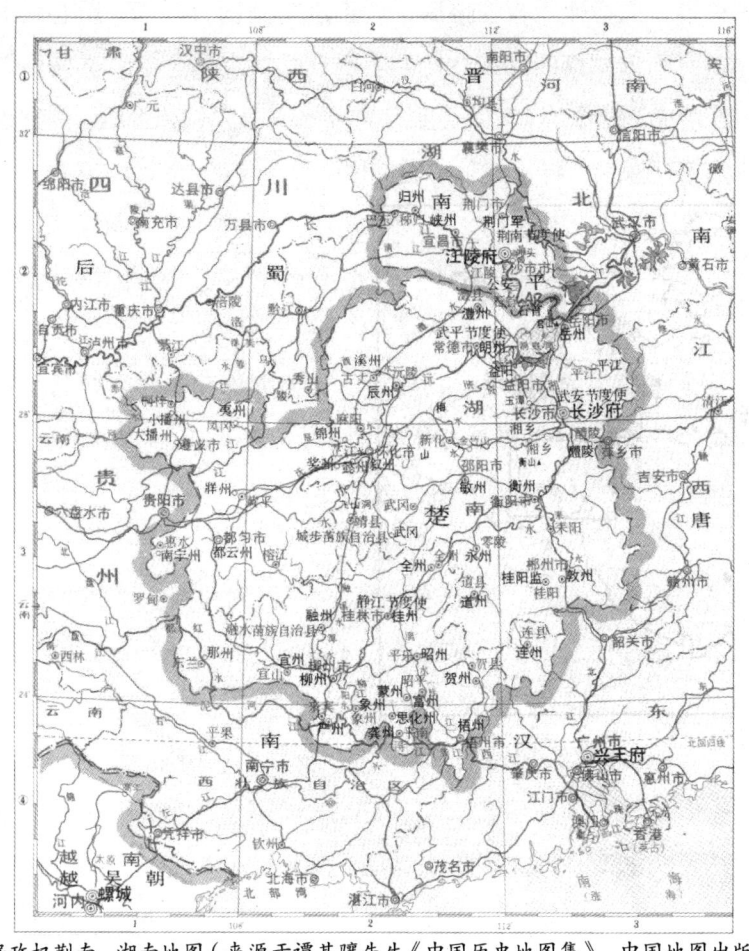

割据政权荆南、湖南地图（来源于谭其骧先生《中国历史地图集》，中国地图出版社，1988年版）

二、湖南张文表叛乱

后周广顺年间，割据湖南四十二年的南楚政权被南唐兼并，南楚朗州牙将刘言击败南唐军后，继续割据。广顺三年（953年），周行逢谋杀刘言后，成为新的割据者，占有武平军（治朗州，今湖南常德）、辰州、武安（治潭州、今湖南长沙）、静江军（治桂州，今广西桂林)、都匀州等湖南、广西及贵州部分地区。显德三年(956年)七月初一日,后周世宗以周行逢为武平节度使、制置武安、静江等军事,周行逢大权在握后,矫正之前割据者弊端,留心政务,废除以前割据湖南的马氏规定的重赋,裁汰贪腐之官,选择廉洁之人担任刺史、县令等官职,发展境内生产。宋太祖称帝后,周行逢、留从效与高保融一样,赴东京朝贡称臣。

建隆三年(962年)九月,武安节度使兼中书令周行逢病危,召见亲信将吏,委托他们辅佐十一岁的儿子周保权,特意提醒众人:

> 吾起垄亩为团兵,同时十人,皆以诛死,惟衡州刺史张文表独存,常怏怏不得行军司马。吾死,文表必叛,当以杨师璠讨之。如不能,则婴城勿战,自归朝廷可也。

杨师璠与周行逢同乡,还有姻亲关系,得到周行逢的重要和信任,担任亲军指挥使之要职。周行逢临死前预判张文表叛乱,也给出了二条应对策略。那么,张文表会不会叛乱呢?

当年十月,张文表得知周保权为武安军留后事后,大怒道:"我与行逢俱起微贱,立功名,今日安能北面事小儿乎?"周保权派兵从潭州(今湖南长沙)到永州更戍,衡州是必经之路。周行逢果然没说错,张文表决定发动叛乱。张文表打着奔丧的旗号,令军士缟素装扮奔朗州(南楚政权所在地,治武陵,今湖南常德)。

潭州行军司马廖简时为潭州留后,素来轻视张文表,没有任何防备措施。正在与部下喝酒时,军士奏报张文表带兵到潭州了,廖简仍然没有警觉,毫不在意地说:"文表至则成擒,何足虑也。"依旧吃喝如故。一会儿,张文表率军径直闯入府中,廖简已经喝得拿不住弓箭了,唯有瘫坐在地上大骂。廖简被张文表杀害,为自己的轻敌自大付出了生命的代价,在座的十余人也被杀。

张文表取得潭州留后印绶，自称留后。周保权立即命杨师璠率全部军队抵御，并将周行逢临终之言转告，杨师璠感动不已，涕泣不已。杨师璠哭着环顾四周，鼓动将士保卫南楚政权，兵士们被主将情绪感染，都表示誓死为周保权效力。南楚同时向相邻的荆南求援，请求宋廷出师。张文表也上疏，为自己辩解。

宋太祖遣中使赵璲携带诏书赴潭州、朗州，允许张文表赴朝，命荆南发兵助周保权。张文表暗自向赵璲示好，诡称自己赴朗州奔丧，因为被廖简鄙视，才愤怒私斗，并无反叛之心。赵璲告知奉诏而来的目的，看到张文表归顺十分高兴，派人慰抚。十二月，宋廷以武平节度副使、权知朗州周保权为武平节度使，次年（乾德元年，963年）正月，宋太祖任命高继冲为检校太保、江陵府尹、荆南节度使。周保权、高继冲得到大宋朝廷的认可，或许还沉浸在拥有权力的喜悦中，大宋已经着手发动战争了。

建隆三年（962年）十月，杨师璠讨伐张文表，最初杨师璠军失利，随着战争的发展，两军处于胶着状态。次年（乾德元年，公元963年）正月，张文表主动出击被打败，杨师璠进入潭州抓获了张文表后，纵兵抢劫放火。赵璲随后进入。第二日，杨师璠在延昭门设宴款待部下，指挥使高超对众人说，看中使之意是想救张文表，如果张文表到朝廷后，欲加害周保权，大家也就危险了。众人一致认为高超所言有理，于是就处死张文表。宴会结束后，赵璲要召见张文表，高超回答，张文表因谋乱已经处斩了。赵璲听后，长久叹息。

三、袭取荆南

当初荆南节度使幕僚孙光宪劝谏高保勖，希望他上敬奉朝廷，中延续祖宗基业，下使百姓安居乐业，才是保全荆南之福，这只是孙光宪的一厢情愿。宋太祖统一大业的第一步，就是向荆南下手，只差借口。恰恰此时南楚向宋廷求援，俗话说正打瞌睡，就有人送来了枕头。宋太祖有了合乎情理的出兵理由，计划利用助周保权讨伐张文表之机，占领荆南，他召见宰相范质等人时，神情愉悦，语气轻松，紫黑的脸上甚至带着一丝笑意道：

江陵四分五裂之国，今假道出师，因而下之，蔑不济矣。

荆南的区区三万兵力，根本就不是大宋虎狼之师的对手，宋太祖也没有把这个对手放在眼里。估计带兵的将领也有这种心态，但是戏还是要做足。

乾德元年（963年）正月，宋廷以酒坊副使卢怀忠、毡毯使张勋、内染院副使康延泽率领步骑兵数千人，赴襄州。康延泽先前与卢怀忠一起携带诏书及赏赐的钱币，赴荆南侦察，因此二人率军为向导先行，康延泽后因功授内染院正使。

两天后，宋廷以山南东道节度使、兼侍中慕容延钊为湖南道行营都部署，枢密副使李处耘为都监，遣使十一人，征发安、复、郢、陈、澶、孟、宋、亳、颍、光等州兵力在襄阳会合，讨伐张文表。随后，宋太祖命太常卿边光范权知襄州，户部判官滕白为南面军前水陆转运使，以张勋为南面行营马军都监，卢怀忠为步军都监。

宋太祖命令荆南遣水军三千人赴潭州，高继冲遣亲信李景威率军而往。高继冲以供应宋军为由借贷百姓钱物，宋太祖得知后，立即下诏制止。

二月，李处耘等到达襄州，时年五十一虚岁的慕容延钊患病，宋太祖准许他坐肩舆行事。李处耘先遣合门使丁德裕告诉高继冲，假道攻打张文表之意，请荆南为宋军做好柴薪、饮水等后勤供应。高继冲与幕僚商议后，以百姓恐惧为由拒绝宋军借道，表示愿意将供应之物送到百里之外。李处耘看高继冲不上圈套，又遣丁德裕去江陵。孙光宪与梁延嗣请求高继冲答应宋军要求，兵马副使李景威反对，他对高继冲说，宋军看起来是借道攻打张文表，然而他们的动向更像是袭击荆南，请求带领三千人马埋伏在荆门道路险要之处，趁夜色伏击宋军。待宋军退却后，回师湖南擒住张文表（荆南当时不知张文表已被杀）献给宋廷，那么高继冲可以立大功，否则，有丧家犬般摇尾乞食之祸。

高继冲到底年轻阅历浅，他说：

> 吾家累岁奉朝廷，必无此事，尔无过虑，况尔又非慕容延钊之敌乎？

李景威的确不是戎马一生的名将慕容延钊对手，高继冲这句话说到了点子上。李景威见说服不了高继冲，又换谶纬之说：

> 旧传江陵诸处有九十九洲，若满百，则有王者兴。自武信王（高季兴谥号武信）之初，江心深浪之中忽生一洲，遂满百数，昨此洲漂没不存，兹亦可忧也。

孙光宪认为李景威不过峡江一愚民，见识短浅，怎么可能预知成败？后周世宗已有统一天下之志，大宋讨伐张文表更如以山压卵之势，不可能再从这里假道回去，与其被宋军攻打，不如顺势归顺朝廷，既可以免除江南地区的战祸，又可以不失富贵。统一是大势所趋，孙光宪所言也是当前形势下最优选择。李景威知道自己的计策绝不会被采纳，出来后长叹："大事去矣，何用生为！"扼喉而死，可谓惨烈。

高继冲遣叔父高保寅与梁延嗣携带牛、酒犒劳宋军，趁机侦察宋军动态。宋军到达距离江陵百余里的荆门后，李处耘对梁延嗣、高保寅相当优待，说宋军翌日即离开。梁延嗣喜赶紧派人驰报高继冲，不用担忧宋军。

当天晚上，慕容延钊在营帐中设宴，招待梁延嗣、高保寅等人，意在稳住这些人。同时，李处耘率数千名轻骑快速奔袭江陵。江陵城中，高继冲没有等来高保寅、梁延嗣等人归来，却突然得知宋军将至，无比惶恐，被迫出迎。在江陵城北十五里之处迎到了宋军，李处耘让高继冲原地等待慕容延钊，自己率亲兵先入江陵城，登上北门城楼。高继冲与慕容延钊一起回城时，宋军已经占据城内要塞，布满街衢了。大宋攻下荆南后，荆南人说高保勖"万事休郎君"之号，预示高氏政权万事皆休，覆亡之意。

高继冲有生以来哪里见过这种阵仗，立即将印信等交给慕容延钊，遣客将王昭济、萧仁楷等奉表纳土，以荆南三州、十七县、十四万二千三百户归顺大宋。宋太祖复令高继冲为荆南节度使，以枢密院承旨王仁赡为荆南巡检，以梁延嗣为复州防御使，孙光宪以劝高继冲献三州地之功，为黄州刺史。王昭济与萧仁楷因奉表之功，亦被授左领军卫将军、供奉官。宋太祖听闻李景威的计策后，赞叹李景威是忠臣，命王仁赡厚恤其家。

### 四、继平湖南

宋军取荆南三州后，不断增兵奔朗州。周保权与观察判官李观象商议如何应对。李观象分析说，当初请求宋廷出手征伐张文表，现在张文表已经被处死了，宋军还不撤军，目的就是尽取湖湘之地；湖南与荆南唇齿相依，如今荆南高继冲已经束手听命，湖南也不能独存，不如归顺朝廷，还不失富贵。而指挥使张从富等人反对归顺，商议如何防守宋军进攻。

慕容延钊采取先礼后兵方式，令丁德裕先行至朗州安抚。张从富等不许丁德裕入城，将桥梁全部撤掉，沉掉船只，伐木阻塞道路。丁德裕不敢贸然出战，没有朝廷旨意又不能退军。

慕容延钊向宋太祖奏报朗州情况。宋太祖遣使谴责周保权及其部下：

尔本请师救援，故发大军以拯尔难，今妖孽既殄，是有大造于汝辈也，何为反距王师，自取涂炭，重扰生聚！

　　张文表已死，按说宋军不需入湖南平叛，对于醉翁之意不在酒的宋太祖而言，得到整个荆湘地区才是完成出兵任务，即使他的谴责强词夺理，周保权也不敢发一言反对。

　　乾德元年（963年）二月末，慕容延钊遣战棹都监武怀节等分兵取岳州。宋军在距岳州十四里的岷江、沅江、湘江交汇的三江口处，大败南楚统军使黄从志军。此战武怀节等生擒黄从志与将校十四人，缴获战船七百余艘，斩首四千余级，遂取岳州，打通了通向朗州的水路。

　　三月，张从富等在澧州南与宋军相遇，还未交战，南楚军望风而溃。李处耘紧紧追击，向北追至敖山寨，南楚守军弃寨逃跑，宋军俘获甚众。李处耘挑选被俘士兵中数十名肥胖者，令士兵们分食之。被俘的士兵，胆战心惊地看着明晃晃的刀砍向自己的同伴，血肉横飞间，一声声惨号刺入耳中，大口吃人肉的宋军士兵发出狞笑声，简直是人间地狱。李处耘恫吓南楚军，瓦解了敌人军心，但是采取如此残忍的方式令人发指。

　　南楚俘虏中年轻体健者，都被面部刺字后放归朗州。天明后，慕容延钊也率军到达敖山寨。听到入城军士描述被俘者被宋军活活吃掉的场面后，守城的士兵无比惧怕，纵火焚朗州城，驱逐城内居民逃奔山谷。宋军进入朗州，生擒指挥使张从富，在西山下将其处死。南楚军将汪端劫持周保权及家属，藏匿沅江南岸僧舍中。李处耘遣田守奇前往僧舍搜捕，汪端扔下周保权后逃走，田守奇将周保权带回朗州。

　　行营前军马军都指挥使尹崇珂为人谨慎厚重，宋初为资州刺史时有善政，当地百姓诣阙请求立碑铭记他的功德，宋太祖令殿中侍御史李穆撰文赐给资州百姓。基于此，宋太祖以尹崇珂为朗州团练使，镇抚武陵。亲信户部侍郎吕余庆出知潭州，后相继知襄州、襄阳府。

宋军用时一月余，尽占湖南之地，取得潭、衡、邵、郴、道、永、全、岳、澧、朗、蒋、辰、锦、溪、叙十五州与桂阳监；得县六十六，户九万七千三百八十八。

## 第二节　两路分兵灭后蜀

大宋攻取荆、湖之地，打通了入蜀的通道，后蜀成为大宋攻城略地的第三个目标。

### 一、孟氏据蜀

邢台龙冈人孟知祥，字保裔，祖父孟察与父亲孟道都是州郡军队中的低级军官，伯父孟方立官至邢洺节度使，叔父孟迁官至泽潞节度使，孟知祥跟随唐庄宗征战，娶唐庄宗弟弟之女为妻，此女后封琼华长公主。

后唐同光三年（925年），庄宗命魏王李继岌与枢密使郭崇韬率军攻打前蜀，用时七十五天攻下后蜀王衍政权后，授太原尹、知留守事孟知祥检校太傅、同平章事、剑南西川节度副大使，知节度事。后唐明宗即位后，孟知祥攻占董璋所占东川后，领东、西两川节度使。长兴四年（933年），后唐明宗封孟知祥为蜀王。

次年（后唐闵帝，934年），孟知祥在蜀称帝，改元明德，以成都为都城，册立第三子孟昶为皇太子。

孟昶母李氏，原后唐庄宗宫人，庄宗赐给孟知祥，公元919年，孟昶在太原出生。后蜀明德元年（934年）七月，六十一岁的孟知祥去世，时年十六岁的孟昶袭位，仍然沿用明德年号，委托赵季良、张知业、李仁罕等处理政务，尊母李氏为皇太后。后蜀明德四年（937年），孟昶相继找借口诛杀李仁罕、张知业，开始亲政。

孟昶亲政后，任用膏粱子弟王昭远、伊审征、韩保正、赵崇韬等亲信分掌后蜀军政大权，依然是所用非人。如宰相同平章事王昭远，自孟昶幼时就服侍在他的左右；宣徽南院使韩保正出身宦官世家，素不知兵；以孝顺母亲闻名的伊审征，位至宁江军节度使、同平章事，与王昭远共掌政务，自诩以安抚经略天下为己任，孟昶政事无大小都咨询他，这样的重臣，却在后蜀灭亡前首奉降表送到宋军营前，成为当时的笑料。再如仕历前蜀、后蜀五十年的李昊，终孟昶之世，位兼将相，利用权力谋取私利，岁入巨万；李昊生活奢侈，后堂姬妾穿罗绮者即有数百人之多。

孟昶重用素不习兵的王昭远等人，而追随孟知祥多年的高彦俦为政经验丰富，做事尽心尽力，却不予重用。孟昶母亲李太后曾提醒他：一旦后蜀有紧急军情，王昭远等人根本没有能力与谋略御敌，孟昶却当耳边风。可见孟昶既没有为政能力，更不具备选人用人能力。

中国古代大部分亡国之君生活奢靡，孟昶也是其中的一位。他沉迷于声乐享受，例如用七宝装饰溺器，其他生活用品也是极尽工巧与奢华。孟昶还沉迷于声乐享受，翰林学士欧阳迥擅长吹长笛，孟昶经常令他为自己吹奏乐曲。君臣享乐的名声，传至千里之外的中原地区，以至于大宋攻占后蜀后，宋太祖还经常召欧阳迥至偏殿，吹奏数曲。御史中丞刘温叟听说后，前去劝谏，此后宋太祖不复召见欧阳迥吹笛。

显德二年（955年），后周军队攻下秦、凤等州后，孟昶生出恐惧之意，放还之前俘获的后周濮州刺史胡立，致书后周世宗称大蜀皇帝，并且说自己家世邢台，愿与同为邢台同乡的世宗和睦相处，惹怒了世宗，不予回书。愈不自安的孟昶扩充军队，加强军备，在剑门、夔州、峡州等地积蓄军储，为缓解财政紧张，开始铸造铁钱，在境内流通使用。

宋军攻占荆南与湖南后，宰相李昊劝说孟昶向大宋入贡以保三

第六章　／卧榻之侧岂容他人酣睡／

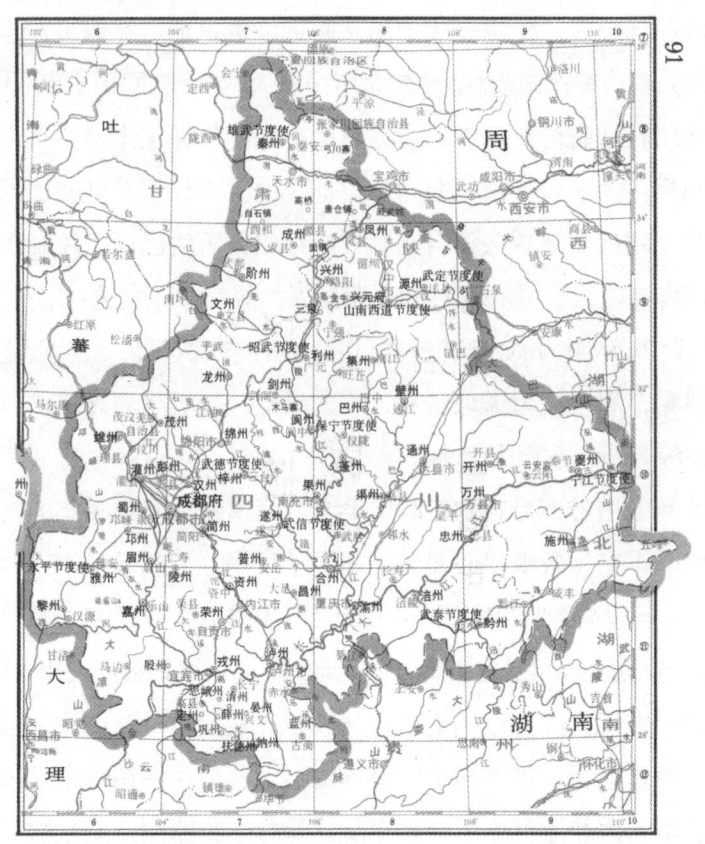

后蜀地图（来源于谭其骧先生《中国历史地图集》，中国地图出版社，1988年版）

蜀平安。孟昶欲遣使入贡，却被枢密使王昭远等坚决阻止，孟昶以奉銮肃卫马步军都指挥使韩保正为峡路都指挥制置使，屯戍夔州，招募水手，在涪、泸、戎等州增置水军，加强防守。

王昭远没有军功，因孟昶亲信之故，官至通奏使、知枢密院事，时论非之。山南节度判官张廷伟献策，建议与北汉结盟攻宋，北汉兵南下，张廷伟即自黄花、子午谷发兵响应，使大宋表里受敌，那么关右之地便可为后蜀所有。王昭远也想建立大功，稳坐高位，劝后蜀主孟昶遣枢密院大程官孙遇、兴州义军军校赵彦韬以及杨蠲等携带蜡丸帛书间道送交北汉主刘崇，称后蜀已在褒、汉增加兵力，约请北汉发兵过黄河攻宋。

二、西征后蜀

翰林医官穆昭嗣原在荆南为官，宋太祖数次召见，询问后蜀的山川地形状况，穆昭嗣回答：

> 荆南即西川、江南、广南都会也。今已克此，则水陆皆可趋蜀。

知己知彼，百战不殆。高明的军事家不打无准备之仗。听到穆昭嗣的回答后，宋太祖龙颜大悦，只是一直在等攻打后蜀的机会。

乾德二年（964年）十一月，孙遇、杨蠲、赵彦韬等到达东京。赵彦韬窃取了蜡丸帛书，献给宋太祖。在看到孟昶书中"只待灵旗之济河，便遣前锋而出境"等语，宋太祖终于找到了孟昶与北汉勾结的证据，欣喜地对大臣们说："吾用师有名矣。"赵彦韬后因向导之功，被授予兴州刺史。

后蜀统治区域内有四十五州，下辖一百九十八县，户五十三万四千三十九（也有记载为四十六州，二百四十县，户五十三万四千二十九），远远大于荆南、湖南，且有崇山峻岭可以凭恃，宋太祖对这次攻打后蜀的战争非常重视，派出了强大的出征阵容，分别从北、东两路出兵：凤州路宋军以北忠武军节度王全斌充西川行营前军兵马都部署，武信军节度使、侍卫亲军步军都指挥使崔彦进为副，枢密副使王仁赡充都监，率领步、骑兵三万人由凤州进入后蜀；归州路宋军以江宁军节度使刘廷让（字光义）为西川行营前军兵马副都部署，枢密承旨曹彬副之，率禁军步、骑兵与诸州步、骑兵各一万人，由归州道进入后蜀。给事中沈义伦为随军转运使，均州刺史曹翰为西南面转运使，龙捷右厢都指挥使史延德任马军都指挥使，虎捷右厢都指挥使张方友任步军都指挥使，陇州防御使张凝任先锋都指挥使，左神武大将军王继涛任濠砦使，内染院使康延泽担任马军都监，翰林副使张煦担任步军都监，供奉官田仁朗任濠砦都监，殿直郑橒、刘汉卿以及步军都军头向韬等都随军出征。

宋太祖提醒王全斌等人说，后蜀驻守西川的将校多是北方人，能为宋军向导者、提供军粮者、率军归顺者以及举城来降者，要优抚赏赐。同时，还提醒众将注意军纪，禁止焚烧村舍、掠夺后蜀官民、挖坟砍树等行为，违者按军纪处罚。可以想见宋军军纪并不严明，不然宋太祖也不会专门提醒。

大军出发前，宋太祖在崇德殿宴请众人。诏令孙遇、杨蠲等指明后蜀山川道路状况，城寨守卫兵力情况，让画工画成地图，为王全斌行军作战提供参考。宋太祖问王全斌等人：

西川可取否？

王全斌等异口同声回答：

臣等仗天威，遵庙算，克日可定。

王全斌等可谓信心满满，让宋太祖放心。充行营马军都指挥使的龙捷右厢都指挥使史延德上前奏道：

西川一方，傥在天上，人不能到，固无可奈何。若在地上，以今之兵力，到即平矣。

史延德的补充回答，更是豪情万丈，宋太祖深受感动，对众将说：

汝等果敢如此，我何忧乎？

接着，又叮嘱众将战利品分配事宜，以激励士兵们作战：

> 凡克城砦，止藉其器甲刍粮，悉以钱帛分给战士。

宋太祖赏赐王全斌等金玉带、衣服、鞍马、兵器等；同时将后蜀在江陵的官员、士兵赐给钱帛后，都放还。

十一月，孟昶得到宋军将至的军情报告后，以通奏使、知枢密院事王昭远为北面行营都统，左右卫圣马步军都指挥使赵崇韬为都监，山南节度使（治兴元府，治所在南郑县，今陕西汉中市东）韩保正为招讨使，武定军节度使（治洋州，今陕西洋县）李进为副招讨使，率后蜀军抗击北面来犯的宋军。孟昶对王昭远说："今日之师，卿所召也，勉为朕立功。"王昭远好读兵书，自以为颇有谋略。后蜀军出发前，宰相李昊等在成都城外饯行，王昭远手执铁如意指挥诸将，还将自己比作诸葛亮。酒意正浓时，他撸起袖子指着李昊，大夸海口："我此行何止是克敌，当率领这二三万雕面恶小儿，攻取中原易如反掌。"

王全斌等率北路宋军在孙遇、杨蠲等人的带领下，相继攻下后蜀乾渠渡、万仞、燕子等寨。十二月，北路宋军打败据守兴州的七千后蜀军，遂下兴州（今陕西略阳）城，城中储存的四十余万石军粮成为宋军的战利品。驻守在兴元府的后蜀兴元武定缘边诸砦屯驻都指挥使韩保正听闻兴州被宋军攻破的消息后，又见宋军来势汹汹，斗志早被吓到九霄云外，赶紧弃守兴元府，与刺史蓝思绾率七千后蜀军撤退至西县（今陕西勉西县），王全斌等又攻下石图、鱼关、白水阁等二十余寨。

韩保正畏惧宋军兵威，不敢出击，而是命数万兵力依山背城结阵自固，北路宋军先锋、行营马军都指挥使史延德先至西县，击破后蜀军阵，攻入西县城内，俘获韩保正及部将李进，获取军粮三十余万斛。凤州路行营前军兵马副都部署崔彦进与马军都监康延泽等攻克三泉（今陕西宁强西北），遂至嘉川（今四川广元东南），孟昶命后蜀军焚毁栈道，退保葭萌（今四川剑阁东）。

王全斌与众将商议，由罗川路进军。马军都监、内染院使康延泽私下对凤州路行营前军兵马副都部署崔彦进建议：

罗川路险，众难并济，不如分兵修栈，约会大军于深渡可也。

崔彦进将上述康延泽分兵建议告诉王全斌，后者遂采纳分兵之策。数日之后，栈道修复，崔彦进率军夺取后蜀金山寨，又破小漫天寨，王全斌率大军由罗川至深渡，与崔彦进会合。后蜀军依江列阵，崔彦进遣步军都指挥使张万友等出战，战败的后蜀军乘夜色退保大漫天寨。翌日，崔彦进、康延泽、张万友兵分三路进攻大漫天寨。倾寨而出的后蜀军不是宋军对手，大漫天寨被宋军夺取，寨主、义州刺史王审超，监军赵崇渥及三泉监军刘延祚皆成俘虏。

都统王昭远、都监赵崇韬率军增援，三战皆被宋军打败。王昭远等向利州（今四川广元）北方向溃逃至利州北，渡过桔柏津，焚烧浮桥，退保剑门关。王全斌大军进入利州城，获得军粮八十万斛。

远在东京的宋太祖时刻关注着千里之外的战场。一日，大雪过后，宋太祖穿戴紫貂裘帽都觉天冷，为表示对出征将士的关怀，解下自己的紫貂裘帽，遣中使飞驰赐给王全斌。王全斌收到后感激涕零，诸将亦是。

乾德三年（965年）正月，王全斌率大军自利州出发，攻打剑门。剑门天险，有一夫当关、万夫莫开之称。行至益光时，王全斌召集众将商议进取之策。根据侍卫军头向韬与康延泽的建议，王全斌命史延德率偏师经剑门关东的来苏小道，与主力夹击剑门关。

剑门关位于大剑山中断处，是入蜀的咽喉，蜀汉时称剑阁关，唐朝时始称剑门关。剑门关是后蜀军事重镇，也是北路宋军入蜀的通道，故剑门关一战，对交战的双方来说，都非常重要。

史延德率偏师到达嘉陵江东岸的清疆，王昭远等退守汉源坡，遣部将守卫剑门关，王全斌派精兵击溃汉源坡守军。后蜀军退至汉源，都监赵崇韬布阵，策马先与宋军交战，坐在胡床上的王昭远两腿发软打战，不能站起。后蜀军战败后，赵崇韬仍然斩杀了数名宋军后才被俘，王昭远丢盔弃甲逃命。王全斌夺取剑州，杀后蜀军万余人。逃到东川的王昭远，藏在民户仓舍中，悲叹流涕，双目哭肿，念着唐朝诗人罗隐"运与英雄不自由"的诗句，被宋军俘获。

得到王昭远战败的消息后，恐惧不安的孟昶，拿出国库钱财招募士兵抗击宋军，以皇太子孟玄喆为统帅，武信军节度使、兼侍中李廷珪与武定军节度使、同平章事张惠安为副，率精兵万余人增援剑门关。孟玄喆素不习武，军事上是外行，李廷珪与张惠安也是庸碌怯懦、没有见识之辈，孟昶让他们来把守剑门关，这算是给大宋大军的一道送分题。

前线军情十万火急，孟玄喆等离开成都时，却打着刺绣的军旗，旗杆缠绕着锦绣。出发时天降微雨，孟玄喆担心淋湿旗帜，即令解去，雨停，随即挂起，数千旗帜都倒悬旗杆上，令人惊讶。随行的还有孟玄喆的姬妾、乐器、数十名伶人，哪里像去战场，完全是游山玩水的阵势！眼前是娇媚妖娆的姬妾，耳中传来丝竹靡靡之音，军政、任务，他早已忘到九霄云外。兵贵神速，慢吞吞的孟玄喆才行至绵州，听闻宋军已经攻破剑门关，与李廷珪商量后，准备退保东川。翌日，弃军向成都逃去，一路逃一路焚毁房舍仓库。

由归州路进攻的东路宋军自江陵（今湖北荆州市荆州区）沿长江西上入后蜀境内，连破松木、三会、巫山等寨，先后俘获后蜀将领南光海、战櫂都指挥使袁德宏万余人，渡过长江，在南岸斩杀后蜀军三千余级。十二月，东路宋军逼近后蜀夔州（今重庆奉节白帝城）。

第六章 / 卧榻之侧岂容他人酣睡 /

夔州位于长江瞿塘峡口，扼控巴蜀东门，杜甫"白帝高为三峡镇，夔州险过百牢关"[1]，形象地描绘了夔州山高川急、地形险要之势，历来是兵家必争之地，也是后蜀的江防重镇。广政二十二年（959年），孟昶授功德使高彦俦夔州宁江军都巡检制置、招讨使，加宣徽北院事、利州昭武军节度使。高彦俦在夔州附近的江面上架设了三座浮桥，每座浮桥上皆置一战棚，夹江两岸排列战砲，封锁江面。

刘廷让等出发前，宋太祖指着地图上后蜀夔州的江防设施说：

我军至此，溯流而上，慎勿以舟师争胜，当先以步骑陆行，出其不意击之，俟其势却，即以战棹夹攻，取之必矣。

宋太祖不愧是军事家，提出的避实击虚之策适用攻打夔州。刘廷让率军至夔州浮桥三十里处时，舍舟步行，先夺取三座浮桥，复夺后蜀守军战船，乘船上行破州城，守将高彦俦自焚，皆如宋太祖所料。刘廷让驻军于白帝庙西。

高彦俦对副使赵崇济、监军武守谦说：

北军涉远而来，利在速战，不如坚壁以待之。

武守谦反对，他说：

寇据吾城下而不击，又何待也？

随后，武守谦独领麾下千余兵力出战。刘廷让遣马军都指挥使

---

[1] 杜甫.《夔州歌十绝句》之一，全诗为："中巴之东巴东山，江水开辟流其间。白帝高为三峡镇，夔州险过百牢关。""夔州"一作瞿唐。"百牢关"，在汉中西南，两壁山相对，六十里不断，汉水流其间，与夔州瞿塘峡相似。

张廷翰等率军迎击，两军在猪头铺大战，武守谦败退，高彦俦整军欲出时，张廷翰已乘胜攻入夔州城。高彦俦拼命厮杀，身上创伤十余处，战袍几被染红，身边的士兵们纷纷倒下，败局已定。高彦俦奔回官署中，判官罗济劝高彦俦单骑逃回成都，高彦俦认为自己无面目见后蜀都人；罗济又劝高彦俦投降，高彦俦说不能独自偷生，只有一死。随即解下符印，交给罗济，整理衣冠向成都方向再拜后，登楼纵火自焚。后蜀江防重地夔州，完全被宋军攻下。后数日，刘廷让从灰烬中找到高彦俦遗骨，以礼收葬。

东路宋军行至施州时，后蜀施州刺史龙景昭率官吏携带牛、酒犒劳宋军，迎入施州城内。宋太祖得知此事后心情愉悦，平后蜀后，授龙景昭永州刺史之职。万州、忠州、开州等州刺史皆开门迎接宋军。刘廷让大军至遂州后，知州事、少府少监陈愈亦降。刘廷让入城后，将府库中的钱帛全部分给军士。宋军所过州县，众将皆欲屠戮以耀兵威，都被曹彬禁止，东路宋军得以秋毫不犯。宋太祖听闻后，欣喜地说："吾任得其人矣。"下诏褒奖曹彬。

### 三、孟昶出降

剑门关失守，皇太子孟玄喆也逃回成都，孟昶真正体会到热锅上蚂蚁那般彻底绝望惊恐之感。孟昶召集大臣商议御敌之策，老将石斌分析宋军长途跋涉必然后勤供给不及时，只要聚兵固守成都以逸待劳，宋军必会撤退。孟昶哀叹：

> 吾父子以丰衣美食养士四十年，及遇敌，不能为我东向发一矢。今若固垒，何人为我效命？

孟昶可以写出"冰肌玉骨清无汗，水殿风来暗香满"①之类的诗作，但为政上却是不称职。上面他所说无人效命等语只是部分事实，作为后蜀最高统治者，自己的失职他却意识不到，不能说不是一种悲剧。司空、兼武信军节度使平章事李昊劝孟昶封府库请降，孟昶同意李昊建议。李昊有请降的经验——后唐庄宗攻打前蜀时，王衍向后唐投降的降表便是颇有文采的李昊书写，现在孟昶准备向大宋投降，也让宰相李昊书写降表。蜀人偷偷在李昊大门上书："世修降表李家"，见者皆讥笑。

乾德三年（965年）正月初，王全斌率北路宋军到达魏城。初七日，孟昶遣通奏使、宣徽南院使伊审征携降表至王全斌军请降。十一日，孟昶担心伊审征未至，再遣供奉官王茂隆携带降表请降。十二日后，伊审征、王茂隆相继到王全斌军前，王全斌遣先锋都监、通事舍人田钦祚乘驿入奏宋太祖，又遣康延泽率百名骑兵至成都城内见孟昶，安抚后蜀军民，封存府库，三日后回营。

王全斌行至成都城外十里处的升仙桥。十九日，孟昶率领子、弟等在王全斌军前举行归降礼。孟昶宠爱的花蕊夫人后作的"君王城上竖降旗，妾在深宫那得知。十四万人齐解甲，更无一个是男儿"诗，描绘的便是此时情景。

孟昶投降没多久，王全斌将成都后蜀降兵二万七千人杀死。王全斌等进入成都后数日，刘廷让等才至。孟昶馈送刘廷让大军的犒师礼物与王全斌军相同，宋太祖下诏，赏赐两路宋军规格亦同，仍然不能避免两路将士互相争功相忌之现象。宋军出征前，宋太祖要求王全斌凡事必须同诸将商议，大家签署同意方可施行，即便是小事也不能独自决断，然而王全斌、崔彦进、王仁赡等人日夜饮宴，

---

① 孟昶《玉楼春 避暑摩诃池上作》诗："冰肌玉骨清无汗，水殿风来暗香满。绣帘一点月窥人，欹枕钗横云鬓乱。起来琼户启无声，时见疏星渡河汉。屈指西风几时来，只恐流年暗中换。"

不恤军务，纵容部下掠夺女子、财物，后蜀百姓非常不满。曹彬多次请求回师，王全斌不同意。北路宋军在后蜀的酷杀与掠夺，激起蜀地人民的不断反抗，大宋先锋都指挥使高彦晖在镇压中战死。

后唐平前蜀王衍用七十五日，宋军征讨后蜀，自王全斌大军出发至孟昶投降，历时六十六天结束。二月，宋太祖诏令孟昶举族赴阙，下诏安抚后蜀境内百姓，以参知政事吕余庆由襄阳府调来知成都府，枢密直学士冯瓒权知梓州，左拾遗王明知容州，郭守文知简州，以控制巴蜀地区。

吕余庆出发前，宋太祖面授机宜："蜀人思孟昶不忘，卿官成都，凡昶所榷税食饮之物皆宜罢。"吕余庆等刚到任所时，蜀地人民反抗此起彼伏。如冯瓒刚到梓州，原后蜀军军官上官进率三千余人裹挟数万百姓，夜攻州城，城内仅有云骑兵三百人，冯瓒智退攻城乱军，纵兵擒获、处斩上官进后，招诱赦免跟随攻城的千余人罪行，州境内才恢复平静。

吕余庆到成都后，首先对王全斌军中恃功骄恣、违犯军纪的士兵开刀，发现违纪者立即斩杀，使得军中畏伏；其次适当免除蜀地的税赋，减轻人民负担；郭守文招抚反抗的民众，来稳定当地社会秩序。王全斌等苛待归降的后蜀士兵不说，还将成都府投降的二万七千后蜀士兵杀害，诱发原后蜀将官、文州刺史全师雄叛乱，彭州、成都、梅州、雅州、简州、渝州、昌州、戎州等十七州并起为乱，导致驿路断绝月余。直至乾德四年（966年），才剿灭。王全斌、崔彦进等因为掠夺子女、金帛及受纳贿赂等后受到责罚，但是他们的行为对当地造成的恶劣影响却需要很长时间来消除。

五月，孟昶到达东京。六月，刚刚被封为秦国公的孟昶去世，年四十七岁，追封为楚王。

第六章 / 卧榻之侧岂容他人酣睡 /

## 第三节 扫平南汉刘鋹降

南汉远离中原地区，由于南汉末帝刘鋹的不臣服，惹怒了宋太祖，加上对北汉用兵无功而返，宋太祖两次出兵，使得刘鋹出降。

### 一、南汉主拒不臣服

唐懿宗咸通年间（860—873年），徙居泉州马铺的上蔡（今河南上蔡）人刘谦，为广州牙将，后因军功，相继为封州刺史（治封川，今广东苍梧县东南）、贺江（即贺水）镇遏使。唐昭宗时，刘谦去世，儿子刘隐成为岭南节度使刘崇龟的牙将，后亦为封州刺史。刘隐在节度使府任职多年，对节度使府的政务与军务都很熟悉，唐昭宗光化三年（900年），故相徐彦若任清海军节度使（岭南节度使）时，辟举刘隐为清海行军司马，将节度使府军政委托他处理。翌年（天复元年，901年），徐彦若病逝，刘隐自称清海节度留后。在岭南经营多年的刘隐不甘心只为留后，以贿赂朱温得任清海军节度使，数年后，成为后梁太祖的朱温，封刘隐为南海王。

后梁乾化元年（911年），刘隐病死，刘谦庶子、节度副使刘岩为节度留后，不久，后梁任命他为清海军节度使。后梁贞明元年（915年），刘岩到长沙迎娶楚王马殷女为妻，得知吴越钱镠封吴越国王的消息后，因自己还是南平王（南平为郡王）愤愤不平，上表请求封自己为南越国王，遭到拒绝。刘岩对僚属说："今中国纷纷，孰为天子！安能梯航万里，远事伪庭乎！"此后，刘岩不再遣人赴后梁入贡。幕僚杨洞潜建议刘岩称帝，刘岩也有此意。贞明三年（917年）八月，刘岩在番禺称帝，国号"大越"。第二年（贞明四年，918年）十一月，改国号为"汉"，史称"南汉"，刘岩为南汉高祖。

南汉高祖之后，帝位两传至中宗刘晟，刘晟稳定政局后，开始扩展南汉版图。公元948年（后汉隐帝乾祐元年，南汉中宗乾和六年），朗州节度使马希萼（马殷第十三子）想夺取弟马希广的楚王王位，南楚境内混战不断，刘晟乘机出兵，袭取南楚的贺州、昭州。在各割据势力的鹬蚌相争中，南汉这个"渔翁"趁乱得利，攻下桂州、郴州、柳州等地，将马楚势力赶出岭南地区，扩大南汉的疆域。

南汉政权与中原地区之间有荆南、湖南、南唐等割据政权存在，加上统治区域扩大等因素，使得南汉统治者有一种自大感觉，刘岩"孰为天子！"之语，就是轻视中原政权的准确表述。南汉统治者自后梁末帝时停止对中原王朝的入贡后，无论后汉、后周，以及取代后周的大宋，都未入贡表示臣服。

赵匡胤称帝后，面临稳定政权、平定李筠及李重进叛乱、以及削夺诸将兵权等亟须解决的问题，顾不上远在广南的南汉政权；再者，在宋太祖的统一计划中，南汉暂时也没有提上用兵日程。南汉主刘鋹却不断挑衅。

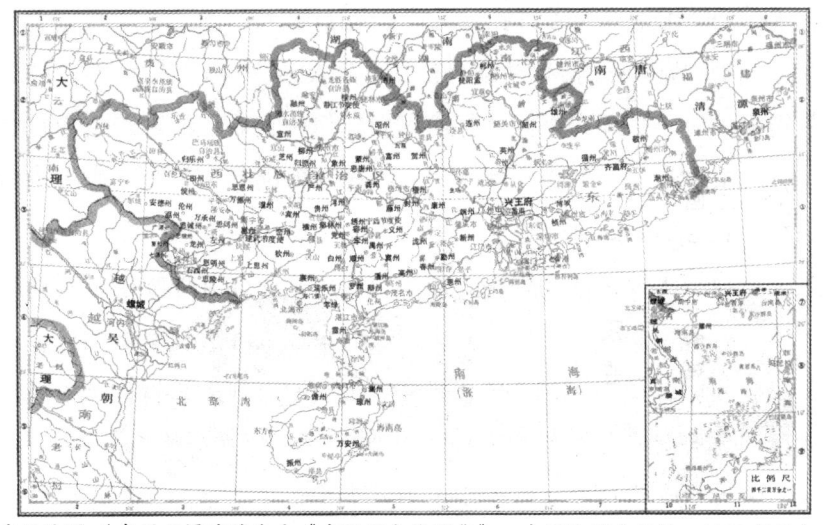

第六章 / 卧榻之侧岂容他人酣睡 /

南汉地图（来源于谭其骧先生《中国历史地图集》，中国地图出版社，1988年版）

宋太祖即位时有功的潘美，屡次被委以重任：平定李重进叛乱后，留潘美为扬州巡检；夺取湖南之地后，人心未宁，宋太祖以潘美为潭州防御使，担任镇抚重任，同时负有防御南汉之职。乾德元年（963年）八月，南汉军数次侵扰桂阳、江华，都被泰州团练使、潭州防御使潘美击退。

二、征伐南汉

乾德二年（964年）九月，宋太祖命南面兵马都监引进使丁德裕、潭州防御使潘美、朗州团练使尹崇珂、衡州刺史张勋率军攻打郴州，右补阙王明为荆湖转运使。潘美等攻下郴州，杀南汉刺史陆光图、招讨使暨彦赟，战败的南汉军退及保韶州。十月初一日，宋廷以张勋为郴州刺史，防御南汉军。南汉内常侍、禹余宫使邵廷琄多次对刘鋹说，由于中原政权战乱不断，南汉得以远离战乱，以至于南汉兵不识干戈，不知进攻的战旗、战鼓为何物，人主不懂存亡之道，大宋统一天下是必然之势，南汉必须居安思危整饬军备，防御宋军南攻，否则悉出内府珍宝献出表示臣服。懵懂的刘鋹认为邵廷琄危言耸听，内心嫌恨他的直言伤人。此时，刘鋹想到邵廷琄的逆耳之言了，乃以邵廷琄为招讨使，领水军屯驻洸口。

宋军攻克郴州时，俘获南汉宦官十余人，其中有一人名叫余延业，生得干枯瘦小。宋太祖问他在南汉担任何种官职，他回答说为扈驾弓官。宋太祖看到他矮小的身材，不相信他能开弓射箭，命人将弓箭交给他，余延业用尽全力却拉不开弓。看着余延业憋得通红的瘦脸，宋太祖哈哈大笑，询问刘鋹为政情况。余延业详细地叙述了刘鋹对百姓实行烧煮剥剔、刀山剑树之刑，命令罪人斗虎抵象酷刑；邕州民只要入城就须交一钱，琼州一斗米须交四五钱的重税；所居宫殿用珍珠、玳瑁装饰，置有数十座离宫供刘鋹巡幸游乐等待。

宋太祖听后惊骇异常，南汉百姓太可怜了，他不由得说："吾当救此一方之民。"乾德三年（965年）八月，南汉宦官莫少璘等七人来降，宋太祖又详细询问政治、军事情况。

在宋太祖赵匡胤的统一计划中，北汉是排在南汉之前的。开宝元年（968年）八月，宋太祖命客省使卢怀忠等二十二人领兵屯潞州，准备攻打北汉。次日，以昭义节度使同平章事李继勋为河东行营前军都部署，侍卫步军都指挥使党进副之，宣徽南院使曹彬为都监；棣州防御使何继筠为先锋部署，怀州防御使康延沼为都监；建雄节度使赵赞为汾州路部署，绛州防御使司超副之；隰州刺史李谦溥为都监，大举征伐。当时，北汉主刘继元刚立，宋军已进入北汉境内，刘继元急忙遣使赴辽，上表请求出兵为援。宋军进军所向披靡，很快逼近太原城下。十月，宋太祖遣使携带诏书至太原，谕令北汉主刘继元归降，约定授予他平卢节度使，刘继元不同意。辽军援兵到后，李继勋等皆引兵返回，北汉军乘机入侵，劫掠晋、绛二州境内民户。宋太祖此次用兵，未完成预期计划。

开宝二年（969年）正月，宋太祖亲征北汉。宋军如开宝元年一样，很快攻至太原城下。至闰五月时，太原城仍未攻下。天降大暴雨，在湿漉漉的草地上宿营的宋军患病者渐多；辽国又遣南大王来援，驻兵太原城下，宋军天时、地利与人和皆不占，宋太祖决定撤军。宋军撤退时扔下了粟三十万、茶绢各数万的军用物资，被北汉主刘继元捡了大便宜。宋军扔下大量军用物资，说明宋军撤退得非常仓促，暂时攻不下北汉，是大宋君臣达成一致的认识。

之前，南汉主刘鋹举兵侵犯道州时，道州刺史王继勋上奏说刘鋹昏庸残暴，压榨百姓，且多次出兵侵犯边境，请求征伐南汉。当时，宋太祖因为对北汉用兵，不欲南北同时用兵，命南唐主李煜转告刘鋹将之前占领的桂州、贺州等湖南旧地归还，表示臣服即可。南唐主李煜按照吩咐，遣使致书给刘鋹。刘鋹不同意。李煜又遣使致书给有旧交的南汉给事中龚慎仪，再次重申宋太祖"彼若以事大之礼而事我，则何苦而伐之；若欲兴戎而争我，则以必取为度矣"的态度，以荆南、湖南占据山水之利都被宋军攻占之事实，请龚慎仪劝说刘鋹认清形势，以小事大，臣服宋太祖是顺势之举。刘鋹收到李煜书信后，囚禁了龚慎仪，在回书中语出不逊。李煜无计可施，将刘鋹的回书上交宋太祖。

第六章 / 卧榻之侧岂容他人酣睡 /

既然北汉攻伐不下，可以调转进攻的方向。开宝三年（970年）九月初一日，宋太祖以潭州防御使潘美为贺州道行营兵马都部署，朗州团练使尹崇珂为副都部署，道州刺史王继勋为行营马军都监，王明为随军转运使，命令诸州军队奔赴贺州城下。

宋军由昭州向东南进军，在富州击败南汉军万余人，攻克富州，打到富州东南的白霞。南汉贺州刺史陈守忠遣使告急，南汉朝廷内外震恐。南汉主刘鋹昏庸懦弱，整日游宴享乐，宿将多被谗言害死，宗室翦灭殆尽，以不懂军事的宦官龚澄枢、陈延寿等数人掌军。得到陈守忠急报后，刘鋹遣龚澄枢赴贺州抚慰守军。贺州守军久驻边疆以致士兵贫穷者多，以为龚澄枢来必定会大加赏赐，结果只是携带诏书而已，士兵空欢喜一场，军心涣散。宋军攻下冯乘，先头部队至芳林，龚澄枢得知宋军将至，惶然逃奔，乘轻舟逃回广州。宋军包围贺州城。

刘鋹召集大臣商议抗击之策，众人一致推荐颇读兵书、立有战功的宦官潘崇彻领兵，对抗宋军。南汉西北面招讨使吴怀恩对待部下苛刻，被怨恨的部下杀死，刘鋹以潘崇彻接任西北面招讨使。一年后，刘鋹怀疑潘崇彻有异心，派人察看，发现潘崇彻日夜与百余名伶人着锦绣之衣，吹奏玉笛，长夜饮酒，不恤军政，遂罢免他的兵权。潘崇彻自从被罢西北面招讨使兵权后，怏怏不乐，看到众官推举他抗击宋军，以目疾推辞。刘鋹发怒：

**何须崇彻，伍彦柔独无方略耶！**

刘鋹遣伍彦柔领兵援贺州。宋军侦察到南汉援兵将至，立即后退二十里，秘密布置奇兵潜伏在南乡的贺水（贺江）岸边。伍彦柔夜间到达南乡，将战船停停泊在岸边。天明后，伍彦柔踞胡床指挥军队登岸。埋伏的宋军突然跃起攻击，南汉军瞬间大乱，大部分被杀死，伍彦柔被擒获，枭首以示城中守军。

宋军强攻之下，贺州仍然未下。翌日，随军转运使王明向潘美等建议：

> 当急取之，恐援兵至，则我师胜负未可知。

城内守军其实已无斗志，围城的宋军众将犹豫不决，王明披戴盔甲，率领护送辎重的百余名士兵和数千名民夫举起畚、锸，填平贺州城外壕沟，冲至城门下。城上守军被王明等气势震慑，开门投降，贺州遂克。

宋军声言以水军顺贺江而下，直驱广州。刘鋹忧惧不已，却无良策，只能给潘崇彻加官为内太师、马步军都统，令他率领三万兵力屯守贺江。宋军却调转方向奔向昭州，潘崇彻不想为刘鋹效命，只是拥众自保而已。

十月，行营马军都监道州刺史王继勋卒，宋太祖下诏以郴州刺史朱宪代替。宋军破南汉开建寨，擒其将靳晖，昭州刺史田行稠弃城逃跑，桂州刺史李承进也逃回广州，宋军沿丽江而上，攻克昭州、桂州。

当月，宋军攻下连州，南汉连州招讨使卢收率所部南退至清远。南汉当初取得桂、连二州时，将城内居民全部迁至城外，大宋令当地官员招抚，建造庐舍安顿百姓。刘鋹收到战报后，对大臣们说：

> 昭、桂、连、贺本属湖南，今北师取之足矣，其不复南也。

刘鋹显然判断错误，宋太祖发兵的目的是占有整个南汉，不仅仅昭、桂、连、贺等数州之地。

十二月，潘美因战功改为南面都部署，率军长驱至韶州城外。

韶州，为广州北进的门户，战略位置重要，刘鋹遣都统李承渥领兵十余万，列阵于莲华山下，抵抗宋军。

岭南地区当时大象很多，大象也被用于作战。南汉军训练大象列阵，每头大象载十数士兵，凡是交战前都置于阵前，以壮军威。大象皮糙肉厚，宋军采取劲弩集中射大象，大象中箭后既惊又痛，向阵后奔驰，象背上的士兵纷纷掉落，南汉士兵很多被大象踩踏死去，李承渥只身败逃。潘美率军一鼓作气，攻下韶州，擒刺史辛延渥、谏议大夫邹文远，斩杀俘获南汉军数万人。

开宝四年（971年）正月，潘美等攻取南汉英州、雄州，潘崇彻向宋军投降。潘美等驻扎泷头。刘鋹遣使请和，且求缓师。泷头山水险恶，潘美等疑有伏兵，挟持南汉使者快速通过。克栅口，至马径，屯兵双女山，俯瞰郭崇岳所置栅栏。潘美数派骑兵讨战，本无将才的郭崇岳，带领韶、英州的败卒，全无斗志，植廷晓欲与宋军战，奈何郭崇岳反对，南汉军唯有坚壁自守，昼夜祷祠鬼神而已。

刘鋹身为一国之君，不思如何抵抗宋军，而是准备逃跑。他调用十余艘大船，装载金宝、妃嫔欲逃入南海，没来得及出发，宦官乐范与千余名卫兵盗走这些船先逃。

刘鋹遣王珪等诣潘美军营上表求通好，又遣左仆射萧漼、中书舍人卓惟休奉表乞降，请求以祯王刘保兴率领百官迎接宋军。潘美出征前，宋太祖说南汉能战则与之战，不能战则劝之守，不能守则谕之降，不能降则死，不能死则亡，除这五点外，其他情况都不接受。潘美以刘鋹不来迎接不纳降，即令殿直冉彦衮护送王珪、萧漼、卓惟休赴阙。萧漼等被宋军扣留不返，刘鋹更加恐惧，命令郭崇岳严加戒备。二月初一日，刘鋹垂死挣扎，命弟弟祯王刘保兴判六军十二卫，率军抵御宋军。

植廷晓对郭崇岳说，宋军乘席卷之势，锐不可当，南汉军人数虽多，却缺乏斗志，倘若不向宋军进攻，只能坐受其毙。翌日，植廷晓领前军据水列阵，令郭崇岳殿后，准备乘宋军渡江时发起攻击。植廷晓率军力战，仍然以失败告终，郭崇岳逃归栅栏后。

宋军修筑营垒休息，潘美观察到南汉军营寨栅栏为竹木编制，与众将商议说：

> 南汉军编竹木为栅，若以火攻之，南汉军必会溃乱，我方以精锐部队夹击，是歼敌的万全之策。

火攻，是中国古代战争中常用的一种战术，《孙子兵法》中专门列出了"火攻篇"。南汉军营竹木材质的寨栅符合火攻条件，王明等将官一致赞成潘美的提议，命数千名丁夫每人持两支火把，绕道至南汉军营栅外清除外围障碍，大军准备草垫列阵以待。夜幕降临，万支火把齐燃，焚烧南汉军营栅。恰巧刮起的大风，掀翻屋顶，折断树干，风助火势，大火更猛，烟尘飘落到很远的地方。受惊的南汉军向宋军进攻，潘美指挥部下立即反击，击败敌人，斩首数万计，郭崇岳死于乱军之中，刘保兴逃归广州。

龚澄枢、李托与内侍中薛崇誉却认为宋军前来目的，是贪图南汉府库中的珍宝，他们商议焚毁珍宝，认为宋军得到空城后，"必不能久驻，当自还也"，于是纵火焚府库、宫殿，一夕烧尽。潘美率军长驱广州，擒获刘鋹，遣郭守文护送刘鋹至京师，露布以闻[①]。

宋军扫平南汉，随军转运使王明出力甚多。原因在于岭南地区群山逶迤，地形复杂，崎岖的山间小路上不能行车，运输军用物资只能靠数万民夫像蚂蚁搬家似的人力运送，保障后勤供给。宋军每克一郡一城，王明都先收集保管簿书、保卫仓库。得州六十、县二百十四、户十七万二百六十三，依据的是王明收集的簿书记录。

---

① 露布，是一种写有文字并用以通报四方帛制旗子，多用来传递军事捷报。古代战场上士兵高举露布，骑马奔驰，一路传递捷报，让更多人知晓。

王明因功授韶州刺史，转运使。

攻克广州当日，宋太祖命潘美与尹崇珂同知广州、兼市舶使。五月，潘美、尹崇珂同为岭南转运使，王明为副使，负责转运南汉物资至东京。

被宋军占领的南汉，与其他被占领的地区一样，并不是老老实实服从宋太祖的统治、宋政府的管理，而是起来反抗。开宝五年（972年），原南汉宦官开府乐范、容州都指挥使邓存忠、韶州守将周思琼、春恩道都指挥使麦汉琼等，据容、韶等五州之地反叛。这次南汉残余势力的反叛规模很大，太祖遣中使李神祐督战，潘美、尹崇珂等用了数月，才将叛乱平定。

## 第四节　水陆并进灭南唐

南唐，是十国里面积最大的割据政权，也是南方割据政权中势力最强者，后周世宗三次征淮南，才迫使南唐主李景臣服。大宋建立后，南唐继续称臣，但是攻占南唐才是宋太祖的目的，为此，他进行了长期充分的准备工作，包括水战训练、了解南唐兵力部署与拉拢吴越扩大己方力量、等等，终于在开宝八年（975年）将南唐变成大宋版图的一部分。

一、宋太祖蓄谋已久灭南唐

建隆元年（960年）十一月，李重进叛乱被平定后，南唐国主李景遣左仆射严续来犒师，五日后，复遣儿子蒋国公李从镒与户部尚书冯延鲁来买宴①。宋太祖见到冯延鲁后，决定趁此机会敲打敲打南唐，疾声厉色地质问："你们国主为什么与大宋叛臣来往呢？"

李从镒是李煜第八子，为人警敏，擅长文章；冯延鲁在政治上

---

① 中国古代专制社会中，臣下献钱财参与国君所设的宴会。

锐意进取，经常建议南唐攻打吴越等周边割据政权以邀取功名，南唐特意选二人买宴，也是希望能不损国威。冯延鲁听到宋太祖的质问后，面不改色心不慌，不急不忙地开始反问宋太祖："陛下只知道我们和李重进来往，怎么不知道预防他谋反，更不知道这件事的详情。"宋太祖被冯延鲁将了一军，不由一愣，询问因何这样讲。冯延鲁告诉宋太祖："李重进求援的使者就住在自己家里，李煜令他责问使者，李筠趁大宋统治秩序尚不稳定时在上党起兵反叛，李重进为什么不在此时发动叛乱？南北呼应，成功的机会才大；李重进偏偏在平定李筠后以数千乌合之众反叛，面对大宋的精兵强将，即便是秦将白起、西汉韩信复生也无计可施。南唐明知李重进会以失败告终，怎么可能相助！"宋太祖本以为冯延鲁会被自己吓到，言语失次，听到他的回答后，面色由怒转喜，接着试探："诸将都劝我乘胜渡江，攻打南唐怎么样？"

宋太祖也想探探南唐虚实，"少负才名"的冯延鲁丝毫不惧怕列阵江边的大宋大军，他先恭恭敬敬地回答说："南唐小国，不敢违抗宋太祖天威"，接着话锋一转，亮出南唐底线："南唐虽然是小国，却也有侍卫亲军数万人，这些将士都曾跟随先主李景作战，忠心耿耿，会誓死保卫南唐，陛下若舍得数万精兵牺牲，就可以攻打南唐。"随即，冯延鲁指出宋军攻打南唐的困难："长江天险，风大浪急，渡江是宋军面临的一大难题，后勤补给苦难，是宋军需要克服的第二困难，这都是用兵前需要考虑的问题。"听完冯延鲁的回答，宋太祖笑言道："我是和爱卿开玩笑呢，南唐已臣服大宋，何至于兵戎相见！"

宋太祖口称戏言，实际上确有渡江攻打南唐的打算，遂命各军在江上演练水战，此举令李景十分恐惧，以为宋军要过江攻打南唐。这时，南唐擅长辩论的小官杜著，化装成商人逃奔大宋献攻打南唐的计策；南唐彭泽县令薛良因贬官为池州文学心生不满，也来投奔

第六章 / 卧榻之侧岂容他人酣睡 /

宋太祖，献上《平南策》。李景听说这两件事情后，更为恐惧。宋太祖虽然处斩了杜著，处罚了薛良，李景仍然感觉国都江宁距边境太近，缺乏安全感，准备迁都。

早在后周世宗显德五年（958年）时，李景便以国都金陵（南京）距离边境仅二十二里，一江之隔，不如长江上游的洪州更安全些为由，决定迁都洪州。经过两年多的改建，建隆二年（961年）时，李景迁至南都洪州，吴王李从嘉为监国，留守金陵。洪州城邑狭窄，并不适合做国都。六月，李景病逝后，第六子、太子李从嘉在金陵即位，更名为李煜，将都城迁回金陵。李煜依然沿袭父亲李景的做法，不断地上贡、买宴，表示对大宋的畏服，实际上也在招募甲士，训练士兵，加紧战备以防大宋军队进攻。

大宋朝廷也在为统一战争做准备。攻打南方的割据政权，需要水、陆军互相配合，尤其是南唐河网密布，更离不开水军，因此自建隆二年（961年）始，宋太祖便将建造战船、训练水军作为大宋重要的军政事务。如乾德元年（964年）四月，宋太祖命右神武统军陈承昭招募数千名军士子弟，在开封城朱明门外开凿大水池，引蔡河水灌入，又造楼船百艘，选择精炼士兵编成号称"水虎捷"的水军，在池中训练。再如乾德元年（963年）六月，宋太祖命镇国军节度使宋延渥率领水军在金明池新池演习水战，他数次观看。当年七月，宋太祖又去金明池新池观看水战；八月，他至造船务察看战船制造。开宝年间，宋太祖也是多次观看水军训练、演习，直至攻打南唐前还在观摩水战，在位期间，宋太祖共观看水战二十八次，可见宋军的准备程度[①]。

开宝四年（971年）十一月初一日，大宋大军攻占南汉后，宋军所向披靡，令李煜心生惧意，遣其同母弟、郑王李从善来朝贡，上表请求改"唐国主"为"江南国主"，改"唐国印"为"江南国印"，

---

[①] 《宋史》卷113《礼志》。

赐诏乞呼名，宋太祖皆同意。李煜又降低南唐政府机构仪制规格，中书门下省改称"左右内使府"，尚书省改称"司会府"，御史台、翰林、枢密院分别改称"司宪府""文馆""光政院"；降封诸王为国公：郑王李从善降为南楚国公，邓王李从镒降为江国公，吉王李从谦降为鄂国公；其他官号也多所改易，以示尊崇。例如金陵宫殿上皆设鸱吻，李璟虽然向后周称臣，但是持稳依然如故，乾德后，大宋使臣来时将鸱吻拿掉，使臣离开后再放上去，此次宫殿的鸱吻全部去除，不复用（为方便阅读，以后的文字中，依旧称南唐）。李煜一系列的贬抑之举，寄希望在大宋的军事威胁下南唐政权存在更长久些。这一年，有商人向李煜密报，大宋在荆南造了数千条战船，请求派人焚毁，胆小的李煜却不敢。

在李从善赴东京朝贡前，李煜遣人秘密贿赂了赵普银五万两。由此事看来，李煜并不了解赵匡胤，也不了解宋太祖与赵普之间真实的君臣关系。虽然赵匡胤拜有佐命之功的赵普为宰相，视他如左右手，无论政事大小都与他商议后决定，看起来对赵普无比信任，事实并非如此。宋太祖常去功臣之家察看他们的举动，以至于赵普每天退朝后不敢更换朝服，等待赵匡胤的到来；开宝六年（973年），钱俶以海物之名送给赵普的十瓶瓜子金被赵匡胤看到后，他叹气道："受之无妨，他们认为国家大事都是由你们这些书生决定的。"凭借赵普对赵匡胤的了解，怎么敢收下这五万两银子！于是立即奏报，宋太祖让他安心收下这些巨额贿赂。李从善这次入觐后，宋太祖除按常例赏赐外，又密赐白银五万两，恰好是李煜行贿赵普之数。李煜得知后，又惊又骇，也明白国家大事不是赵普这些书生所能决定的。

开宝五年（972年）二月，宋太祖平南汉后，攻占南唐的念头愈发强烈，南楚国公、江南进奉使李从善入贡时，遂扣留他在东京，不令返回。李煜心中的恐惧又增加一分。闰二月，宋廷授李从善为泰宁节度使，赐第京城汴阳坊甲第第一区，并命李从善致书李煜，

/ 第六章 / 卧榻之侧岂容他人酣睡 /

劝他入朝觐见。李煜担心自己入朝有去无回，不敢答应赴朝之事，只是增加岁贡钱币与物品的数量。

南唐南都留守、兼侍中林仁肇善战，在军中威望高，且有谋略，在开宝三年（970年）冬天时，向李煜密奏夺回淮南诸州之策：大宋淮南诸州戍守兵力都不过千人，宋军灭后蜀后又平南汉，连年征战军队疲惫，这是夺取淮南诸州的好机会。林仁肇请求带领数万兵力自寿春渡淮河，北据正阳，恢复南唐江北旧疆；万一行动失败，他自己承担反叛之名，若成功，南唐主坐享其利。按照林仁肇的分析，夺回淮南诸州的可能性非常大，奈何懦弱的李煜不采纳。宋太祖得到谍报后，决定采取离间计除掉林仁肇。先是派人秘密贿赂林仁肇身边的亲信，窃取他的画像后返回东京，悬挂于一室中①。

开宝五年（972年）闰二月，江南使者来朝后，宋太祖带他观看画像。使者看到林仁肇的画像后满脸疑惑，宋太祖告诉他："林仁肇即将来降，先拿他的画像作为信物。"又指着空房子对使者说："这就是将来赐给林仁肇的府第。"宋太祖的离间计成功地骗了李煜，林仁肇被鸩杀。

开宝六年（973年）四月②，李煜生辰将至，宋太祖遣翰林学士卢多逊为江南国主生辰国信使。卢多逊聪慧博学，涉猎经、史，有谋略，深得有文才、擅长诗词的李煜欢心。卢多逊准备返回，乘舟行至宣化口时，遣人告诉李煜："朝廷重修天下图经，史馆独阙江东诸州，愿各求一本以归。"前年（开宝四年，971年）正月时，卢多逊等人负责重修天下图经，他以这个理由索要南唐诸州的图经，李煜不疑有他，亟令相关人员抄写，命中书舍人徐锴等通夕雠对后，送给卢多逊。卢多逊有谋略，此事可见一斑。至此，南唐各州地形地貌、兵力多寡、户口多少，在宋太祖面前，再无秘密可言。卢多逊也上

---

① 《南唐书》载：宋太祖令人密往武昌僧院，窃取林仁肇画像归。
② 李煜生辰为七月初七日。

奏说南唐国力衰弱可以攻取，坚定了宋太祖攻伐之心。卢多逊也得到重用，升为参知政事（副相）。

卢多逊走后，南唐君臣方觉宋使索要图经目的并非为重修事宜，而是为战争做准备，君臣商议一番后，决定遣使上奏，表示愿意接受封策。宋太祖目的是占领南唐之地，而不是国中有国，当然不会同意。

开宝七年（974年）秋天，李煜上表，请求准许李从善归国。宋太祖不许，遣合门使梁迥出使江南。梁迥从容地问李煜："朝廷今冬有柴燎之礼，国主何不来助祭呢？"①李煜肯定不敢去助祭，沉默半晌，不予回答。梁迥返回后，宋太祖决意征伐南唐。

南唐人樊若冰明俊有才干，参加科举考试落第，上书言事，李煜没有回复，自叹空有才华无处用，对现状不满的他谋划归附大宋，欲进献攻打南唐之策，以求得到宋太祖赏识。樊若冰打定主意后，开始在长江采石矶（位于今安徽省马鞍山市西南的翠螺山麓）处江中钓鱼，他先将丝线系在南岸边，拉着丝线快速将小船划向北岸，以丈量江面宽度。为了获得准确的数据，樊若冰划着小船往返数十次，测量出精准的江面宽度。七月，樊若冰诣阙，献在采石矶搭建浮桥攻打南唐之策。宋太祖令学士院对樊若冰考试后，赐进士及第，授舒州团练推官之职。樊若冰上奏说，母亲与亲属数十口都在南唐，担心为李煜所害，请求接到舒州治所。宋太祖当即下诏，令南唐派人护送而来。

宋太祖以樊若冰名近"弱兵"，改名为"樊知古"，采用他的计策，命内侍高品石全振赴湖南，负责督造大桥及黄黑龙船数千艘，相连为浮桥过江用。

---

① 中国古代王者祭天时，以柴燎祭祀之牲，使气上达，代指南郊大礼。大宋曾巩《贺熙宁十年南郊礼毕大赦表》中，有"是以萧光之烈，奏于宗祊；柴燎之蒸，焜于郊兆"之语。助祭，古代臣属出资、陪位或献乐佐君主祭祀。

当年八月，宋太祖为取得吴越国支持以牵制南唐兵力，大力拉拢钱俶。吴越王钱俶遣元帅府判官黄夷简入贡，宋太祖让他回去转告钱俶，李煜不肯来朝，朝廷准备出师征讨南唐，希望吴越抓紧训练军队以协助宋军作战；提醒钱俶不要被李煜的"皮之不存，毛将安附"之言所惑。宋太祖专门命工匠在薰风门（开封城南面的城门）外修造华丽壮观的宫室，室内生活用品皆备，告诉吴越国进奉使钱文贽，赐名"礼贤宅"的连亘数坊的高门大第，李煜或钱俶两人先来朝者居之。

数日后，钱俶遣其行军司马孙承祐入贡。孙承祐是钱俶妃孙氏之兄[①]，以外戚用事，因政事无所不管，时人称之"孙总监"。孙承祐在吴越国地位重要，返回前，宋太祖赏赐丰厚，包括袭衣、玉带、鞍勒马、黄金器五百两、银器三千两、杂彩五千匹等，且密告大宋出师时间，约吴越出兵声援。

## 二、兵分两路攻伐南唐

开宝七年（974年）九月，宋太祖命颍州团练使曹翰为先锋都指挥使，领兵先赴荆南。三日后，宋太祖又命宣徽南院使、义成军节度使曹彬、侍卫马军都虞候李汉琼、判四方馆事田钦祚同领水军继之。宋太祖又命山南东道节度使潘美、侍卫步军都虞候刘遇、东上合门使梁迥等领兵赴荆南，两路宋军共计十万兵力。

十日后，宋太祖以太子中允、知荆湖转运使许仲宣兼南面随军转运使事，负责大军后勤供给。早在分配潘美等人的作战任务前，宋太祖就命岭南转运副使王明为黄州刺史，并与他密谈。王明到任后修葺城防工事，训练士卒，人们都觉得他的行为很奇怪，直到宋太祖下诏攻夺江南，方明白用意。

《礼记·檀弓下》说，"师必有名"，意为出兵须有正当理由，

---

[①] 《吴越》卷87《孙承祐传》载，钱俶以孙承祐女兄（姐姐）为妃。

换成现代的话，就是要占领舆论制高点。宋太祖已经给诸将下达作战任务了却还未有出师之名，唯有寻找李煜的失礼为出师借口，随即命官员推荐出使江南者，召李煜入朝。

参知政事卢多逊与知制诰李穆曾受教于同一位老师。李穆以为五代以来诏书、制词崇尚华丽，他担任知制诰后草诏用以质朴之词，矫前代之弊。宋太祖注意到诏书用语的变化，对卢多逊说："李穆性格仁厚善良，辞学之外无所豫。"卢多逊对这位同门的优点了如指掌，他补充道："李穆操行端直，临事不以生死易节，是仁爱而又勇敢者。"卢多逊对李穆的评价非常高，符合出使江南的人选标准，宋太祖准备派遣李穆出使，说："李穆果真如你所说的这样，我应当起用他。"随即任命李穆为国信使，出使金陵。

李穆携带诏书与潘美等同日出发。诏书大意是："朕将在冬至举行祭天大典，希望与卿同阅牺牲，且即将出师，宜早入朝。"李穆宣读诏书后，李煜欲随李穆入朝。光政使、门下侍郎陈乔不同意李煜赴朝，他说："臣与陛下俱是受元宗（指李璟）遗命者，您今天去东京朝见，必定会被宋太祖扣留在那里，如此一来，南唐的社稷怎么办！这样的话，臣即便死后，在九泉之下也无颜见元宗了。"清辉殿学士、右内史舍人张洎也附和陈乔，劝李煜不要入朝。当时陈乔与张洎掌握军政大权，深得李煜信任，见二人劝阻自己，李煜遂称疾固辞，且对李穆表明自己的坚决态度："谨事大国者，盖望全济之恩。今若此，有死而已。"李煜这样说，是受到陈乔与张洎的感染，否则以他的懦弱性格，绝不会"有死而已"。

此时，李穆"操行端直"的性格特征展露出来，他不疾不徐地说："朝见与否，国主自己决定。然而朝廷兵马雄壮，甲坚枪锐，物力雄富，恐怕很难阻挡大军兵锋，朝见与否，应该深思熟虑，不要仓促决定以免后悔。"李穆身为宋朝官员却能客观地分析双方实力，设身处地为李煜着想，实属不易。

第六章 ／ 卧榻之侧岂容他人酣睡 ／

李穆归朝后，宋太祖觉得李穆所言切中要害，南唐君臣也觉得李穆诚实不欺，能得到双方的认可，确实当得起卢多逊"仁而有勇"的评价。

十月，宋太祖从迎春苑出来后至东水门，命战船东下。李煜复遣其弟江国公李从镒贡奉帛二十万匹、白金二十万两，又遣水部郎中龚慎修上贡帛万匹、钱五百万贯买宴，希望延缓大宋出兵的时间。同时，江南筑城防，聚粮草，大为守备。宋太祖皆将二人扣留在东京，不予回复。

曹彬、潘美等诸将入辞，宋太祖赐宴讲武殿。酒过三巡，曹彬等站起来，跪在宋太祖御榻前，请求指示作战事宜。之前，王全斌在后蜀抢掠杀戮引发当地不断出现叛乱，宋太祖为此愤恨不已，而曹彬以仁厚委以此次重任。宋太祖叮嘱道："江南地区的事务，全权委托爱卿处理，切勿虐待、掠夺当地百姓，务必广布威信使李煜自动归顺，不须急于攻打，不准杀害李煜家族之人。"说完后，宋太祖从怀中取出一封已封好封口的书信交给曹彬，说："指示都在信中，诸将自潘美以下有违犯军纪者，依照内中文字要求直接处斩，不须奏禀。"宋太祖将自己所佩戴的匣剑交给曹彬，潘美等皆惊吓失色，两腿颤抖，冷汗直流不敢仰视。

宋太祖以曹彬为升州西南路行营马步军战棹都部署，与李汉琼、田钦祚自荆南分兵，率水军先出发，顺长江而东；潘美为升州道行营都监，与刘遇等率步军，继赴江陵。翌日，宋太祖以吴越王钱俶为升州东南面行营招抚制置使，赐给战马二百匹，命客省使丁德裕以禁军步、骑兵千人为先锋，监视吴越军行动。宋太祖拉拢吴越为援军，心中不是特别信任这位盟友，可谓既用且疑。李煜遣人送信给钱俶，信中说："今日无我，明日岂有君？一旦明天子易地赏功，王亦大梁一布衣耳！"南唐与吴越可谓是唇齿相依，这个道理钱俶并非不明白，然吴越势力确实不能与大宋抗衡，唯有听从宋太祖的安排，配合攻打南唐。钱俶将李煜书献给宋廷，以表忠心。

曹彬等率水军由荆南顺流而东，首先攻破南唐峡口砦。宋廷每年都对南唐缘边屯戍军队巡检，遣使送牛、酒犒师，这次宋军直驱池州，南唐守军发现宋军行为异常时为时已晚，池州守将戈彦弃城逃跑。闰十月，池州被宋军占领。曹彬率军行至池州东北一百四十里的铜陵，击败南唐守军，缴获战船二百余艘，生擒八百余人。池州至岳州江路巡检、战棹都部署王明，在鄂州长江南岸与南唐水军交战，斩首三百级，攻破武昌南唐万余水军，武昌西的樊山砦随即攻破，又克江州、湖口等地，共斩首四千余，缴获战船五百余艘。

曹彬等克芜湖后，兵临当涂城下，雄远军（即当涂，南唐置军于其县）判官魏羽以城降。宋军屯驻采石矶。采石矶突兀江中，绝壁临空，扼据大江冲要，水流湍急，地势险要，为兵家必争之地。南唐在此屯驻的两万余人，被曹彬大军击败。宋军生擒南唐马步军副部署杨收、兵马都监孙震及一千余人，缴获战马三百余匹。南唐军驱为前锋的战马，观其印记，便知皆是宋廷每年所赐。

在曹彬等出发前，宋太祖就遣八作使郝守濬率丁匠自荆南用大船载巨竹、大绳顺流而下，朗州所造黄黑龙船也顺流东下，至于采石矶，跨江搭建为浮桥。

每年春夏时节，长江水暴涨，称为"黄花水"。宋军到时，江水皆缩小，令人惊异。当地人说采石矶江阔水深，自古未有浮桥，故郝守濬等先在石牌口试搭。浮桥搭成后，命前汝州防御使陆万友守护。十一月初一日，宋太祖命令移石牌镇浮梁到采石矶，系缆三日而成，尺寸正合适，可见樊若冰测量的精准程度，证明了他的才干。潘美大军通过浮桥时，如履平地，进至江南。

在宋军搭设浮桥时，南唐清辉殿学士张洎说，自古以来从未听说过在长江上搭设浮桥，宋军肯定不能成功；李煜也说宋军搭建浮桥之举，如同儿戏。基于以上判断，李煜遣镇海节度使、同平章事

第六章 / 卧榻之侧岂容他人酣睡 /

213

郑彦华率水军万人、天德都虞候杜真领步军万人抗击宋军。临行前，李煜告诫二人："你们两军水陆相济，肯定击败宋军。"南唐军以二十余艘战船逆流而上，攻击浮桥，潘美率军奋击，将战船全部夺取，生擒将领郑宾等七人，又破城南水寨，分部分水军守卫。奏至京师，太祖立即遣使令潘美转移水军，防止南唐军偷袭。潘美接到诏书后，马上令防守水寨的军队转移。当天夜晚，偷袭的南唐军无功而返。

转眼到了十二月，宋军兵锋之下，金陵城内开始戒严，李煜下令纪年不再使用宋太祖开宝年号，无论官府还是民间，只称甲戌岁（按天干地支纪年，开宝七年为甲戌岁），同时加大募兵力度，鼓励民众积极捐献财物及粟米助军。

大宋攻打南唐的盟友吴越国很给力。钱俶亲自率兵围攻常州城，在城下俘江南军士兵二百五十人，马八十匹。随后，攻下利城寨，生擒六百余人，又在常州北击败南唐军万人。江南，此时是腹背受敌。十二月，曹彬大军在大白鹭洲大破南唐军。

开宝八年（975年）正月，宋军分别在池州、溧水、鄂州、宣州等地击败南唐军队。二月，曹彬部下、行营马军都指挥使李汉琼率所部渡至淮河南，以大船装满干燥的芦苇，顺风纵火，攻下南唐水寨，斩首数千级。曹彬大军进至秦淮河北岸，与潘美所率宋军在此会师。

李煜为守金陵城，调集了水陆军十余万人，背靠金陵城列阵。当时，过秦淮河的渡船尚未备好，潘美下令说："美受诏，带领数万精锐之师出兵，期望必胜，岂能被这条河就阻挡进军的脚步呢？"说完，率先冲进冰冷刺骨的秦淮河中，涉水过河，数万大军随后，在金陵城下大败南唐军，俘斩数万计。宋军在秦淮河浮桥架设成后，前来袭击宋军的南唐军，又在白鹭洲被击败。

之前冯延鲁认为大宋攻打南唐，存在后勤补给困难问题。出兵前，宋朝君臣也规划了后勤补给的路线，令京西转运使李符益调集荆湖军食，赴金陵城，虽然战线很长，但是宋军后勤补给速度很快。

南唐出兵，逆流而上欲夺采石矶浮桥，潘美随即击破，擒神卫都军头郑宾等七人。

攻打南唐的宋军捷报不断，远在东京的宋太祖心情愉悦，赏赐吴越王钱俶军衣五万副，以抚慰吴越军配合有力。润州等地的南唐军队也有反扑，但是都被宋军击败。六月，吴越军至金陵城下，与曹彬、潘美军会合。自开宝八年（975年）三月至八月，宋军包围金陵城将近三个季度，城内疾疫流行，百姓多病死，军民生活物资严重匮乏。

清辉殿学士张洎深得李煜信任，可以参与朝廷机密决策。李煜对他十分依赖，无论政事大小都咨询，甚至李煜兄弟们宴饮作乐都会让张洎参加，可谓恩宠第一。张洎尤其喜欢给李煜提建议，宋军围金陵城之初，就向李煜推荐道士周惟简，称赞周惟简有远略，可以谈笑间消弭兵锋。张洎与门下侍郎陈乔还建议坚壁守城，不用担忧宋军进攻。酷信佛教、自号白莲居士、钟峰隐居的李煜，也日日在后苑援引僧人及道士诵佛经，讲易理，高谈阔论，不理军政，甚至宋军围城累月，李煜竟然不知。从这点来说，李煜以后的悲惨下场，也是咎由自取。

夜幕中，数千南唐士兵手持火把，鼓噪来攻，潘美率精兵与敌短兵接战，大败之。此刻金陵城内居民除了老弱病残外，皆募为兵，号"排门军"；民间又有自发组织起来抵抗宋军者，以纸为甲，农器为兵器者，号"白甲军"。这些人虽然勇气可嘉，怎么是久经训练的宋军对手呢，稍一接触，即崩溃相踵。此时，李煜方知军情紧急，急遣徐铉奉表诣阙，乞求缓师，却为时已晚，宋太祖当然不答应。

困在城中的南唐军队也在奋力抵抗。包围金陵的宋军列为三寨，潘美位于偏北的位置。有人将前线形势画图呈宋太祖。五月，太祖指着潘美北寨对使者说："吴人（指南唐军）必会趁夜出兵袭击，你立刻去通知曹彬，令他们迅速挖筑深沟以自固，以防江南军（南唐军）计谋得逞。"宋太祖预测非常准确，南唐军果然趁夜来袭，

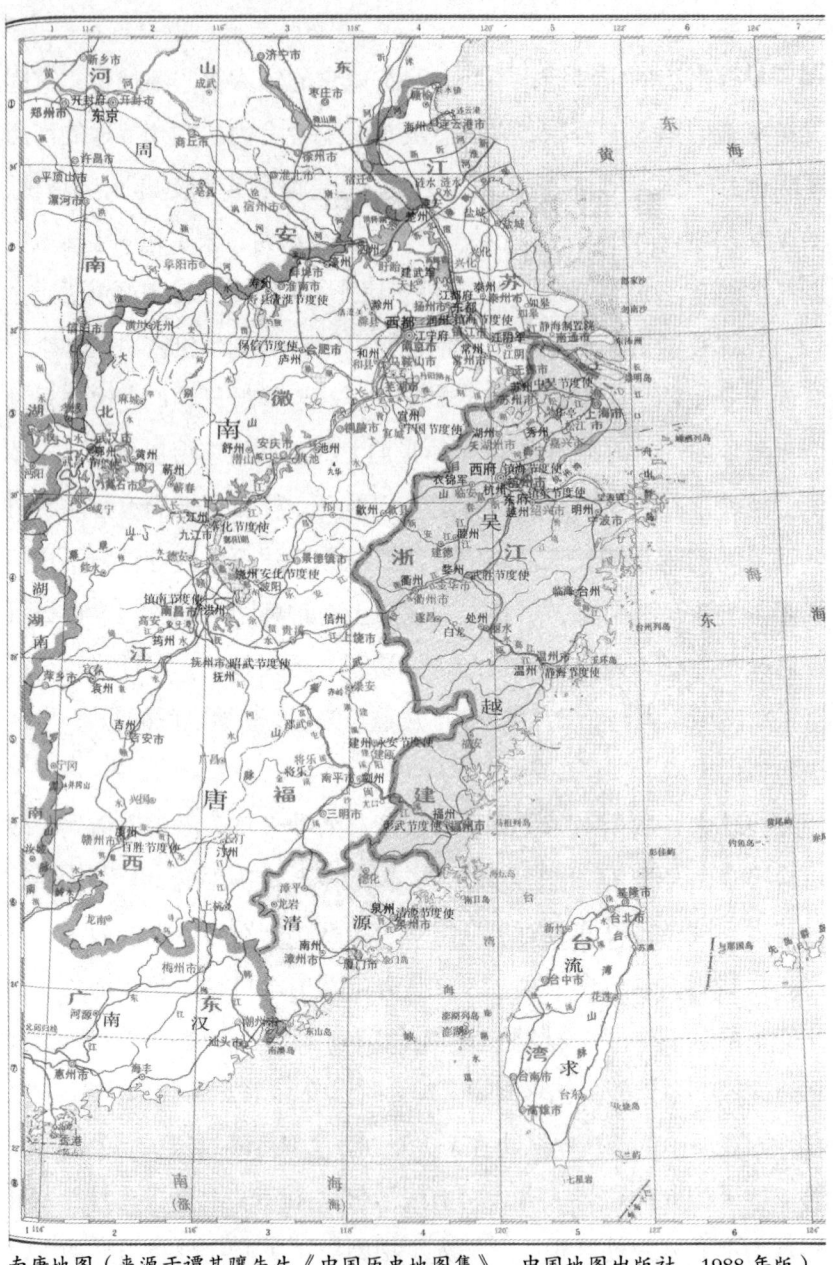

潘美率所部依凭新沟抗击，南唐军大败。宋军，昼夜攻城不止。

南唐地图（来源于谭其骧先生《中国历史地图集》，中国地图出版社，1988年版）

### 三、李煜出降

开宝八年（975年）六月，曹彬等在城下击败南唐兵二万余，夺战船数千艘。

宋军在南唐地区的捷报不断传到京师，邸吏督促李从镒入贺。潘慎修以为南唐即将亡国，应当代罪，何贺之有。自此，群臣称贺时，李从镒即奉表请罪，宋太祖嘉奖他符合礼仪，遣中使抚慰，优待对他的供应。数日后，宋太祖命李穆送李从镒回国，下手诏催促李煜来降，且命诸将缓攻以待其投降。

李从镒回到金陵，传达宋太祖旨意后，李煜本欲出降，陈乔、张洎仍然劝李煜坚守，张洎每每引用符命说："元象无变，金汤之固，未易取也。"以坚定李煜守城的决心，且言宋军短时间即会撤退。张洎还发誓说："苟一旦不虞，即臣当先死。"李煜听到此话后，便不准备出城投降了。九月，李穆返回后，宋太祖复命诸将进兵，攻占润州城后，宋军围城愈急。李煜遣使，乞求暂缓攻城。

修文馆学士承旨徐铉以名臣自负，李煜遣他与给事中周惟简同赴京师求援兵。李煜多次督促朱令赟率湖口兵来援，对徐铉说："既然请求上国暂缓攻城，令上游的朱令赟暂缓救援，不要东下。"徐铉回答："臣此行，未必能排难解纷，金陵城所能凭恃者，就是朱令赟援兵，为何要令他们停下呢！"李煜瞻前顾后："刚向宋求和随即召集援兵，自相矛盾，不是将你们至于危险之中吗？"徐铉慷慨回答："要以江山社稷为重，不要考虑臣子的安危。"李煜感动泣下，立即拜徐铉为左仆射、参知左右内史事。

十月初一日，曹彬遣使送徐铉与周惟简赴阙。徐铉口才极好，希望能说服宋太祖保留江南（南唐），日夜思考如何应对。大宋的大臣们也知徐铉博学有辩才，提醒宋太祖好好准备。宋太祖笑着说："不必担心。"徐铉到廷后，仰着头为江南辩论："李煜无罪，陛下师出无名。"宋太祖并不急，召唤徐铉升殿，让他说完。徐铉说：

第六章 / 卧榻之侧岂容他人酣睡 /

"李煜以小国侍奉大国，如同儿子侍奉父亲般恭敬，未有过失，为何要攻伐？"

徐铉连续说了数百句话，宋太祖听着听着不耐烦了，脸上渐有怒色，愈发威严，他厉声道："你的意思是父子可以分为两家吗？"宋太祖一句话，让徐铉无言以对。国强兵壮是硬道理，徐铉再有辩才，身后没有强大的国力支撑，也用不上。

早开宝七年（974年）宋军围金陵城时，李煜已命洪州节度使朱令赟入援。朱令赟善射，椎首鹰目，军中号为"朱深眼"，以军功起家，镇守洪州数年，接李煜诏书后，率领水军、步军共十五万人出发救援。大军行至江州湖口①，朱令赟与众将商议，他说："前进，则宋军占据我军后方，上江阻隔不能破敌；后退，则粮饷匮乏，处境危险。怎么办？"命令南都留守刘克贞代镇湖口，刘克贞以患病为由，拒绝离开洪州，朱令赟大军亦逗留在湖口。李煜多次急令朱令赟出兵，使者接踵而至，卫尉卿陈大雅是最后一位。陈大雅疾驰至朱令赟军中后，劝说迅速勤王，倍道勤王。朱令赟知势不能敌，对陈大雅说："我不惧头颅落地，决意为国家效力，你与我俱死战场无益，你可以先回金陵奏报后主吗？"

朱令赟不能再止步不前，与战棹都虞候王晖顺流而下，在浔阳湖绑缚大木为筏，长百余丈，战船大者能容千人，浩大的船队顺江东下。朱令赟本该在夏季江水丰盈时出师，却停在湖口不前，此时为冬季枯水期，江水浅，不利于大船行使。有部下建议待盛夏时江水涨满，顺流而下，势不可挡，朱令赟因为陈大雅的督促，情知不能再等待下去，他说："事已至此，还能等到盛夏吗？"这支援军旌旗招展，朱令赟所乘坐的战船尤其大，这些战船上还装载着粮食、军器以及炉炭，欲断宋军的采石矶浮桥，直驱金陵。

---

① 长江与鄱阳湖交汇口，称为湖口，战略位置重要。

率水军屯驻独树口的池州至岳州江路巡检战棹都部署王明，立即遣儿子驰奏宋太祖，请求添造战船三百艘袭击朱令赟。宋太祖说："现在造战船不是应急之策，朱令赟大军朝夕将至，金陵要被他解围了。"宋太祖数年准备的攻占南唐行动绝不希望失败，他密令王明在洲浦间树立长木如战船帆樯，布下疑兵之阵。不出所料，朱令赟看到后，果然怀疑宋军背后袭击，不敢前进。

王明与诸军互为犄角，督促水军袭击朱令赟大军。在皖口①附近的小孤山，王明军与各路宋军合兵，展开对朱令赟大军的战斗。小孤山是长江北岸的独立山峰，周围约一里，高二十余丈，与南岸的彭浪矶隔江相对，彭浪矶与群山相连，逶迤百里，此处是长江下游最窄处，航道仅宽二百四十余丈，适合伏击。

早在李煜准备调洪州兵为援时，卫尉卿陈大雅就评价朱令赟刚愎自用，无远谋，不足为恃。的确如此。朱令赟乘坐桅樯重构的大船在江中指挥，大将旗迎风招展，擒贼先擒王，宋军小船直接聚集在大船周围攻击。朱令赟事先就准备了满载芦苇的巨船，浇上油膏，命名"火油机"，此时赶紧命部下点燃后借着南风之力驶向宋军小船。宋军小船纷纷点燃，不断有士兵掉下船去，眼看宋军要败。突然间，南风变成了北风，着火的战船向南飘来，朱令赟军反被大火焚烧，十五万水陆大军霎时大溃，大部分溺水而亡，朱令赟无比惶骇，投火自焚，船上的粮米、戈甲，都在大火中化为灰烬，大火烧了十余天，烟气数十里外可见。自此后，金陵城再无外援，以至于亡。

长时间围城中，曹彬经常放缓攻势，寄希望李煜归服。李煜遣使贡银五万两、绢五万匹，乞求暂缓攻城，宋太祖没有答复。对李

---

① 皖水，是长江支流，发源于潜山，西北自霍山县流经怀宁县北二里，向东南流三百四十里，入大江之处，称为皖口，即舒州山口镇。《宋史》卷3《太祖纪》、卷260《刘遇传》皆说，刘遇擒朱令赟、王晖等人，缴获兵器数万；马令《马氏南唐书》与陆游《陆氏南唐书》皆记载：朱令赟在虎蹲洲与宋军相遇。

煜而言，他的出路只有投降了。

十一月，曹彬又派人劝李煜归降："形势如此，应该爱惜一城百姓，早日归降，是明智之举。"李煜却还在做最后的挣扎。陈大雅历尽千辛万苦，返回金陵，与后主相持而泣，他说："朱令赟必定失败。"

金陵城即将攻破之时，曹彬忽然称疾不理军务，众将皆来探视。曹彬说："我的病并非药石所能治愈，唯须诸公诚心发誓，攻下金陵城后，不能随意杀人，我所患之病则能自愈。"曹彬称病，原因就是担心攻下城后，诸将军纪不严，以至重演后蜀反叛不断的状况，诸将连声答应，共同焚香发誓。翌日，曹彬病愈。

第三日，李煜使陈乔写降状，欲令他与太子同为出降使，被不同意投降的官员责问，从早晨至中午都不能决定降与不降，金陵城被宋军攻下。张洎收拾行装，携妻带子进入宫中，骗光政使陈乔一起在一阁中自杀，陈乔遂自缢。见陈乔气绝后，张洎却来见李煜，说："臣与陈乔同掌政务，国亡应当自杀殉国。寻死之际念及后主还在，若我自杀，谁能为您坚守金陵行为辩白呢？所以我要留下来做此事。"卫尉卿陈大雅投殿角井中自杀，衣服挂在井口栏杆上求死不得，被宋军拉上来，曹彬命令随从李煜入朝，拜太子洗马，一年后郁郁而终。

李煜与文武百官百余人前往宋军营前请罪，曹彬责问："何故负约？"李煜沉默良久，唯称："人心不一。"遂令左右奉上玺、绶，曹彬令李煜作书劝诸郡以城归顺，唯江州胡德牙将宋德明坚守江州城，不降。第二年冬天，经过颍州团练使、先锋都指挥使曹翰五个月围攻，江州城内食尽，方被攻下。江州军民的抵抗行为激怒了曹翰，宋军入城后，曹翰下令屠城。

曹彬安慰南唐君臣，待以宾礼，请李煜入宫准备行装，自己仅带数骑在宫门外等待。部将看到后，担心地问曹彬："万一李煜自杀怎么办？"曹彬对李煜性格的弱点看得透彻，他说："李煜素来懦弱不果断，既然投降了，绝不会自杀。"李煜投降，保全的不仅仅是他自己和一众官员；对金陵城百姓而言，也是福，不是祸。若是早日归降，双方军中多少春闺梦里人，就无须成为秦淮河边骨。

曹彬命郭守文护送李煜入朝。李煜与太子、妃嫔、百官等乘坐千艘船只，赴阙。将出发时，望着再也不能回来的金陵城，再也不能回来的故乡，船上的女子们，无论年长年幼皆泪下如雨，伴随着低声呜咽，男子们也加入了哭泣的大军，岸上的南唐人也是泪水涟涟，哭号之声随着水波，传出很远。

开船后，李煜回望着三千里江山，耳边隐隐传来教坊吹奏的别离歌，四十年家国从此永别，泪下不止的他让人拿来一支毛笔，挥毫而成《渡中江望石城泣下》诗：

> 江南江北旧家乡，三十年来梦一场。
> 吴苑宫闱今冷落，广陵台阁已荒凉。
> 云笼远岫愁千片，雨打归舟泪万行。
> 兄弟四人三百口，不堪闲坐细思量。①

李煜君臣悲悲啼啼之时，宋太祖却是兴高采烈，南唐的一十九州、三军、一百零八县终于划入大宋的版图，这些州县的六十五万五千六十五户也成为大宋的子民。

开宝九年（976年）正月，李煜到东京后，宋太祖封他为违命侯，后改封陇西郡公。宋太祖召见随同李煜归朝的张洎，责备他："你不让李煜投降，以至于造成今天的后果。"宋太祖还拿出金陵城被围时宋军截获的蜡丸，蜡丸中李煜命朱令赟出兵救援的帛书，即张洎所写。张洎看到后，面色不改地承认，还说："犬吠为其主，帛

第六章 / 卧榻之侧岂容他人酣睡 /

---

① "广陵台阁已荒凉"，亦作"广陵台榭亦荒凉""广陵台殿亦荒凉"。

书只是其中之一。这种行为还很多，今天能为此事而死，是臣子的本分。"看到这样大义凛然的人，宋太祖惊奇且佩服，赦免了张洎的罪过："爱卿非常有胆量，我不会加罪。今天侍奉我，要像之前侍奉李煜一样忠心耿耿。"遂授张洎拜太子中允。宋太宗时，张洎

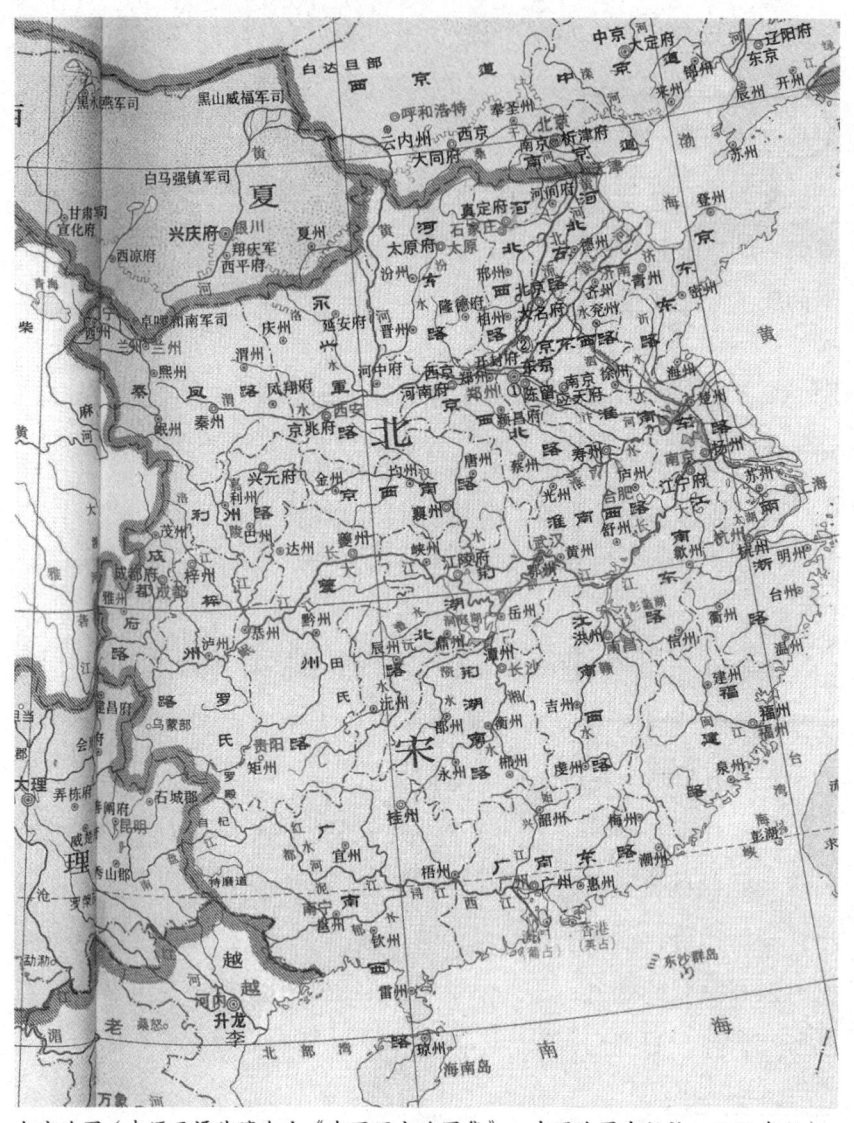

大宋地图（来源于谭其骧先生《中国历史地图集》，中国地图出版社，1988年版）

官至刑部侍郎而卒。

太平兴国三年（978年），李煜被宋太宗用牵机药毒死[①]，多才多艺的李后主结束了被俘后"只以眼泪洗面"的屈辱生活，生命定格在四十二岁。

曹彬从出师至凯旋，都使士众畏服。入见宋太祖时非常低调，刺称："奉敕江南干事回。"与骄纵跋扈的王全斌相较，高下立分。宋太祖复赐宴讲武殿，为诸将庆功。酒过三巡，曹彬等又跪在御榻前，说："臣等幸无败事，昨授文字不敢藏于家。"双手将之前的密信交还，宋太祖从信封中拿出的只是一张白纸。可以看出宋太祖的御将之术高超。

南宋著名诗人陆游在《书通鉴后》文中说，评论后周与大宋的统一战争时，他认为后周世宗攻占南唐淮南地区后便取幽州的统一计划比大宋的更胜一筹。前面已经叙述大宋攻取各割据政权的顺序依次为后蜀、南汉、南唐、吴越、北汉，最后攻幽州，陆游认为此计划的弊端就是宋军因为征战疲惫不堪，"而幽州之功卒不成"，虽然消灭了割据政权，但是宋朝国力也被削弱。

---

① 史泠歌.《宋代皇帝的疾病、医疗与政治》附表1，第240页。

# 后　记

## 一、大宋立国，顺应历史潮流

自唐代后期开始的军阀混战，百年不断。在大大小小的军阀不断争权夺利的战争中，最可怜、最痛苦、最无助的是广大人民，不仅要承担沉重的徭役与兵役负担，而且生命与财产安全得不到丝毫保障。军阀们攻城略地后纵兵夺市，抢劫百姓财物，甚至残忍地杀害无辜百姓，成为常态。史书中相关记载很多，看得人心惊肉跳。

鲁迅先生在《狂人日记》中，抨击中国古代封建礼教"吃人"，唐末五代时的军阀，更是将百姓作为食物吃掉，是真的"吃人"。例如唐僖宗光启三年（887年），庐州刺史杨行密为争夺扬州，围攻扬州城半年，城内食物殆尽，居民被守军抢掠到市场售卖，如待宰的猪羊般被驱戮屠割。赵思绾叛乱时，被后汉大军包围的长安城中无食，赵思绾令叛军取妇女儿童为军粮，日计数而给之，每次犒军，动辄屠杀数百人为食。百姓如蝼蚁，被杀和明天不知哪一个先到来，在这种充满绝望的惨境中，遑论什么农业生产，经济发展！

明人罗洪先说："宁为太平犬，莫作乱离人"之语，十分适用于五代。惨遭军阀蹂躏，饱受离乱之苦的人民希望结束战乱，渴望和平的生活，统一是广大人民群众的愿望，也是历史发展的必然趋势。在历史的大潮中，赵匡胤顺势而为进行统一战争，成为站立在时代潮头的弄潮儿。

乾德元年（963年），举行南郊大礼前，赵匡胤对宰相范质说："中原多故，百有余年，礼乐仪制，不绝如线。"战乱中，记载礼仪的典籍多散落，范质等只找到后唐明宗天成年间的《南郊卤簿字图》，反复考证后，才制定出《南郊行礼图》。从这一件事就可以看出，中国古代所强调的"仓廪实而知礼节，衣食足而知荣辱"，只能在和平统一的环境中实现。

自宋太祖开始，大宋经历了百年来较为和平的局面，为人口不断繁衍发展提供了社会基础。自宋初开始，境内户口一直在增长：宋太祖开宝九年时（976年），户数为3090504户；宋太宗至道三年（997年），户数4132576户；宋真宗天禧五年（1021年），户数8677677户；宋仁宗嘉祐八年（1063年），户数12462317户；宋徽宗大观四年（1110年），户数达到了20882258户，可见宋代"生齿之繁"。自宋仁宗时，人口已经高于两汉人口最高的五千万；宋徽宗时，人口远远超过了唐玄宗时的六千万，是宋代生产发展的决定性因素。[①]

农业的高度发展，人口的大量增加，使得宋代农业劳动生产率超过了以前的任何时期。农业的发展，为手工业的发展提供了更多原料，促进了官私手工业的发展，尤其是私人手工业，如纺织业、制瓷业、造船业、等等，不论是规模、分工、技术，还是从事生产的手工匠人的数量上，以及生产产品的数量与质量上，都远远超过前代。称宋代发生了中世纪的"经济革命"也好，还是中国古代经济发展中第二个马鞍形的高峰也罢，都表明宋代是当时世界上最富有、最技术创新的国家，没有之一。

宋代社会经济的发展，为文化的发展提供了必要条件，以宋太祖为首的皇帝们的提倡与重视也非常重要。例如建隆元年（960年）春，赵匡胤大宴群臣，君臣方就座，春雨突然就从天而降，助兴跳舞的宫人花容失色，赵匡胤也很扫兴。宰相范质却说："今年麦子必然

---

[①] 漆侠.《宋代经济史》关于中国封建经济制度发展的阶段问题（代绪论），第1章《宋代的人口和垦田》，上海：上海人民出版社，第27，45-46页。

丰收。"春雨贵如油，赵匡胤满脸喜色，命令给众大臣的酒杯斟满酒，君臣为粮食能丰收痛饮，宴会至夜方散。再如宋太祖在皇宫后苑中种植水稻，进行农业实验等，并向京外推广①。

赵匡胤去关中游历，一次回洛阳途中路过华山脚下，醉卧田间，醒来看到明月高挂，两句诗脱口而出："未离海底千山黑，才到天中万国明。"性喜文艺的赵匡胤还曾作《咏初日》："太阳初出光赫赫，千山万山如火发。一轮顷刻上天衢，逐退群星与残月。"此诗虽然文辞不算精致，对仗不甚工整，但气势确实宏大。这也说明赵匡胤也是能舞文弄墨的。在行军打仗的空闲时间，性喜文艺的赵匡胤亦手不释卷，听闻哪里有奇书，不惜重金购买。

赵弘殷曾经教导儿子们说："惟文与武，立身之本也。"赵匡胤爱读书，与父亲赵弘殷的教导也密切相关。后周显德年间，跟随世宗攻打淮南时，有人向世宗诬告赵匡胤说："赵某下寿州，私所载凡数车，皆重货也。"世宗遣使前去察看，赵匡胤的数车行李中哪里有什么"重货"，除了数千卷书外，再无他物。世宗得报后，亟召赵匡胤，他说："卿方为朕作将帅，应当训练坚强善战的军队，来开疆辟土，用书能做什么！"赵匡胤顿首回答："臣无奇谋辅佐陛下，常常担心自己有负重托，所以收集书闲时来读，希望能开阔眼界，增加自己的智谋。"世宗赞同道："善！"②

即位后不久，赵匡胤即设置崇政殿说书一职，以好学多闻善谈者担任。每有疑问，赵匡胤一定要问清楚。乾德三年（965 年），灭后蜀后，赵匡胤从后蜀宫人的物品中发现了一面旧铜镜，背面刻有"乾德四年铸"。赵匡胤大惊，将铜镜拿给宰相赵普等人看，并问他们："乾德四年未到，怎么会刻有乾德四年铸呢？"赵普等都不能回答。赵

---

① 王育济，范学辉.《宋太祖传》第 11 章《"官家"时代的宋太祖》，第 769-770 页。

② 李焘.《续资治通鉴长编》卷七乾德四年五月乙亥。

匡胤又召来翰林学士陶穀、窦仪，窦仪说："这肯定是蜀物，前蜀王衍有乾德年号，这是乾德四年（前蜀后主王衍乾德四年，公元923年）时铸造的"听到窦仪的解释，赵匡胤感叹道："宰相须用读书人。"此后，赵匡胤更加重视儒臣。

赵匡胤认为读书有助于治国理政，他自己"广阅经史"的同时，也常劝"寡学术"的赵普多读书，赵普遂手不释卷。赵匡胤还劝与他打天下的武将读经书，使他们懂得为治之道。赵光义也爱读书，赵弘殷跟随后周世宗攻打南唐淮南地区时，就到处访求与购买古书，送给酷爱读书的赵匡义。在宋太祖与太宗的影响下，宋代的皇帝都读书较多，整体文化水平很高。赵匡胤立下"不杀大臣及言事官，违者不祥"的誓约，藏在太庙，也为当时文化的发展，创造了较为宽松的政治环境。

皇帝的提倡与重视，对宋代诗词、绘画、医药、印刷、造船等文化与科技的发展，产生了重要的影响。故陈寅恪先生说"华夏民族之文化，历数千载之演进，造极于赵宋之世"，邓广铭先生也认为，两宋的物质文明与精神文明都达到了中国古代的最高阶段。[①]

二、宋初没有真正完成"海内一矣"的伟业

宋太祖在位期间，根据当时各割据政权统治区域大小、兵力强弱等实际情况，拟定了先易后难的征伐目标，吞并荆、湘，灭掉后蜀，扫平南汉，攻取南唐，完成了自南至北统一计划的大部分。至开宝末年，大宋统治区有州二百九十七，县一千八十六，户三百九万五百四，与赵匡胤受禅时后周的一百一十一州、六百三十八县、九十六万七千三百五十三户相较，分别增长了2.65

---

[①] 陈寅恪.《邓广铭〈宋史职官志考正〉序》；邓广铭.《谈谈有关宋史研究的几个问题》,《社会科学战线》1986年第2期，原文为："宋代是我国封建社会发展的最高阶段。两宋期内的物质文明和精神文明所达到的高度，在中国整个封建社会历史时期之内，可以说是空前绝后的。"

倍、1.70 倍、3.19 倍，为结束五代以来的割据局面做出了很大贡献，是当之无愧的政治家。

开宝九年（976 年）九月，大宋再次五路出兵攻打北汉，各路宋军进展都很顺利，按照这种趋势来看，北汉也很快会纳入大宋的版图中。历史总有惊人的相似，后周世宗进攻幽州前突然患病去世，大宋太祖也是突然去世，只能将统一计划留给后人继续完成。

当年十月，原本不该即位的赵光义夺得皇位，坐上皇帝宝座，是为宋太宗。宋太宗太平兴国三年（978 年）四月，平海军节度使、泉、漳等州观察使陈洪进被迫上表献所管泉、漳二州之地；五月初，钱俶上表献纳吴越国土，泉、漳与吴越割据政权顺利解决，大宋增加十五州、一军、一百县，户数增加七十万二千五百八十六。翌年二月，宋太宗派潘美率领崔彦进、李汉琼等攻打北汉太原城，大宋石岭关（今山西忻县南）都部署郭进，大败来援助的辽南府宰相、都统耶律沙军，断绝了北汉的外援，五月除，北汉末帝刘继元投降，大宋版图又增加了十州、一军、四十县，户数增加三万五千二百二十。至此，五代时留下的割据政权被全部消灭。

但是，后周世宗与宋太祖念念不忘的燕云十六州，宋太宗也没有夺回或赎回，直至大宋灭亡，燕云十六州都没有收回来。从这一点说，宋太祖所规划的统一计划并未真正实现。开宝九年（976 年），群臣请求上尊号："应天广运一统太平圣文神武明道至德仁孝皇帝"，赵匡胤拒绝了群臣们歌功颂德的尊号，他说："幽燕未定，何谓一统？"《宋史》卷四七八《南唐李氏》中却说，经过宋太祖与太宗的统一战争后，"海内一矣"，元朝史官的溢美之词，显然不符合"宋朝是中国历代疆域最小的统一王朝"之实际[1]。

---

[1] 朱瑞熙.《重新认识宋朝的历史地位》,《河北学刊》2006 年第 5 期。

### 三、人民为统一做出巨大的贡献与牺牲

军阀混战，百姓苦不堪言；统一战争，百姓也是负担沉重。

为大宋统一战争做出最大贡献的不是宋太祖，也不是潘美、曹彬等将领，而是人民，广大的人民群众，虽然史书中看不到这些记载。且不说统一战争中攻城略地的宋军士兵绝大部分是百姓子弟，也不说修造战船、金明池新池的役夫，仅从宋军的后勤供给方面，百姓就做出了巨大的贡献和牺牲。

开宝三年（970年），南唐南都留守林仁肇建议后主李煜夺取"淮南诸州"时说："宋朝前年灭蜀，今又取岭表，往返数千里，师旅罢敝"，林仁肇看到了宋军"师旅罢敝"，建议李煜趁机夺取"淮南诸州"，他却没有看到宋军一次又一次战争中役夫的付出，役夫的"罢敝"。如大宋攻打南汉时，山路险绝，舟车不通，是数万名年轻力壮的役夫，采用人力运输的方式，保障了宋军的后勤供给。乾德元年十二月，有传言说宋太祖将征北汉，准备大量征发民夫运送物资，黄河以南的百姓听到传闻后，有四万家民户逃亡。宋太祖得知这种情况后，马上令枢密直学士薛居正辟谣，召集逃亡民户，逾旬才复。

大宋统治区内的百姓，为统一战争做出了巨大的贡献，其他割据政权的百姓，也为统一做出了牺牲。例如开宝二年（969年）闰五月，赵匡胤亲征太原，久攻不下，太常博士李光赞建议屯兵上党，夏季麦收时抢夺北汉的麦子，秋天抢割北汉的谷子，既可以减轻百姓的负担，又可以破坏北汉的经济等方式令北汉衰弱。大宋采取的这种方式确实削弱了北汉的经济，但是受影响最大的却是北汉百姓。

大宋的统一战争中，各割据政权统治区内的无辜百姓却被军纪败坏、嗜杀的宋军屠戮。如张勋残忍好杀，每次攻打城邑即扬言："且斩！"经常有无辜百姓被杀者。乾德元年（963年）十月，宋太祖任命张勋为郴州刺史，刚到衡州时，州内百姓害怕地哭泣说："张

且斩来了，我们怎么办啊？"

乾德三年（965年）七月，西川行营有低级军官割民妻乳而杀之，赵匡胤将此人亟召至朝廷，在闹市处斩。未斩前，有大臣积极营救，赵匡胤流着泪说："兴师吊伐，妇人何罪，而残忍至此，当速置法以偿其冤。"在原后蜀统治区抢劫杀戮的王全斌等也受到惩罚，虽然宋太祖一再强调军纪，但是攻打南唐的战争中，曹翰因为江州久攻不下，城陷后屠城，杀死数万人，将死者投到井中，井口塞满后，将其余尸体扔进长江中。曹翰以平江州之功，由颍州团练使迁为桂州观察使，未见宋太祖对他滥杀无辜的处罚。悲哉！

### 四、始于宋初的"祖宗家法"

皇位的取得，一是传承，二是夺取。西汉末外戚王莽通过禅让方式取得皇位，创造了取得皇位的第三种方式。之后，曹丕、司马炎等，都通过禅让方式取得帝位，唐末的朱温，五代时的郭威、后周的赵匡胤，也是以此方式登上皇帝宝座。王莽称帝后，所用的官员为原西汉官员，所施行的制度也是在原西汉政权制度上的修补和改易。赵匡胤建立的大宋，也是留用原后周官员，在原后周的政治制度上进行更改与创新。这种更改和创新利弊兼有。

仅以武官制度而言，宋朝的武官制度承袭唐朝中期至五代的繁乱，有因有革，有宋神宗元丰年间与宋徽宗政和年间的官制改革，有军制变化，而更为繁乱。宋朝武官制度的特色，正是由崇文抑武、"因循苟且""守内虚外"等造成。赵宋统治者绝非对武官制度的诸多弊病，整个武官群的劣而贪，懵然无知，但在统治阶级内部各种各样私利的交织和牵扯中，完全无以划革，只能得过且过，积重难返，并且愈演愈烈，而与长期萎靡不振的赵宋皇朝相始终。

淳化二年（991年）八月的一天，宋太宗和大臣说："国家若无外忧，必有内患。外忧不过边事，皆可预防。惟奸邪无状，若为内患，深可惧也。帝王用心，常须谨此。"①宋太宗所说的内患，就是担心有人抢夺皇位，这也是赵匡胤称帝之初所深为忧虑的，故杯酒释兵权，削夺节度使的兵权、财权、司法权，加强皇权与中央集权，宋朝立国三百年（包括南宋），再也没有出现五代时节度使割据的局面，唯有的就是与辽、西夏、金、蒙元的所谓"外忧"。"守内虚外"，成为宋朝的政治特点。

自开国初，宋朝已经显露出高度中央集权、高度皇帝集权的苗头，仅以军事行动为例：宋军攻打南唐时，宋太祖担心驻守金陵城南的宋军被南唐军偷袭，下诏令潘美转移宋军，结果是南唐军偷袭扑空，说明宋太祖的判断正确，同时也说明战场这种战术级别的军事行动他也在遥控指挥。因为宋太祖作为一名军事家，具有高超的指挥艺术与丰富的作战经验，这种遥控指挥行为对战争影响的弊端尚不明显，然而之后的皇帝们，包括太宗在内，并不具备宋太祖的这种军事能力，这种皇帝千里之外遥控战场上的武将之弊端，越发明显。自宋太宗始，宋朝皇帝为防范武人，以赐阵图、授方略、下手诏等"将从中御"方式对统兵官进行控制，加强皇权的同时，在一定程度上剥夺了统兵官的战场指挥权。战场上战机瞬息万变，正如大宋武将李继隆所说的"事有应变，安可预定"？例如宋太宗为防范武人、控制武人，在将领出征作战前，都会授以阵图。其名称有"平戎万全阵图"，"临阵有不便，众以上命不可违"。宋朝"军制则以束缚武将才能，降低武将的地位和素质，削弱其指挥权限和主动性、灵活性，牺牲军事效能为特征。在崇文抑武，以文驭武的方针指导下，整个时代的尚武精神沦落"。②也正是"因循苟且""守内虚外"的具体化。

在宋太宗和宋真宗的眼里，却把武将的谋略与勇敢视为无足轻

---

① 《续资治通鉴长编》卷32，淳化二年八月丁亥。
② 《宋朝军制初探》（增订本），第521页。

重，依此种规范拴束武将，又必然严重扼制军事干才的脱颖而出。这正是体现了宋朝军事保守的家法，只求"守内"和"苟且"。此种基本国策下，将才的凋零，就具有必然性。唐朝且不说贞观盛时，涌现了李靖等一大批名将。即使到了中期转衰之时，也还出现如郭子仪、李光弼、李晟和李愬父子等名将。一般说来，皇朝初兴时，往往将才辈出，大宋前期却不然。赵匡胤皇袍加身后，立即将周世宗在战争中提拔的，原先与自己地位相差无几的石守信等宿将罢免。灭南汉、南唐等战争，只是对付较弱的军事对手，然而一旦用于对辽战争，如潘美、曹彬等都成了败将。

宋真宗景德元年（1004年），辽军倾巢而南下攻宋时，宁边军部署杨延朗主张乘虚收复幽州（今北京）等地，乘机歼灭辽军。但是，这次收复幽燕的机遇，却被没有深谋远略和军事气魄的宋真宗、寇准等人轻易放过。

总之，自赵匡胤"黄袍加身"之后，猜忌武将，成了大宋朝历代皇帝永久性的提心吊胆的梦魇，讳疾忌医的心病。文臣们也绞尽脑汁，提出各种压制、监控武将的措施、方案、政策、制度等。如宋太祖和太宗后，皇帝与文臣们的共同设计，出现了文臣统兵，而宦官统兵，更是皇帝的乾纲独运，宠臣辈的迎合。似乎只有文官任大帅，方可保证"国家承平"。

三百余年间，宋朝武运衰颓，武功不振，将才寥落，当然是宁愿牺牲军事效能，也必须压制、猜忌，以至摧残、杀害良将的必然恶果。在中华历朝的专制政治下，都免不了有猜忌和残杀良将的各种残忍和卑劣行为；但赵宋皇朝管理军事和对待武将的一整套家法，即某些文臣所称道的"祖宗之法"，至愚极陋，却又沾沾自喜，实为中华历朝所仅有。[①]

---

[①] 《宋朝军制初探》（增订本）第十四章第一节《将从中御》相关内容。